中国社会舆情蓝皮书

BLUE BOOK
OF PUBLIC OPINION IN CHINA

中国社会舆情年度报告
（2013）

ANNUAL REPORT
ON PUBLIC OPINION IN CHINA
(2013)

主　编／喻国明

Edited by Yu Guoming

人民日报出版社

图书在版编目（CIP）数据

中国社会舆情年度报告.2013/喻国明主编.—北京：人民日报出版社，2013.4
ISBN 978-7-5115-1795-1

Ⅰ.①中… Ⅱ.①喻… Ⅲ.①社会调查—调查报告—中国—2013　Ⅳ.①D668

中国版本图书馆CIP数据核字（2013）第093064号

书　　名：	中国社会舆情年度报告（2013）
主　　编：	喻国明
出 版 人：	董　伟
责任编辑：	梁雪云
封面设计：	春天书装工作室

出版发行：人民日报出版社
社　　址：北京金台西路2号
邮政编码：100733
发行热线：(010) 65369527　65369846　65369509　65369510
邮购热线：(010) 65369530　65363527
编辑热线：(010) 65369514
网　　址：www.peopledailypress.com
经　　销：新华书店
印　　刷：北京中新伟业印刷有限公司

开　　本：710mm×1000mm　1/16
字　　数：200千字
印　　张：14.75
版　　次：2013年6月第1版　2013年6月第1次印刷
书　　号：ISBN 978-7-5115-1795-1
定　　价：39.00元

本报告是中国人民大学新闻学院所承担的
国家985项目的科研成果之一

《中国社会舆情蓝皮书》编委会

主　　　编	喻国明
编委会成员（按音序排列）	
	李　彪　梁雪云　刘建明　倪　宁
	欧　亚　王　斌　杨建武
主　　　笔	李　彪　喻国明
主要撰稿人	何　睿　刘燕锦　胥琳佳　郑满宁
	杨　雅　胡杨娟　李　南　潘佳宝
	倪　婷　文　早　段文韬

《中国社会舆情蓝皮书（2013）》联合出品方

中国人民大学舆论研究所

百度公司

技术支持单位

北大方正智思研究院

序　言

当前的中国社会充满变数、错综复杂。因此，对于现阶段的社会发展——大至整个国家的宏观发展和决策，小到民众的喜怒哀乐——来说，也许没有什么比保持认识上和行动上的方位感更重要了，而这种方位感的正确获得和保持，离不开对社情民意的科学了解和把握。民意是各种社会因素所处状态的晴雨表，是衡量一切社会决策效果的试金石，恩格斯曾经指出，人民群众几乎能从本能上感觉到一种生产关系是否适合于生产力，从而表示出欢迎还是反抗的情绪来，因此，在巨大的社会转轨和社会变革中，时刻把握"老百姓在想些什么、盼些什么、烦些什么"便成为一项特别重要的社会要求。

2008年喻国明教授所领导的中国人民大学舆论研究所与北大方正智思研究院合作，共同开发基于网络内容的价值挖掘分析软件，这套软件的引入极大地提升了我们在网络舆情分析、网络内容的价值挖掘等方面的技术水平，奠定中国人民大学舆论研究所在中国网络舆情研究方面的引领地位。从2009年1月起，中国人民大学舆论研究所推出中国舆情监测的月度报告及专项报告，并从2010年起每年度以舆情蓝皮书的形式推出系列年度报告，已经在中国社会及政府高层产生重大反响，并受到学术界的重视与好评。目前，这套系统在热点事件追踪、主题演化分析、正负情感评价等方面已经能够得到应用级的分析水平，并且我们在意见领袖的分析、网络舆情危机的预警及传播修辞学语料库等方面的研究也在顺序展开，随着系统的完善，可以为人们开展舆情研究提供很好的学术意义上的技术平台。

2011年底,人大舆论研究所与百度公司开始了一项具有重要意义的新的合作——中国人民大学舆论研究所与百度公司合作成立"人大—百度"中国社会舆情研究中心,共同出品《中国社会舆情年度报告》(社会舆情蓝皮书),这是中国社会舆情研究的一个重要的标志性事件。一个具有一流水平的舆情分析机构与掌握着最为全面丰富和实时采集的舆情"语料库"的结合,必然为中国的民意研究、进而对中国社会的健康发展做出重要的贡献。百度公司旗下的全球最大的中文搜索引擎用排行榜的形式实时呈现出中文网络社会关注热点的全景图,覆盖了超过95%的中国网民,每天至少40亿次的搜索无形之中组成了一个真实庞大的数据库,而这一无形资产为当下的舆情分析提供了更为有效的参考依据。针对百度搜索的海量数据做出的深度分析和价值挖掘,无疑为中国社会的舆情把握增添了新的认识维度和重要的分析视角。这也可以视为中国舆情研究的大数据方法的一个重要开端。

所谓大数据是这样的数据——规模大、非结构化、数据集彼此无关联,需要快速地分析,且其分析依赖于新兴的技术和人才。大数据具有规模性(volume)、多样性(variety)、高速性(velocity)和有价值(value)等特点。大数据技术建立在Web2.0背景下的数据挖掘基础上,核心是对以关系为纽带的社会网络的识别、发掘和利用,其对社会生活的广泛嵌入性和自动化规模化处理信息的快捷性进一步把舆论学研究的工作范围和创造性提升到新的水平。在这个背景下,透过大数据基本特性的分析和探讨,在既有研究成果的基础上,揭示大数据时代舆论学研究的变革与进路,为本领域因应大数据时代的到来提供新的研究思路、研究架构和研究手段是极为重要的。具体地说,主要包括以下几点。

1. 研究视角的转向:从单向度的内容研究转向"内容+关系"的多维度研究

随着大数据时代的到来,传统的舆情研究只重视网民话语表达的单向度研究必将改变,话语作为一种外在的社会表达,属于浅表层面,不能够有效地窥探出网民群体的社会行为、社会心理和社会诉求。借助大数据,舆情研究的视角将更加多元化,未来舆情研究的视角将转向为社会话语表达、社关系呈现、社会心理描绘、社会诉求预测等多方面、多向度的研究，通过这样的研究转型，社会舆情研究将真正成为一门与多学科交叉的社会显学，成为一门学科，改变目前舆情研究"策为上、术为主、学匮乏"的尴尬学术现实。

2. 研究方法的转向：由舆情信息采集转向数据加工、可视化等

由于舆情监测的前端界面呈现的方式上同质化程度较高，目前的舆情监测和舆情研究主要集中在舆情信息的采集及信息源的扩展方面。无论是北大方正舆情产品还是拓尔思（TRS），在对新闻网站、微博账号进行监测时，都必须将网站地址和微博账号的微号设定好，甚至新闻网站的网站设计样板也要进行设定，被监测的网站一旦改版，后台监测也必须调整相应的网页样板。各种舆情软件之间的竞争主要集中在信息采集源覆盖的范围以及数据分析后台的算法上，但呈现出来的前端页面则是"千网一面"。

大数据将目前舆情信息采集的环节拉回到一个竞争层面上来，未来舆情监测和研究的数据源可能来自于同一个大数据库支撑，舆情研究主体竞争的是各类算法的精细化、准确化，并在呈现给用户的前端界面上进行优化，增强前端界面的友好程度，整个竞争的链条就会不断下移，更加适合用户的需求。

3. 数据库支持的转向：由简单的、有限的数据库转向非结构化的大数据库

目前的舆情监测和研究所依据的数据库相对来说比较简单，结构单一、数据量有限，还停留在 TB 级别，主要因为这些数据库的数据源要么是基于抽样进行数据抓取的，要么仅抓取重点网络站点，数据量有限，数据库标准相对较低，能针对小规模、有结构或类结构的数据进行分析，谈不上深层次的数据挖掘，现有的数据挖掘算法在不同行业中难以通用。大数据的数据体量巨大，从 TB 级别，跃升到 PB 乃至 ZB 级别，因此大数据所涉及的资料量规模巨大到无法透过目前主流软件工具进行处理和识别，需要新处理模式才能具有更强的决策力、洞察发现力和流程优化能力，这需要巨大的数据库作为支撑，另外，大数据的数据资源相对驳杂，是一种非结构化的数据呈现，因此需要相应的非结构化的数据库相对接。

4. 舆情研究主体的转向：由小作坊式的单打独斗、面面俱到舆情监控转向分工明确、高度聚合集约的舆情分析

目前实践中的舆情监测和研究主体比较多，仅用于商业运营的软件监测主体就在几百家之多，这些舆情监测主体多半是软件服务商，通过网络爬虫技术、分词技术和议题聚合等技术，开发出相关软件，为企业、政府部门和科研院所安装和维护，进行简单的数据采集和分析，类似于小作坊式的舆情监测方法，这种运作方式急功近利，为了眼前的商业利益，不重视产品研发和数据源的扩充，通过吃回扣等商业贿赂方式尽量多卖几套"软件"。各舆情主体之间的竞争显得低层次化和粗放型。

未来大数据使得舆情研究主体在同一个层面上竞争，即数据处理和呈现的能力上，在大家可以获得同一数据源的前提下，双方的竞争必将在数据处理、算法精进、界面友好、可视化等层面展开竞争，分工会进一步明晰，行业内部会进一步聚合集约，加速行业洗牌，行业有机化程度增强。

5. 舆情研究重点的转向：由舆情监测转向为舆情预警乃至预测，从单向度的危机应对、品牌营销转向各领域的综合信息服务

目前的网络舆情研究主要集中在监测，主要是对一些显著性事件的舆情动态，包括传播范围、影响力等进行监测和研判，类似于相面术的"麻衣相"，只知道事件发展的过去，不知道事件发展的未来。大数据的核心是预测，可以通过分析处理整群数据，而不再大量依赖随机采样，通过自然语言处理、模式识别以及机器学习等人工智能技术，结合人工经验，未来实验舆情的预警，研判未来舆情发展的态势和影响，并在此基础上实现超出人类经验范畴之外的精准化预测。如国外研究人员已发现，Google 搜索请求中诸如"流感症状"和"流感治疗"之类的关键词出现的高峰要比一个地区医院急诊室流感患者增加出现的时间早两三个星期（而急诊室的报告往往要比浏览慢两个星期左右）；而在经济预测方面，Google 上房产相关搜索量的增减趋势相对于地产经济学家的预测而言是一个更加准确的预言者。

另一方面，目前由于数据量和技术等限制，舆情研究还主要集中在危机应对和品牌营销等，这种应用主要基于舆情监测和研判这一功能进行的，未来随着大数据在舆情研究中的使用，舆情研究的功能指向必将更加多元化，为政府部门、企业和个人提供更加综合化的信息挖掘服务。

以上这些方面正是我们在舆情研究方面正在做和即将做的,希望这些研究尝试,能够为中国社会的发展提供一个更加科学、高效的成果,为中国舆情研究的开拓提供一个更具启发力的参照。

中国人民大学舆论研究所

百度公司

2013 年 5 月

目 录

第一部分　2012年中国社会舆情年度总报告

第一节　网络舆情监测指标体系的建构……………………………001
一、网络舆情可测量的理论分析………………………………………001
二、网络舆论热点衡量的基本指标建构………………………………003

第二节　2012年中国社会舆情运行的特点分析……………………005
一、2012年社会舆情总体特点…………………………………………005
二、舆情热点事件的月度数量分布：2012年呈先高后低抛物线型分布趋势
………………………………………………………………………………006
三、月度舆情总指数分布：舆情总指数与平均事件舆情指数出现倒挂现象
………………………………………………………………………………007
四、2012年重点舆情事件数量：60个……………………………………009
五、2012年热点事件的词频分析：微博、质疑、网传（曝）等词频最高……011
六、2012年舆情的烈度分布：以橙色警戒级别为主……………………012
七、2012年舆情事件集中的领域：近50%的社会事件集中在社会与法领域，社会民生话题不断上升……………………………………………013
八、2012年舆情事件涉及的具体领域：社会民生、个别官员违纪等是重点集中领域………………………………………………………………013
九、2012年舆情事件的关涉主体：公检法系统、职能部委等是主要关涉主体…………………………………………………………………………015
十、2012年舆情事件分布的行政级别：发生在地市级城市和全国的事件最容易引起民众关注……………………………………………………017

十一、2012年舆情热点事件的省域分布：集中在湖南、广东和河南等……018

十二、2012年舆情事件的信息倾向性：负面信息更能引起网民的关注……019

十三、2012年舆情事件的首发主体：微博成为整个社会话语场域的策源地……020

十四、2012年舆情事件的议题活跃天数：平均每个话题活跃天数为23.2天……022

十五、2012年舆情事件的意见的多元性分布：平均每个议题的意见类型个数为2.1个……024

第三节　众生相——2012年网络热点人物盘点……026

第四节　用另一种方式看世界——2012年网络流行语盘点……027

一、元芳，你怎么看……027

二、你幸福吗？……028

三、休假式治疗……028

四、屌丝……028

五、表哥房叔……029

六、吃地沟油的命，操中南海的心……029

七、我可以说脏话吗？……029

八、躺着也中枪……030

九、捐你妹……030

十、皮鞋很忙……030

十一、杜甫很忙……031

十二、给跪了……031

第五节　2012年网络社会潮流盘点……032

一、网络反腐style……032

二、娱乐至死时代……033

三、屌丝自嘲时代……033

第二部分　中国社会舆情运行整体情况分析
——基于百度搜索数据的分析

第一节　2012年中国社会舆情各领域特征分析·····················035
一、整体社会发展：多元时代寻求社会共识的最大公约数···············035
二、社会热点解读：公平正义铸就时代主题··························039
三、网络化生活，生活化网络——迎接多元化时代的数字化生活·········042
四、中国流行音乐：口水？逆袭？抒情？谁才是真正的中国好声音········045

第二节　2012年整体社会运行态势分析——基于百度搜索数据······049
一、2012年中国社会整体运行指数···································050
二、2012年不同类别网民的社会关注领域及特点分析····················055
三、2012年中国民众关注领域分析···································058

第三部分　2012年中国社会舆情月度报告

第一节　2012年1月舆情事件排行榜·······························061
一、本月度舆情热点事件榜单······································061
二、本月热点事件社会语义网······································062

第二节　2012年2月舆情事件排行榜·······························065
一、本月度舆情热点事件榜单······································065
二、本月热点事件社会语义网······································066

第三节　2012年3月舆情事件排行榜·······························068
一、本月度舆情热点事件榜单······································068
二、本月热点事件社会语义网······································069

第四节　2012年4月舆情事件排行榜·······························071
一、本月度舆情热点事件榜单······································071
二、本月热点事件社会语义网······································073

第五节　2012年5月舆情事件排行榜 ··· 075
一、本月度舆情热点事件榜单 ··· 075
二、本月热点事件社会语义网 ··· 077

第六节　2012年6月舆情事件排行榜 ··· 079
一、本月度舆情热点事件榜单 ··· 079
二、本月热点事件社会语义网 ··· 081

第七节　2012年7月舆情事件排行榜 ··· 083
一、本月度舆情热点事件榜单 ··· 083
二、本月热点事件社会语义网 ··· 085

第八节　2012年8月舆情事件排行榜 ··· 087
一、本月度舆情热点事件榜单 ··· 087
二、本月热点事件社会语义网 ··· 089

第九节　2012年9月舆情事件排行榜 ··· 091
一、本月度舆情热点事件榜单 ··· 091
二、本月热点事件社会语义网 ··· 093

第十节　2012年10月舆情事件排行榜 ·· 095
一、本月度舆情热点事件榜单 ··· 095
二、本月热点事件社会语义网 ··· 097

第十一节　2012年11月舆情事件排行榜 ······································ 099
一、本月度舆情热点事件榜单 ··· 099
二、本月热点事件社会语义网 ··· 101

第十二节　2012年12月舆情事件排行榜 ······································ 103
一、本月度舆情热点事件榜单 ··· 103
二、本月热点事件社会语义网 ··· 104

第四部分　2011-2012年媒体微博运维白皮书

2012媒体微博运营报告研究说明 ·· 107
 一、数据来源和甄选 ·· 107
 二、研究方法和标准 ·· 107
 三、指标体系解读 ·· 107

第一节　2012媒体微博运营背景分析 ·· 109
 一、微博影响大有超过传统媒介之势 ···································· 109
 二、微博超越传统媒体上升为社会第一信息源 ···························· 109
 三、微博让新闻生产由专业化发展到社会化 ······························ 112

第二节　媒体微博运维现状分析 ·· 114
 一、媒体官微整体发展情况分析 ·· 114
 二、媒体官微粉丝分析 ·· 123
 三、媒体微博覆盖力总结 ·· 125

第三节　媒体微博影响分析 ·· 126
 一、媒体微博影响力综合排行 ·· 126
 二、媒体微博影响力分类排行 ·· 127
 三、媒体微博影响力总结 ·· 140

第四节　微博平台特性分析 ·· 141
 一、总体情况分析 ·· 141
 二、不同类别媒体微博平台特性分析 ···································· 142
 三、微博平台特性总结 ·· 148

第五节　媒体微博成功案例 ·· 150
 一、官微内容运维案例 ·· 150
 二、官微日常运维案例 ·· 156
 三、微博商业化案例 ·· 160

第六节　媒体微博营销现状与趋势 ······ 170
一、媒体微博营销现状分析 ······ 170
二、微博在媒体营销中的价值 ······ 174
三、媒体微博未来发展趋势 ······ 175
四、媒体微博商业化趋势 ······ 177

第七节　媒体微博运营指导 ······ 180
一、媒体微博运营指导：从接触点到界面整合理论 ······ 180
二、媒体微博运维建议及策略 ······ 180

附录一：媒体官微综合影响力 TOP300 ······ 184

第五部分　网络标杆媒体影响力评估（2012）

前言　标杆网媒影响力评估报告研究技术说明 ······ 191
一、数据来源及甄选 ······ 191
二、研究对象 ······ 192
三、指标体系构建及解读 ······ 193

第一节　标杆网媒影响力评估报告的研究背景 ······ 195
一、信息生产方式变化：由传统的组织化生产到社会化大生产 ······ 195
二、信息传播方式变化：单通道传播到多元融合 ······ 195
三、信息消费方式变化：由深阅读转向快餐化的3A信息消费模式 ······ 196

第二节　标杆网媒原创栏目及覆盖人群分析 ······ 197
一、腾讯、新浪、网易、搜狐、凤凰等原创栏目分析 ······ 197
二、各综合门户网站网媒覆盖人群分析 ······ 199

第三节　标杆网媒影响力分析 ······ 205
一、新闻内容影响力排行分析 ······ 205
二、视频影响力排行分析 ······ 206

三、微博影响力排行分析……208
四、五家门户网媒综合影响力排行……210

第四节　网媒新闻生产运作与机制比较分析……212

一、新闻信息更新速度……212
二、综合媒体形式运用……213
三、新闻渠道偏好和新闻原创分析……213
四、新闻互动及自我审查比较分析……214

相关结论及分析……217

一、门户网站未来趋势……217
二、移动互联时代的门户网站发展路径选择……217

第一部分 2012年中国社会舆情年度总报告

第一节 网络舆情监测指标体系的建构

一、网络舆情可测量的理论分析

耗散结构理论是1969年由比利时科学家普利高津（I. Prigogine）针对非平衡热力学和统计物理学的研究提出的一种自组织系统理论。所谓"耗散结构"（Dissipative Structure），普利高津认为，"在远离平衡态的条件下，我们可能得到从无序、混沌到有序的转变。可能产生一些物质的新力学态，反映了给定系统与其周围环境相互作用的态。我们把这些新的结构称作耗散结构"。[1] 简而言之，"耗散"即为消散，在这里强调系统与外界能量和物质交换的特性，而"耗散结构"即指一个处在非平衡态下的开放系统在与外界进行能量流或物质流的交换下，通过系统内各要素复杂的非线性相干效应所形成的一种新的有序结构。

网络舆情具有耗散结构的特征，即开放、非平衡态、非线性和存在涨落和突变。

1. 网络舆情系统是一个开放的系统

开放是系统有序化的前提，是耗散结构形成、维持和发展的首要条件。一个良好的系统，必然是一个有序、开放的自组织系统，通过对外界开放，不断地与外界进行物质、能量和信息等的交流，这样才能具有适应环境的能力和旺盛的生

---

[1] ［比］I.普利高津、［法］伊·斯唐热：《从混沌到有序：人与自然的新对话》[M]，曾庆宏、沈小峰译.上海译文出版社，2005，P14

命力。在整个媒介系统乃至整个社会系统中,网络舆情系统是一个有着自组织特性的子系统,同时又是一个开放的子系统。网络舆情系统需要与社会系统、传统媒体以及个人等外界信源不断发生联系和交流,通过信息流和意见流的持续输入与输出,在对社会公共事件及矛盾的交互式探讨和交流中,使意见得到沟通,使问题得到解决,使舆情从无序走向有序,最终实现其"社会减压阀"的功能。因此,网络舆情系统的生存和发展是在与外界不断进行信息和意见交换的开放过程中实现的。

2. 网络舆情系统是非平衡态的系统

非平衡态是一个系统的有序之源,是指系统内部各个区域的物质和能量分布是有差别的,是极不平衡的。一个充满活力的系统,必定是一个有差异、非平衡的系统,只有远离平衡态,使系统内部存在差异、分化和矛盾,才能形成有序结构和动态特征,使系统功能更加完善。而平衡态下的系统,其内部无序性高、竞争性弱。这种表面上的平衡,会对系统发展起到极大的阻碍作用。对开放的网络舆情系统而言,公众针对公共事件释放的刺激性信息形成的情绪、态度和意见不仅是多元的,而且往往会在"群体极化"的作用下发生分化,形成极具差异和对峙的"核心圈子",并且随着时间和公共事件的向前发展,这些"核心圈子"也不断扩大或缩小,相互处于此消彼长、远离平衡的状态。

3. 网络舆情系统具有非线性特性

系统内部的非线性特性是指系统内各要素相互作用的关系是非线性的制衡关系,而非从上到下的线性制约关系。在网络舆情形成和变化的过程中,网络舆情系统是一个各要素相互调节、相互作用的非线性自组织系统,各构成要素发挥的非线性作用共同影响着舆情的变化走向,这种非线性的作用具体表现为舆情主体、公共事件、网络舆情空间以及情绪、态度、意愿、意见之间相干、协同作用。因为网络舆情的产生是一种复杂的,表现为"刺激—反应"的心理过程,公共事件本身含有的刺激性信息会激发公众对某一具体议程的情绪、意愿、态度和意见,并影响到公众的行为反应倾向,而公众的情绪、态度和意见又会对公共事件的发展和决策构成影响。可见,"它们不是简单的叠加,而是按照从浅显到深刻、从感性到理性、从内隐到外显的顺序发展的"[1]。

---

1 刘毅:《网络舆情研究概论》[M].天津人民出版社,2007,P68

4. 网络舆情中存在涨落和突变

涨落通常指系统的各要素围绕某个"阈值"时刻处于涨落或起伏的动态变化中，从而启动非线性的相互作用，使系统发生质的变化，跃迁到一个新的稳定有序状态，形成耗散结构。如果在涨落过程中不断施加能量，使各要素偏移平衡态的距离不断加大，达到某个"临界点"，通过相干效应，就会形成"巨涨落"，迅速把不稳定状态推进到一个新的有序稳定状态。这种能量在网络舆情中首先是来自公共事件本身所含的刺激性信息的不断输入，其次是传统媒体或权威人士所发表的有影响力的报道或言论，由此，在这些相干效应的作用下，舆情涨落就会被放大，并有可能形成突变和"巨涨落"，舆情系统就可能由原来纷杂、无序的状态转向有序的状态，形成一种或几种主导性意见分支，每一个分支都意味着一种可能形成的新的稳定结构。

总之，从上述分析可以看出，网络舆情系统不仅具有耗散结构的特性，而且耗散结构理论还为网络舆情的有效控制和引导提供着有益启示，对我们深入、透彻地认识和分析网络舆情运行特征，掌握其内在发展规律具有现实的指导意义，其思想学说也为我们进而有效提升网络舆情控制和引导水平和能力，使其稳定、有序、健康发展，维护社会和谐与稳定构建了一个良好的平台。

二、网络舆论热点衡量的基本指标建构

我们认为衡量某一议题主要由以下几个维度构成：

1. 时间维度

反映某一议题的舆论在不同时间点上的变化情况（具体表现在某一议题每天呈现的信息文本的总数变化）；

2. 数量维度

反映某一议题信息文本的多少（总数和平均每天的数量）；

3. 显著维度

反映某一议题信息文本在论坛总信息文本中的比例；

4. 集中维度

反映某一议题信息文本在不同网友之间的分布；

5. 意见维度

反映某一议题信息文本各种不同意见的分布情况。

网络舆情指数	一级指标	指标赋值（%）	二级指标	指标赋值（%）
	舆论稳定性	20	时间维度	20
	舆情的分布	20	意见维度	20
	舆情的强度	60	数量维度	20
			显著维度	20
			集中维度	20

将以上指标计算出相应结果后，转化为标准分，进而将所有数值相加，形成整体议题的舆情指数，该指数可以与其他议题之间进行比较和排序等。按照舆情预警机制的理论，对议题进行红色、橙色、黄色等预警发布，进而引起进行相应的对策建议，达到防患于未然的预警效果。

需要说明的是，随着微博日益成为社会话语舆论场域中的重要舆论场，本舆情指数指标体系也将微博纳入到上面的体系中来，相关处理方法与上面的指标体系构建基本相同，在与2009年等以往年份比较时，做了指数的适当校正，以与往年进行正常比较。

第二节 2012年中国社会舆情运行的特点分析

一、2012年社会舆情总体特点

（1）微博成为整个社会话语场域的第一信息源、舆论策源地。

（2）"两个舆论场域"将长期并存，但两者之间的话语权争夺处于此消彼长的趋势，虚拟社会话语场域大有主导整个社会话语场域的趋势。

（3）社会民生话题、反腐倡廉和涉警涉法等议题是近四年的社会重点关注舆情，未来改革的重点、突破点乃至民心工程也在以上三个领域。

（4）社会族群认同感增强，尤其是社会公知群体，其在草根场域中的话语权有进一步扩大的趋势。

（5）借助十八大新政，反腐成为2012年度的主线，借力自上而下的反腐运动，加之民智已开，自媒体时代所提供的反腐机能恰如其分地切合了民众的反腐需求。各级各地政府也应该借此东风，用开明的姿态正面应对舆情的发展，用快速及时的务实调查赢取民众公信力。在新旧领导交替的关键时期，读懂中央指示，官与民共建和谐社会，净化党内腐败顽疾，不失为一次难得的政改机会。

（6）社会化媒体时代整个社会参与到社会真实的"拼图游戏"中来，社会真实的呈现成为一种有机的信息运动，在这个过程中必然伴随着不实信息的产生，即所谓的谣言和流言，对网络谣言应该持一种相对开明和理性的态度，切不可一刀切。因为"谣言止于公开，公信源于透明"。

（7）在互联网关注每一个角落以及每一个人的情绪和不满的语境下，公权力部门审慎行使手中权力的同时，切不可排斥民意诉求和舆论监督。

（8）网民对社会阴暗面出现"审丑疲劳"，出现泛娱乐化趋势，从2012年舆情事件中我们可以看出，社会公众尤其是网民对社会阴暗面的事件出现了"审丑疲劳"，娱乐化的心态应势而生，泛娱乐化成为这一时期网民心理的典型刻画，其中不乏无奈和自嘲的辛酸，如屌丝等称谓。庆幸的是，泛娱乐化之后，大多数网民的神经并没有麻木，依然保持着或残存着那种或积极或消极的探求事件真相的欲望。在老百姓看来，官方哪怕只言片语的回应也是一种态度，一种尊重，哪怕这种回应是牛头不对马嘴的娱乐。不敢想象当有一天，新闻媒体再次发布某一个公民又如何离奇死亡时，网民连看都不看，压根就不会有人去点击。这是一个公民对司法机关乃至公权力机关从失望到绝望的必然路径，也是一条公权力机关公信力彻底死亡之路。

一个理性的社会，应该有各种言论的博弈，否则，任何不据事实的偏袒都会造成阶层新的裂痕，使裂口越拉越大，终致断裂到无法修复。只有少数富人加上大多数穷人所组成的社会，其阶层对立之强和利益冲突之烈，是无法用任何说教和道德约束来统领整合的。社会越是贫富悬殊，穷人饱受压榨盘剥，富人的财富来历不明、来路不当，一看即官商勾结、权贵合谋的结合，哪怕是有枪杆的高压、哪怕有无所不在的恐惧，也无法抵挡社会动荡。

二、舆情热点事件的月度数量分布：2012年呈先高后低抛物线型分布趋势

和以往年份一样，为了更好地评判 2012 年中国社会舆情的发展总态势，我们将每月超过 60 分以上的舆情热点事件的个数统计出来，如果说每个舆情热点事件相当于一个火药桶，每个月度"火药桶"的多寡是衡量该月度中国社会舆情紧张系数的重要指标之一。

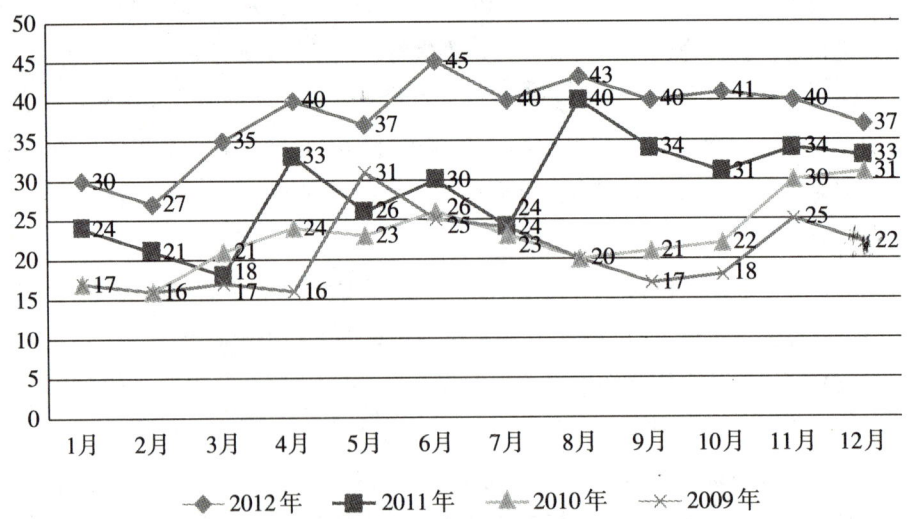

从上图可以看出，2012 年 60 分以上的网络热点事件总计 455 个，超过 2011 年的 348 个一百多个，而 2010 年为 274 个，2009 年为 248 个，总体来看，2012

年相较于2011年、2010年和2009年出现了显著增长，事件数量上增长了107个，年增长率为30.7%，说明相较于以往三年，中国社会舆情整体压力呈现出逐年提升的加速度趋势，这种趋势的出现一方面说明微博等社会化新兴媒体的崛起改变了传统的社会话语言说格局和社会话语权分布，草根阶层掌握了更多的社会话语权和话语平台；另一方面也的确说明我们目前所处的社会现实及存在矛盾进一步激化的趋势，使社会管理者进行相应的社会改革尤其是政治体制改革的空间和时间越来越有限。

2012年的月度舆情运行趋势呈现出抛物线的趋势，年初和年末舆情事件相对较低，年中尤其是6月和8月呈现出两个高位运行，舆情事件月度个数甚至达到45个，这与2011年和2010年呈现出M形增长趋势有所差异，主要原因可能归纳如下：一是社会化媒体崛起使得微博话语场域成为整个社会话语场域的舆论策源地，微博的移动化和随时随地使得网络舆论爆料常态化，从M形到抛物线型的运行一定程度上说明了社会化媒体的成熟和常态化，民众对这一新媒体的媒介素养在不断提升；二是说明社会的发展运行与中国社会文化环境、民众个体的生理条件有一定的关联，年底对中国人来说是合家团圆的日子，春节前后这段时间是社会舆情运行的低谷时期也是2012年发展趋势的一个显著特征，这一时期主要与春节具有很大的关联效应，毕竟新春佳节是中国老百姓的传统节日，工作和个人等的不满情绪在亲情面前都不算什么，社会舆情事件的发生概率和数量相对较少；而每年3、4月份到8、9月份，这一段时间春暖花开，人的内分泌系统较为活跃，很容易激动，一定程度上使得大家带着一种情绪或者戴"有色眼镜"去看其他事件，会引起民众较大的情绪反弹和社会情绪共振效应，这种现象是一种社会情绪延续现象，因此这一时间段事件较为密集。

在这儿需要说明的是，2012年的月度舆情事件数量要始终高于以往两个月，呈现出高位运行的明显态势，也再次说明目前的社会舆情运行压力在逐年上升，整个社会话语格局在不断变化，"两个话语舆论场"的趋势更加明显，两者之间的话语权争夺在日益加剧，草根话语场域的影响力和权力在不断提升，话语权对比越来越有利于草根话语场域，社会管理阶层必须要理性面对和接受这种局势变化，以更加开放和开明的心态来应对。

三、月度舆情总指数分布：舆情总指数与平均事件舆情指数出现倒挂现象

如果说每个舆情事件是一个火药桶的话，那么每个事件的舆情指数代表着每

个火药桶的 TNT 当量，同两个大小的火药桶危险度可能不同，因此我们有必要对 2012 年的网络舆情事件的舆情指数按照月度进行总体考察，我们将每月的舆情事件对应舆情指数进行加权，可以得到每月的舆情总指数，然后再计算出该月度平均每个事件的舆情指数，其结果呈现如下图所示。

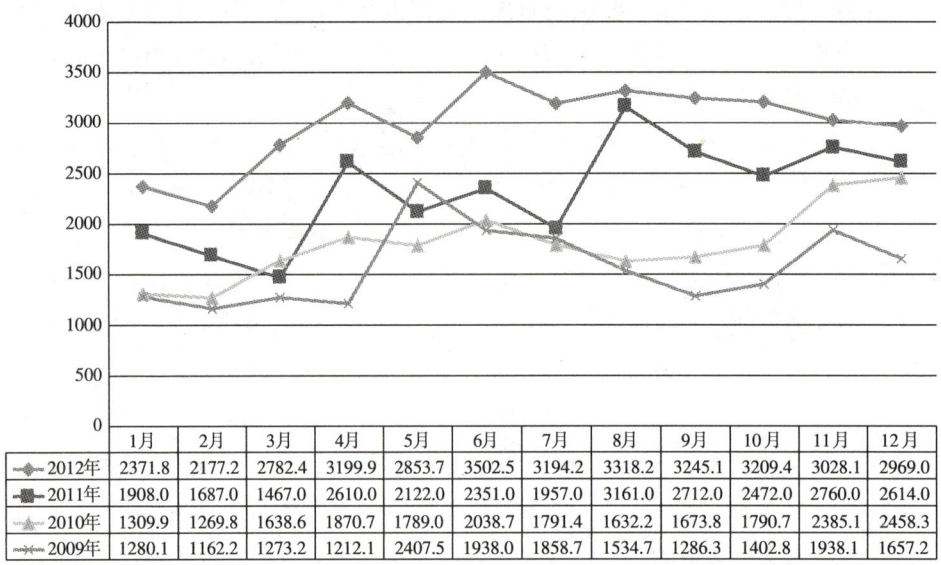

	1月	2月	3月	4月	5月	6月	7月	8月	9月	10月	11月	12月
2012年	2371.8	2177.2	2782.4	3199.9	2853.7	3502.5	3194.2	3318.2	3245.1	3209.4	3028.1	2969.0
2011年	1908.0	1687.0	1467.0	2610.0	2122.0	2351.0	1957.0	3161.0	2712.0	2472.0	2760.0	2614.0
2010年	1309.9	1269.8	1638.6	1870.7	1789.0	2038.7	1791.4	1632.2	1673.8	1790.7	2385.1	2458.3
2009年	1280.1	1162.2	1273.2	1212.1	2407.5	1938.0	1858.7	1534.7	1286.3	1402.8	1938.1	1657.2

从上图可以看出，与月度舆情事件的个数相对应，四年来整体的舆情态势呈现出逐年上升的趋势，尤其是 2012 年的增长趋势最为明显，这一定程度上佐证了中国社会舆情压力在不断提升的社会现实。

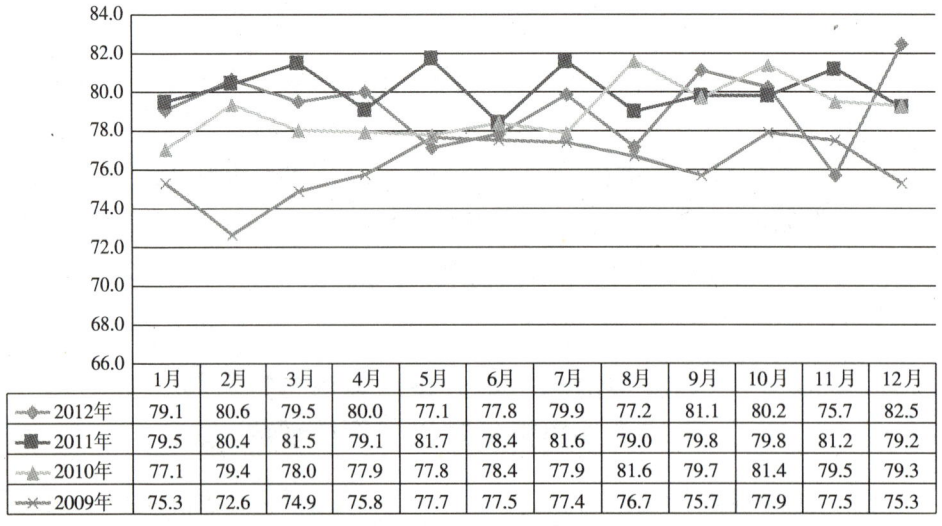

	1月	2月	3月	4月	5月	6月	7月	8月	9月	10月	11月	12月
2012年	79.1	80.6	79.5	80.0	77.1	77.8	79.9	77.2	81.1	80.2	75.7	82.5
2011年	79.5	80.4	81.5	79.1	81.7	78.4	81.6	79.0	79.8	79.8	81.2	79.2
2010年	77.1	79.4	78.0	77.9	77.8	78.4	77.9	81.6	79.7	81.4	79.5	79.3
2009年	75.3	72.6	74.9	75.8	77.7	77.5	77.4	76.7	75.7	77.9	77.5	75.3

月度平均舆情事件指数的分布与总指数出现了倒挂情况，也就是说虽然总指数呈现出2012年高位运行的态势，但由于事件层出不穷，社会民众应接不暇，对单个舆情事件的关注并没有呈现出上升的趋势，平均舆情指数反而出现了下降的情况，这一定程度上也佐证了虽然舆情事件增多，而整个社会还处于一个相对稳定的运行状态，但这种状况很容易耗费老百姓并不耐烦的社会承受力，这种状态长此以往要么是使得整个社会更快地滑向"陌生人社会"，事不关己高高挂起的心态会更加大行其道，要么是向社会管理者施压，希望改变这种状况。

四、2012年重点舆情事件数量：60个

序号	舆情事件	舆情指数	序号	舆情事件	舆情指数
1	钓鱼岛危机发酵，各地抗议活动不断	97.10	31	沈阳商铺事件：打假商铺关门避罚	91.50
2	王立军事件	96.56	32	湘潭女神：90后副局长	91.44
3	十八大胜利召开	96.27	33	网友热议"世界末日"	91.40
4	网友热议伦敦奥运	96.20	34	方韩大战：韩寒代笔门事件	91.34
5	重庆"不雅照书记"雷政富事件	95.87	35	3·15消费维权	91.32
6	"元芳体"走红	95.40	36	江苏启东PX事件	91.20
7	网络反腐高潮	95.31	37	"微笑局长"被免职	91.20
8	薄熙来不再兼任重庆市委书记	95.21	38	中共中央建议给予薄熙来开除党籍开除公职处分	91.20
9	周克华被重庆警方击毙遭质疑	95.10	39	虐童女幼师无罪释放	91.15
10	陕西安监局局长杨达才陷手表门等丑闻	94.70	40	中国儿童试验转基因大米	91.10
11	2012年央视春晚	94.21	41	总书记出行轻车简从不封路	91.10
12	神九上天，神女爆红网络	94.03	42	黄岩岛事件继续发酵	91.04
13	夺命毒胶囊	93.84	43	国庆期间免费高速引发拥堵引热议	91.00
14	南京银行枪击抢劫案	93.45	44	苏州建筑酷似低腰秋裤引网友吐槽	90.80
15	盘锦血案：警察"下意识"开枪打死农民	93.30	45	佳木斯"最美女教师"张丽莉	90.74
16	南航空姐被打事件	93.10	46	三亚天价海鲜宰客事件	90.73
17	郑州"房妹"	93.10	47	河南周口"平坟运动"	90.69
18	毕节垃圾桶内闷死5男童案	92.98	48	天津蓟县莱德商厦6·30火灾	90.50
19	北京"7·21雨灾"事件	92.80	49	山西女商人吃空饷15年变身副县长	90.43
20	央视"你幸福吗？"调查引热议	92.70	50	号称"中国第一制服美女"的模特周蕊爱马仕干爹门	90.42

（续表）

序号	舆情事件	舆情指数	序号	舆情事件	舆情指数
21	中菲黄岩岛事件	92.59	51	海航反劫机百万巨奖遭非议	90.40
22	合肥少女拒求爱遭毁容事件	92.36	52	浙江温岭幼师虐童事件	90.40
23	全国高考	92.22	53	深圳5·26飙车案	90.35
24	2012全国两会	92.14	54	网传"兰州市长疑戴名表"	90.30
25	湖南岳阳"天价切糕"事件	92.10	55	日本人武汉丢自行车全城"戒备"找车引热议	90.21
26	兰州母亲赴京探子被劳教	91.94	56	云南巧家县爆炸案	90.21
27	明胶果冻事件	91.78	57	永州上访母亲被劳教	90.20
28	杜甫画像遭网络恶搞：杜甫很忙	91.73	58	2012年春运及网络购票	90.10
29	莫言获2012年诺贝尔文学奖	91.60	59	网传王石离婚与80后女星结婚	90.10
30	欧洲杯	91.58	60	陕西怀孕7月孕妇遭强制引产事件	90.00

上表是2012年1月1日—2012年12月31日，中国人民大学舆论研究所对2012年所有舆情事件监测，按照社会舆情指数指标体系计算出来的舆情指数在90分以上的事件，这些事件具有较高的社会显示度和网络影响力，一定程度彰显了2012年中国网民对中国社会发展中出现的矛盾和议题的集中关照和社会性情绪宣泄焦点。

从60个事件的领域分布来看，这些事件主要分为以下几个部分：一是重大突发性事件，如南京银行抢劫案、7·21北京暴雨事件、深圳飙车案等，这些事件看似为孤立个体，但很多是社会在发展中一直存在的深层次问题，只是一种外显方式而已；二是一些涉及社会公平问题；第三类是一些反腐倡廉的事件，这是近三年来都比较突出的问题，一定程度上说明这类事件对整个社会民众心理的冲击较大，影响面也较广和持久，一定程度上只有通过稳定而有效的政治改革来实现；第四类是一些常规性事件，如全国两会、全国高考等，这类事件影响大，很容易引起民众的讨论；第五类是一些国际事件。

总体来看，2012年90分以上的舆情事件个数为60个，远远超过2011年的31个，2010年27个，2009年为20个，整体在不断提升，一方面说明网络力量的增长，促进了网络舆情指数的提升，另一方面是公民意识的增强，促进了民众参与到社会讨论和权利争取运动中来。

五、2012年热点事件的词频分析：微博、质疑、网传（曝）等词频最高

我们认为每个舆情热点事件的发生具有其自身的动力源，而这个动力源就是是事件爆发的信息"元文本"，同样一个事件经过不同的信息文化呈现方式带给社会民众的情绪反馈和行为欲求度不同，有些新闻网民看了很愤怒，希望转发和评论，这就是信息文本本身的话语建构和传播修辞在起作用，因此根据传播修辞学，不同的传播修辞带来的传播效果不同，在计算机科学研究中，信息文本分析本身是一个重要的学科，因此有必要对网络事件的元文本进行分析，本书对2011年所有重要舆情事件的元文本进行了词频分析（主要是实词，即名词、动词和形容词），结果呈现如下。

年份	2012		2011		2010		2009	
序号	关键词	词频	关键词	词频	关键词	词频	关键词	词频
1	微博	2828	事故	1507	局长	1342	争议	1143
2	网友	2708	死	1443	警方	1337	官员	1042
3	质疑	2304	争议	1228	死亡	1102	最牛	923
4	网传（曝）	2120	微博	1130	领导	1057	死亡	806
5	官员	2014	审判	1073	拆迁	1011	言论	758
6	公务员	1781	豪车	971	采购	949	警察	652
7	死亡	1475	天价	750	城管	786	局长	450
8	艳照	1242	谣言	617	跳楼	662	幼女	355
9	视频	1025	招聘	446	猥亵	546	事件（门）	189
10	争议	769	实名	346	嚣张	410	自杀	161

以上是四年来整个社会舆情事件的信息元文本的高频词的分布情况，从上表可以看出，四年总体趋势来看，主要是以负面性事件为主，如官员、公务员、艳照等为主，可以看出2012年的社会主角是微博和网民，其作为整个社会话语场域的主要行动者，在整个社会中扮演的角色越来约重要，并且其权利和公民意识在不断提升，因此紧随其后的词是"质疑"；官员和公务员等是舆情的关注热点，从某种程度上与网民形成了两个对立的群体，两者的矛盾和权利的争夺越来越明

显，这一点值得相关管理部门的警醒。并且综合四年来看，民众关注的焦点在不断聚焦，整个社会呈现出越来越单一性的趋势，随着社会的发展，这些事件越来越呈现出聚焦化和单向度趋势。

从近几年的高频词可以看出，事故、死亡、争议、微博等词逐步成为社会主要关注焦点词，从这些高频词可以看出以下几个特点：一是事故频发，体现了危机社会来临，事故不再是一个个偶然孤立事件，也不是靠概率所能推算的，危机成为一种社会常态化存在；二是微博对社会信息的整合和重构趋势加剧，逐渐成为社会信息的阀门和中转站，在社会信息权力格局中扮演越来越重要的作用；三是在这个人人发声的时代，谣言作为一种信息存在异常形式而广泛存在，信息发布权利的下放必然带来信息良莠不齐，但不同信息在信息自由流动市场，互相参照、互相验证，很快就会使得真相大白，不同的信息碎片很快在社会信息自组织系统内完好地拼接出整个事件原貌，这一方面是社会信息的无影灯效应，另一方面也是信息的有机化运动，和马克思所说的"报纸的有机化运动"有异曲同工之妙。

六、2012年舆情的烈度分布：以橙色警戒级别为主

根据通用的警戒分类方法，我们将舆情指数为90—100分之间的热点事件的警戒级别划分为红色；80—89分之间的划分为橙色、70—79分之间的划分为黄色；60—69分之间的划分为绿色。根据这种划分方法，我们可以将2012年、2011年、2010年、2009年的所有舆情事件指数进行一个总体把握，比较结果如下图所示：

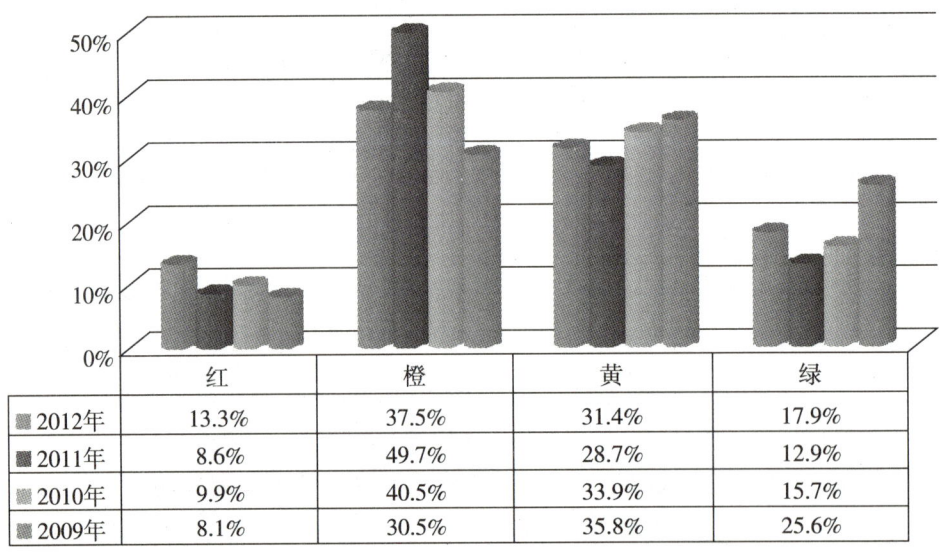

	红	橙	黄	绿
2012年	13.3%	37.5%	31.4%	17.9%
2011年	8.6%	49.7%	28.7%	12.9%
2010年	9.9%	40.5%	33.9%	15.7%
2009年	8.1%	30.5%	35.8%	25.6%

从上图可以看出，2012年整体社会运行在相对安全的橙色和黄色警戒级别，四年来基本上处于橙色以下级别运行，综合四年来看，红色警戒级别的事件比例有所上升，上升幅度不大。另外，舆情事件警戒级别的集中化趋势越来越明显，社会整体运行压力在不断增加，从上面的数据可以看出，民众对社会现实存在一定的克制度，虽然社会整体容忍度在提升，但由于社会现实中问题重重，民众对社会现实依然存在一定克制容忍度，但基本上接近于社会承受阈值，因此必须对这种社会不满情绪和愤懑进行有效疏导，不是靠实名制、加强管制这种"堵"的方式一刀切，要加强与民众的对话，给民众一定吐口水的社会言论空间，只有这样社会才能平稳发展，否则一旦超出社会的容忍克制度，会造成很严重的社会后果，虽然这个后果不一定是社会大动荡，但也让执政者头疼。

七、2012年舆情事件集中的领域：近50%的社会事件集中在社会与法领域，社会民生话题不断上升

为了更好描述舆情热点事件发生的领域，我们将2012年的热点事件按照时政、经济等常用划分新闻的方法进行划分，由于大量热点事件属于司法、反腐倡廉等领域的事件，我们将之归到社会新闻领域，统称为社会与法领域。

2012年，近50%的社会舆情事件集中在社会与法领域，其次是民生话题，民生话题达到近四年来的最高关注，民生领域的关注度提升，体现了民众对民生问题的关注，也体现了民生问题目前存在诸多的问题，这是一种结构性的问题，其改革关涉到整个社会利益格局的再划分，因此会成为未来一段时间的社会焦点问题。

八、2012年舆情事件涉及的具体领域：社会民生、个别官员违纪等是重点集中领域

以上分析了舆情热点事件主要集中的领域，有些领域的划分还很粗线条，为了更好地刻画出2012年舆情热点事件的具体分布，我们对以上领域进行了细化，结果呈现如下图所示：

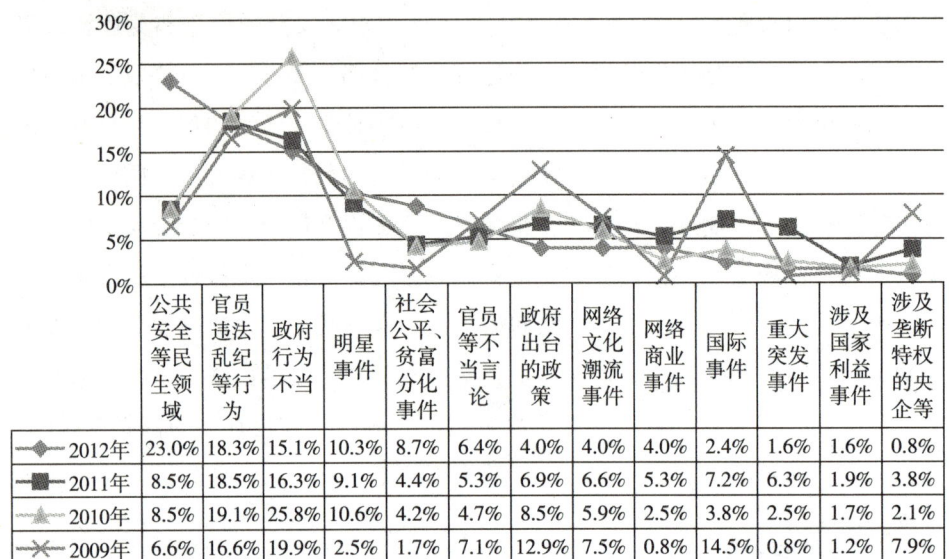

	公共安全等民生领域	官员违法乱纪等行为	政府行为不当	明星事件	社会公平、贫富分化事件	官员等不当言论	政府出台的政策	网络文化潮流事件	网络商业事件	国际事件	重大突发事件	涉及国家利益事件	涉及垄断特权的央企等
2012年	23.0%	18.3%	15.1%	10.3%	8.7%	6.4%	4.0%	4.0%	4.0%	2.4%	1.6%	1.6%	0.8%
2011年	8.5%	18.5%	16.3%	9.1%	4.4%	5.3%	6.9%	6.6%	5.3%	7.2%	6.3%	1.9%	3.8%
2010年	8.5%	19.1%	25.8%	10.6%	4.2%	4.7%	8.5%	5.9%	2.5%	3.8%	2.5%	1.7%	2.1%
2009年	6.6%	16.6%	19.9%	2.5%	1.7%	7.1%	12.9%	7.5%	0.8%	14.5%	0.8%	1.2%	7.9%

2012年，社会公共安全等社会民生、官员违法乱纪等行为、政府行为不当和明星事件成为整个社会关注的主要核心领域和社会心理"痛点"。2012年，社会民生问题从以往暗流涌动的社会现实中不断凸显出来，由原来的不到10%上升到整个社会关注的焦点之所在，无论是中国油价不如"8时代"还是毒胶囊等卫生安全不断凸显，甚至由于社会民生而伴生出来的杀医、高考约辩等事件，同时，社会公共安全感在不断下降促使民众更多地关注该类话题，有关社会民生的改革成为未来社会的主旋律，也会成为考察下届政府改革决心的试金石。

2012年，如果用关键词形容是反腐的一年，上到政治局委员，下到村委会主任等，都在社会化媒体崛起的今天一个个倒下，一方面与十八大的召开相关，另一方面也说明了民众对社会化媒体的媒体素养也在不断提升，社会化媒体被赋予了更多的政治诉求和政治属性，网络爆料、艳照门等事件在整个2012年应接不暇。另外，对明星的关注主要和日益流行的大众审丑文化、明星丑闻不断等具有很大的关系。

本年为了更好地对这些领域进行区分，对2012年的事件进行了领域划分，具体呈现如下：

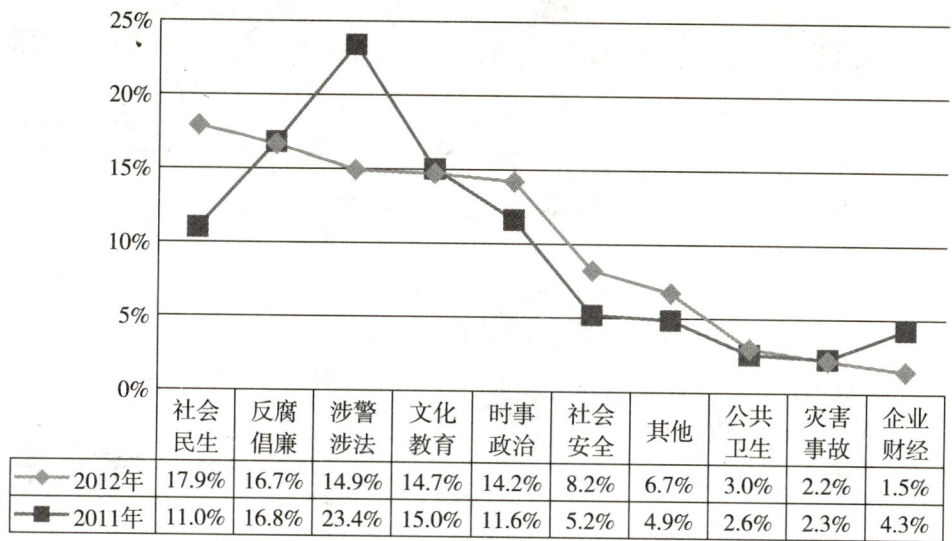

从上图可以看出，民众关注最多的事件主要集中在社会民生、反腐倡廉、涉警涉法、文化教育和时事政治等方面。民生话题在以上的分析已经进行了说明，反腐倡廉也由于今年作为重要的"反腐"年的特点；涉警涉法一直是社会的关注焦点，警、法作为社会正义、社会公正的最后维护者和裁决者，近几年一直高居不下，很大程度上和目前的社会公平正义有很大的关系；文化教育主要与目前的网络文化潮流、社会教育公平等话题密切相关，时事政治主要与2012年十八大的召开有很大的关联度。

九、2012年舆情事件的关涉主体：公检法系统、职能部委等是主要关涉主体

在每个舆情事件的背后除了网民和当事人本身，都有一个主要的利益相关主体，我们称之为关涉主体或者利益相关者，将这些关涉主体进行统计，可以看出网络事件关涉主体的大致分类和集中情况，在本书的分类标准中，我们将城管也划分到公检法系统，北京地区的实践也正在逐步将城管队伍纳入公安系统。关涉主体主要从行为的施与者或者说是主动方来进行划分界定的。基本分析结果如下图所示。

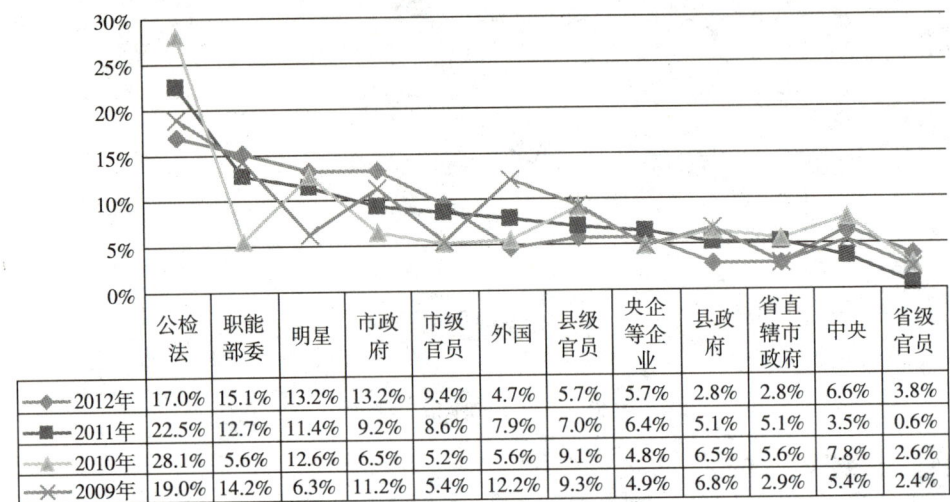

从上图可以看出，2012年的舆情事件关涉主体主要集中在公检法系统、职能部委和明星等群体，公检法系统主要代表社会公平正义的最后维护者和保障者，公检法系统作为2012年最主要的关涉主体一方面说明整个社会民众的利益诉求机制、民意表达机制等不顺畅，只有依赖这最后一个保障环节；其次说明目前社会司法公正存在诸多亟待改革之处。职能部委作为关涉主体，其关涉指数大幅超过往年，主要是因为随着社会文明水平的提升，社会管理水平需要亟待提升，但由于个别职能部委的思维还保持在传统的管理思维水平上，刻舟求剑式或者屁股不坐在老百姓一边式的管理方式很难适应社会的发展，加上微博操练了民众的公民意识，因此很容易引起民众的民意反弹和杯葛。明星始终是民众茶余饭后消遣的谈资，加上网络本身具有休闲、窥私的属性，因此明星事件很容易吸引眼球。

从四年变化的趋势来看，四年来一直保持较高比例的关涉主体依次是公检法系统、职能部委、明星、县级官员和外国，说明关涉这些主体的事件很容易引起民众的关注，具有社会聚焦效应。县级官员由于素质相对较低，一般不出事，一旦出事就很容易引起民众的口水倾吐。外国作为比较重要的关涉主体也是有原因的，近几年国际局势风云变幻，很多又关涉到中国的切身利益，也正好切合了民众近百年来的大国情怀，因此关注度一直居高不下。

四年来关涉主体的变化来看，关涉主体比例有所提升的是职能部委、市级官员、央企,有所下降的关涉主体主要有县级官员、市政府、县政府等。另外,央企近几年都成为关注的焦点,并有不断提升的趋势,主要是因为这些近年来民众对改革的红利大部分被央企所攫取感觉不满,对央企骂声不断,改革的呼声也不断高涨,民众作为这些央企的"名义主人"却面对的是这些企业不断提价、挥霍,一次次冲击着民众的忍耐底线,对央企的管理机制和利益分配机制的改革迫在眉睫。

十、2012年舆情事件分布的行政级别:发生在地市级城市和全国的事件最容易引起民众关注

由于我国目前的行政体制的科层制和属地管理的双重属性,我们将舆情事件发生的范围界定为以下几个级别:国际范围、港澳台、全国范围、省级范围、一线大城市、地市级城市和县级及其以下。通过分析结果呈现如下图所示:

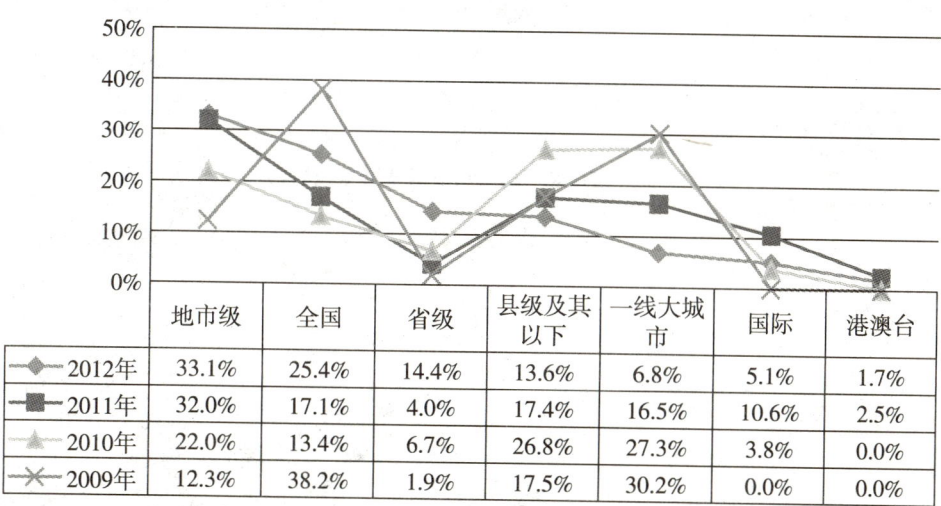

	地市级	全国	省级	县级及其以下	一线大城市	国际	港澳台
2012年	33.1%	25.4%	14.4%	13.6%	6.8%	5.1%	1.7%
2011年	32.0%	17.1%	4.0%	17.4%	16.5%	10.6%	2.5%
2010年	22.0%	13.4%	6.7%	26.8%	27.3%	3.8%	0.0%
2009年	12.3%	38.2%	1.9%	17.5%	30.2%	0.0%	0.0%

从上图可以看出,2012年舆情事件发生的范围比较集中的是地市级城市、全国范围等,尤其是地市级城市占到了总体的三分之一,从前三位的分布比例来看,目前民众关注的焦点也呈现出哑铃状趋势,一方面是全国范围,二是地市级以下的范围,说明民众一是关注涉及全体民众利益的事件,二是关注小人物的命运,这两者构成了目前整个社会民众的舆情关注坐标系。

从四年来的变化趋势来看,一直引起民众关注的事件发生范围是县级及以下

范围、地市级城市、全国范围、一线大城市等，尤其是地市级城市以下的范围，这类主要是社会小人物与"三公"部门之间的博弈事件，最容易引起民众的关注。有所增长的范围是地市级城市、国际范围和港澳台范围，地市级城市主要是存在政府部门行为不当和本行政级别官员的违法乱纪行为。

有所减少的范围是县级及其以下范围、一线大城市等，县级及以下范围由于近几年出现的事件存在较大相似性，民众对这类范围所发生的"荒唐事"已经存在一定的价值预期，出现了一定的"审丑疲劳"，因此有所下降；一线大城市一般社会管理水平较高、行政透明度也较高，因此影响度有所缩减。

十一、2012年舆情热点事件的省域分布：
集中在湖南、广东和河南等

由于我国目前的政治体制是以"封邑制"的属地管理为主，因此本报告以舆情事件产生的省域为主要研究对象，对舆情事件所发生的省域统计，需要说明的是，由于北京作为国家的首都，在归纳时以发生在北京、影响没有波及全国的事件为对象。由于全国有三十余个省级单位，本报告只呈现发生舆情事件比例较高的省域。

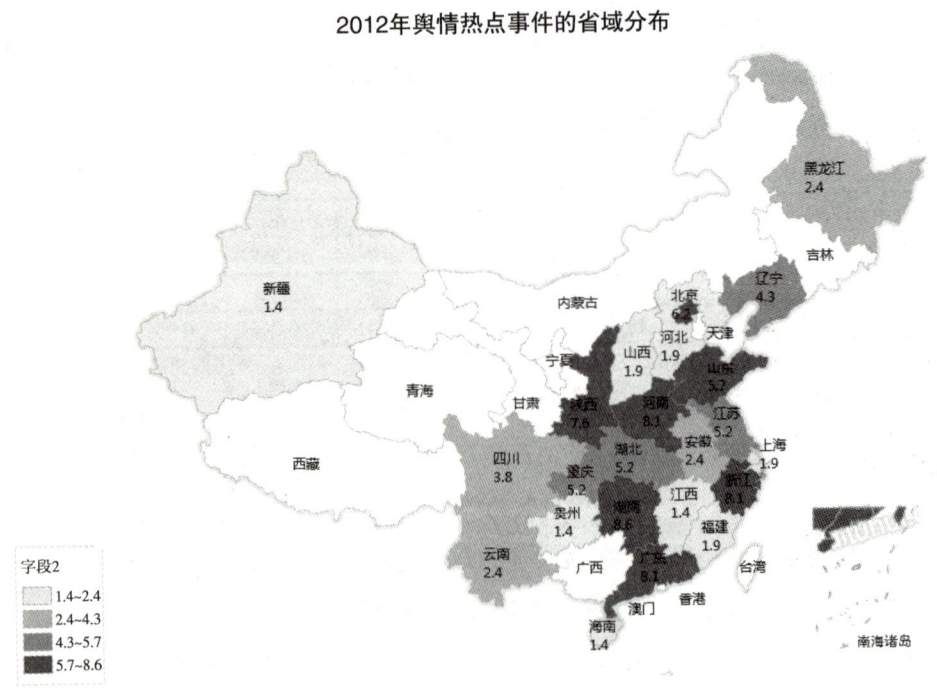

2012年舆情热点事件的省域分布

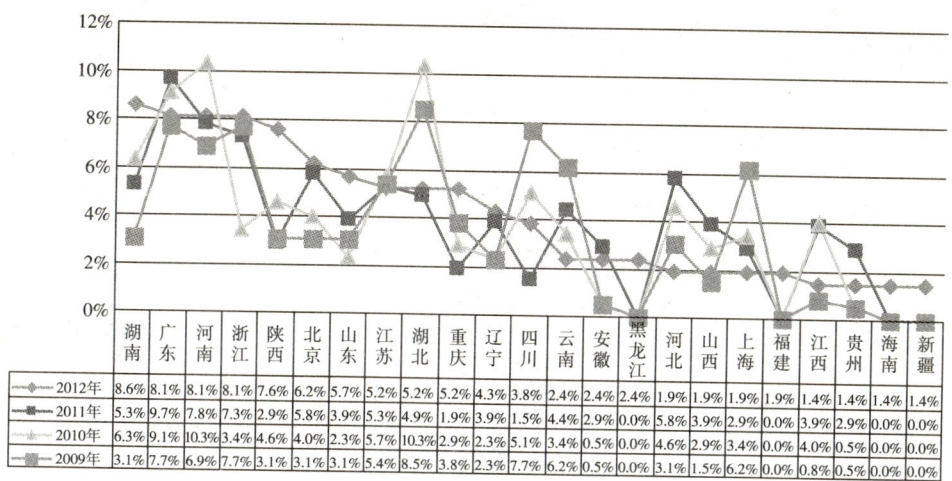

从上图可以看出，2012年发生舆情事件最多的省域分别为湖南、广东、河南和浙江等省份，湖南近几年舆情事件相对比较密集，主要因为湖南近几年社会矛盾相对尖锐、社会管理水平有待进一步提升，加上当地的社会文化背景和民风，一定程度上促成了当地舆情多发的态势。

广东作为改革的前沿阵地，加上外来人口数量较多，与本地人之间的矛盾也有进一步激化的趋势，加上广东地区的媒体相对发达，新闻传播环境较为宽松，信息传播快速，因此发生舆情事件的比例较高；河南作为中原大省，经济发展水平不高，人口众多，个人素质参差不齐，很容易引起社会矛盾激化，再加上社会管理水平不高，因此舆情事件的发生比例也较高；浙江今年事件也不断，主要由于吴英案等问题的影响。

从四年来的变化情况来看，舆情事件发生最多的省份依次是广东、河南、浙江、湖南等省区。这些地区舆情多发的原因也不尽相同，与当地的社会管理水平和社会文化有很大的相关。

十二、2012年舆情事件的信息倾向性：负面信息更能引起网民的关注

对任何事件的价值判断必须有一个所谓的价值尺度，在对舆情事件进行基本价值判断的依据是该事件的社会影响是好的还是坏的，利益立足点是整个社会的发展基本面，依照这个指标和标准我们可以将事件的信息倾向度划分为三类：正

面、负面和中性。

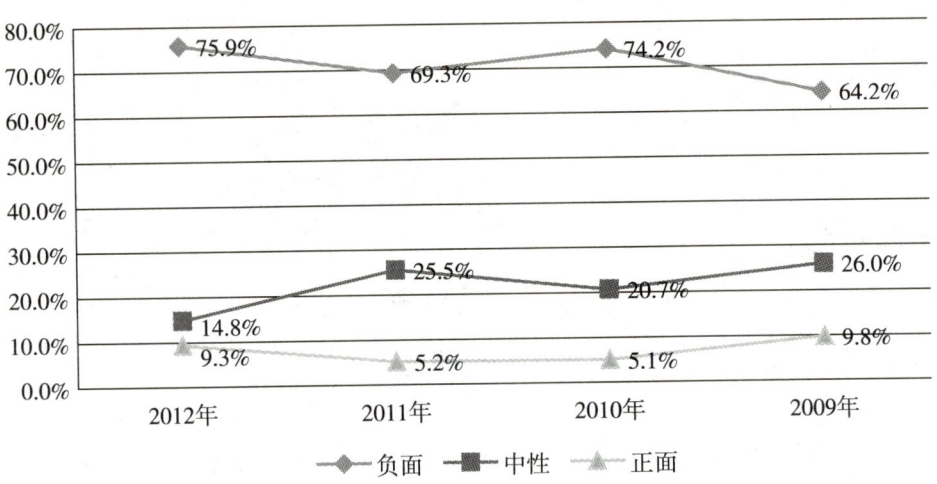

心理学研究表明,由于人们对外部信息安全的天然禀赋,因此人们对外部世界可能影响信息安全的负面性信息具有天然的接近性和高关注度,通过我们对2012年的网络热点事件进行信息倾向研究,研究发现负面信息更能引起网民的关注,2012年占到总体的75.9%,即占到了总体的2/3以上,正面信息仅为9.3%,其中多为提升国民爱国热情和民族主义的正面消息,如神九发射成功、最美女教师等。

与往年相比,2012年的信息倾向度主要有以下变化:负面信息比重有所上升,一定程度上反映了民众在2012年一直处于一种压抑的情绪下,这种情绪很容易促使民众的情绪反弹和情绪的啸聚;中性信息下降,说明社会整体道德感得到一定程度的提振,社会民众的情绪也一定程度上偏执化,信息的爱憎分明感提升,整个社会民众对事件的标签化严重。

十三、2012年舆情事件的首发主体:微博成为整个社会话语场域的策源地

为了更好地说明舆情事件的首发主体,我们对所有事件的首发主体进行了更细的划分,结果呈现如下图所示:

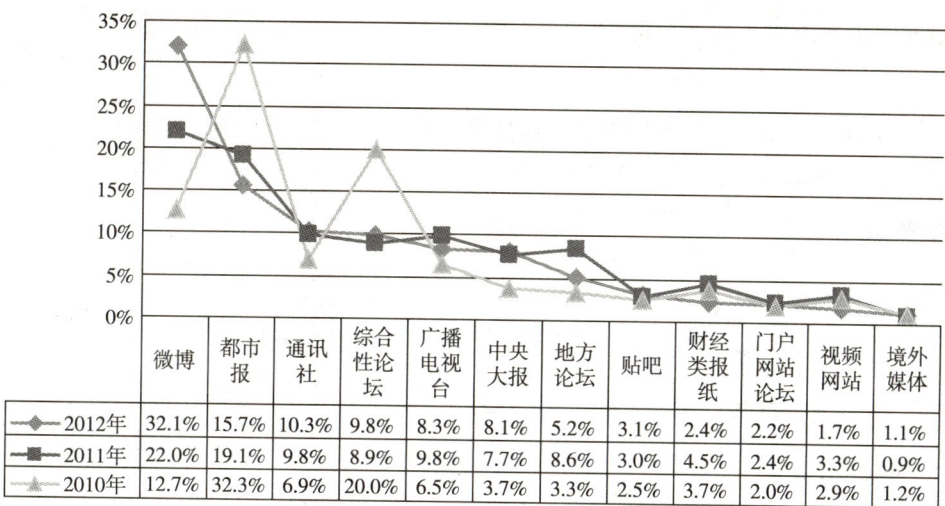

上图可以看出,从2012年的整体变化来看,微博成为名副其实的社会第一大信息源,占到了总体的1/3强;其次是都市报,占到了总体的15.7%,和微博一样成为社会信息最主要的两个源头;再次是通讯社和综合性论坛。以上媒体形成了三个序列,即第一序列是微博和都市报,绝对的舆情事件信息源;第二序列是通讯社;第三序列是主流的综合性论坛和地方论坛,很多信息尤其一些贪腐信息、涉警涉法信息首先是在地方论坛被爆料,经过网络搬运工搬运到主流综合性论坛,如天涯、猫扑等,再经过微博等转发进而引爆整个网络的。

比较2011年、2010年的数据,可以发现以下特点:比例有所增长的是微博,微博年增长近10%,一方面是由于其本身的属性决定的,微博是作为爆料最为合适的媒体选择,另一方面中国微博用户的数量在不断增长。

有所减少的是都市报,由原来的19.1%下降到15.7%,一定程度上两者的此消彼长说明了目前媒介权力格局出现了拐点,即质的变化,传统大众媒介的霸权时代彻底结束;其次下降比较大的是综合性论坛,其俨然是社会话语场域的放大器,很多信息被从微博或地方论坛中搬运过来,在其放大器的作用机制下会迅速地引爆,成为社会性话题,之后再是传统大众媒体的介入进而进入主流话语场域。

从以上的分析我们可以看出,微博客不仅成为重要的信息源、信息桥,而且成为社会舆论的主要策源地,其社会影响力和辐射力在不断提升。当"反腐倡廉"成为中国微博事实上的主旋律之一,中国红十字会等机构不幸撞到了"枪口"上,成为被网民集体调侃挖苦嘲笑并层层剥光衣服的"弄潮儿",从单纯的社交工具到舆论监督利器,微博已经悄悄完成了一次华丽转身。作为一个强大的舆论场,微博正全面参与并影响着现实世界,其作用从某种程度上已不仅局限于简单的个体事件。甚至在可预见的将来,微博或将直接改变中国社会生态和政治语境,让强势一方做事时不得不考虑民众的反应,微博所推动的是整个社会的生态平衡。

十四、2012年舆情事件的议题活跃天数:
平均每个话题活跃天数为23.2天

由于网民对某一事件或者话题具有一定兴趣周期,一个一成不变的话题不可能引起民众持续的关注,正如马克思所说,新闻报道是报纸的有机运动。因此不同的议题在网民的视域中会有不同的活跃周期,即都有议题的出现、发展、高潮和消退期。本书根据百度提供的百度指数搜索。以十八大为例,如下图所示。

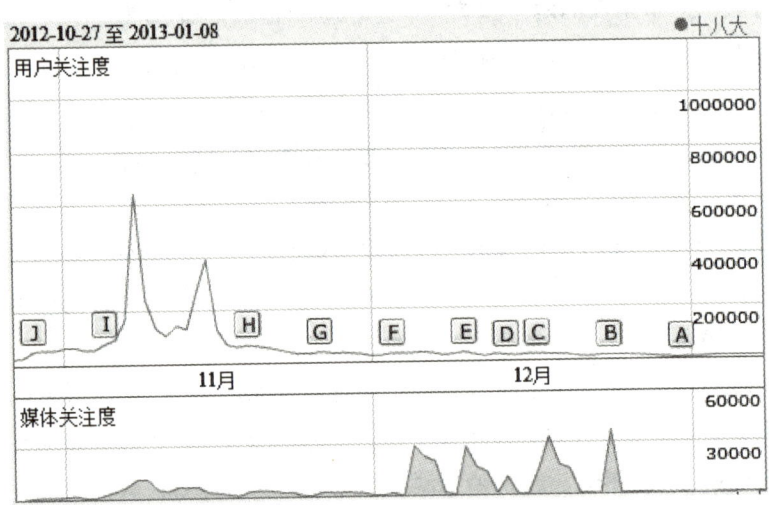

可以对不同的舆情事件统计出其活跃的天数。通过对2012年的舆情事件进行统计可以计算出2012年平均每个舆情事件在网络上的活跃周期为23.2天,相较于2011年的21.4天、2010年的15.1天和2009年的16.8天活跃周期均有所延长,说明网民对事件的关注周期开始延长,主要原因一是这类事件一般影响比较大,事件真实还原需要一段时间,更为重要的是微博这类社会化媒体的崛起,使全民介入到事件真实的"拼图游戏"中来,整个事件的真相成为全体社会民众参

与的碎片化信息的拼接游戏,整个社会真实的建构成为"有机的社会信息运动",当然,这一过程伴随着质疑和谣言的过程,法国思想家狄德罗曾说"质疑是迈向哲理的第一步",质疑一切可以质疑的东西是当下网民的突出特点之一,当然,这其中必然伴随谣言产生,但这恰恰是寻找和建构社会真实过程中的"副产品",必须理性地去看待网络谣言,不可能构建出来一个完全自清自明的、毫无杂质的虚拟网络社会空间。

另外,2012年对一个事件从发生到大众媒体介入的平均时间也做了统计,结果发现平均每个事件从最早的信源发出到传统大众媒体开始介入的平均时长为2天,大约45个多小时,这段时间是一段很好的危机公关时间,但很多没有引起利益相关方的关注或处理方式不对,造成事件最后一发不可收拾。

但说明网民对事件的关注平均周期为半个月,一定程度上说明了网民关注事件的短期和有限性,很容易被一个更新的事件所牵引,引起兴趣点的转移。如果我们半月(15天)为一个时间区段,得出不同的时间区段的比重如下图所示:

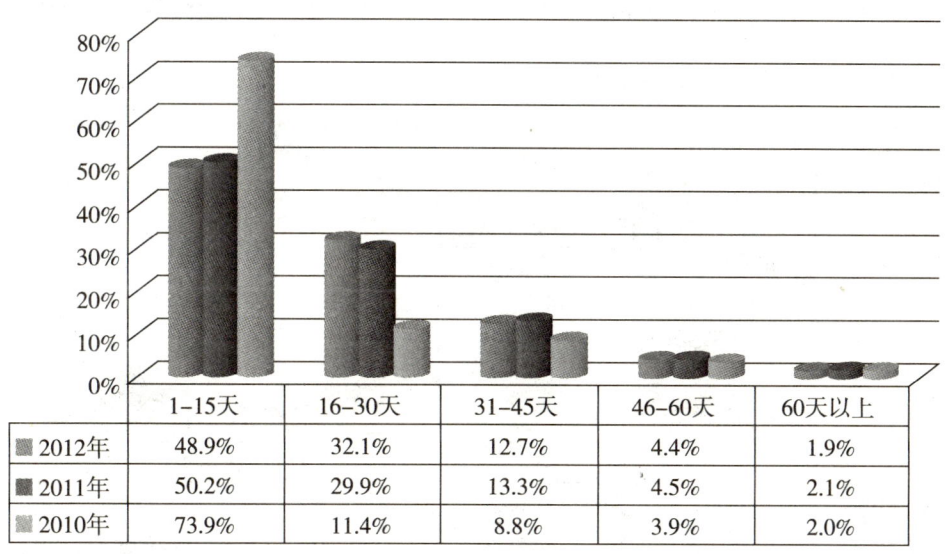

	1-15天	16-30天	31-45天	46-60天	60天以上
2012年	48.9%	32.1%	12.7%	4.4%	1.9%
2011年	50.2%	29.9%	13.3%	4.5%	2.1%
2010年	73.9%	11.4%	8.8%	3.9%	2.0%

从上图可以看出,大多数舆情事件的活跃周期为15天以内,30%左右的舆情事件的活跃周期为16-30天,两者占到了总体的80%以上。说明大多数事件的活跃周期都在1个月以内,除非该事件不断有新的变化因素的介入。

与往年相比,2012年舆情事件在议题活跃期的变化主要表现在:一是1-15天的事件有小幅下降,下降幅度约2%;二是16-30天的事件有所上升,上升幅度为3%左右，这些数值的变化使得每个事件的平均议题活跃周期有所延长，延长了约2天，说明微博等社会化媒体的出现对这些事件的关注进一步延长，对社会事件的拼图式解读和建构方式成为未来信息的主要社会建构方式，这些新的现象和规律值得新闻传播学界研究和探讨。

十五、2012年舆情事件的意见的多元性分布：平均每个议题的意见类型个数为2.1个

如果有不同的意见观点，那么这个事件一定程度上不会引起过多的关注，因为意见的多元带来的是意见持有者的分散，进而不利于该事件的影响扩散。我们根据舆情事件发生后意见的维度个数统计出了2012年所有舆情事件的意见类型个数，并在此基础上计算出平均每个舆情事件的意见类型个数为2.1个，2011年为2.3个，2010年为1.8个，2009年为1.7个，一方面说明我们这个社会扩容度越来越大，二是因为微博为不同利益群体提供了发声的平台和机会，意见越来越多元，有利于社会民众形成更宽广的话语合意空间，对社会的发展起到了良性作用。

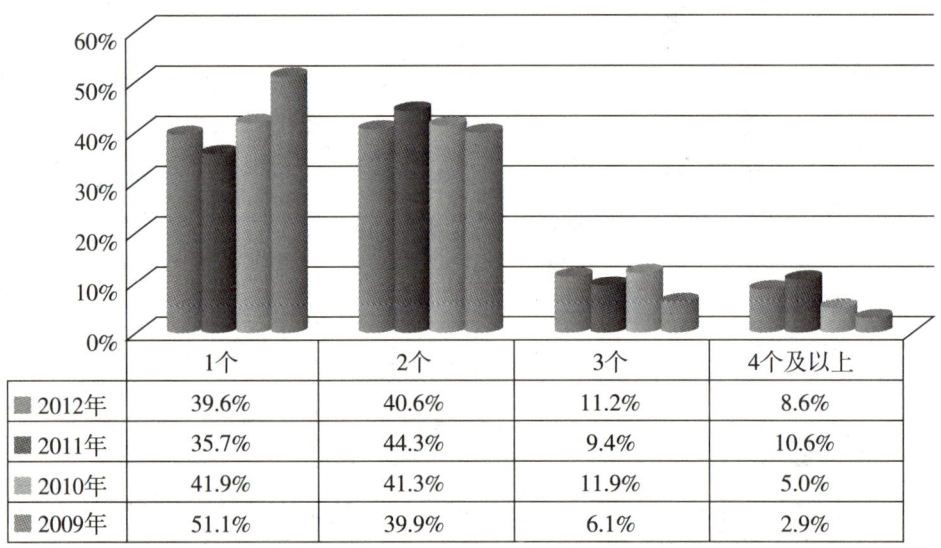

	1个	2个	3个	4个及以上
2012年	39.6%	40.6%	11.2%	8.6%
2011年	35.7%	44.3%	9.4%	10.6%
2010年	41.9%	41.3%	11.9%	5.0%
2009年	51.1%	39.9%	6.1%	2.9%

从上图可以看出，2012年近40%的舆情事件的意见类型个数为1个，促使该事件成为一边倒的趋势，"沉默的螺旋"效应依然明显。两个左右针锋相对的意见类型的事件占到了总体的40.6%，有所下降，说明随着微博等社会化媒体出现，

人人发声时代使得民众能更多更全面地表达自己的观点和想法，社会意见多元化是必然趋势一方面说明了2012年网络声音的"聒噪"，不同声音针锋相对，在开放、交互、即时的互联网世界里，无数看似"浅薄"的关注最终汇聚成潮，并开始猛烈冲击事件原本的发展轨道——浅薄战胜了深刻，这就说明未来网络空间需要搭建更多的平台，让不同声音发声，让不同意见在这些平台上交锋、"短兵相接"，通过这种观点的自由市场实现理性意见占据主流，进而推动整个社会合意空间的形成，推动整个社会的进步和发展。

第三节 众生相——2012年网络热点人物盘点

2012年在紧张又热闹中离我们远去，但这一年依靠网络成名的各种人物却深深印刻在我们的记忆中，有些人，会永远立在我们的记忆中，不被忘却；有些人，成为这个国家进步的推动者；有些人，他们的故事让整个世界颤栗；有些人，用他们的力量改变了别人……他们的一颦一笑都牵动着我们的神经，无论是小人物的悲惨命运还是可恶人士的丑恶嘴脸都引起我们心灵的共鸣，我们为他们的命运悲与喜、为他们的遭遇摇旗呐喊，这一切都深深镌刻在我们的脑海中，因此有必要对2012年的网络知名人物进行梳理，成为2012年的网络式"史记"。

序号	网络人物	序号	网络人物
1	表哥杨达才	15	鸟叔
2	雷政富	16	唐慧
3	"干爹"	17	王立军
4	方舟子	18	尼尔·伍德
5	韩寒	19	薄熙来
6	焦作花眼法官刘征安	20	薄谷开来
7	任建宇	21	周克华
8	陈光标	22	打人教授韩德强
9	李承鹏	23	被民警开枪打死的王树杰
10	李庄	24	莫言
11	左小诅咒	25	杜甫
12	元芳	26	包大人
13	任建宇	27	甄嬛
14	房叔蔡彬		

注：此排名不分先后

第四节 用另一种方式看世界
——2012年网络流行语盘点

用另一种方式看世界——网络流行语,这些流行语都是高度浓缩之后的产物,隐含着老百姓对一些事件的态度和看法,一般具有四个基本特征:一是形式精简,大多是以词语、短语,最多也是以短小精悍的句子形式出现,具有便于记忆、模仿和大范围传播的功能;二是信息量特别大,能偶用一个词或者一个短语表现一连串的事件以及人们对事件的态度与反应;三是修辞多样化,具有极强的修辞色彩,其中不乏令人赞赏叫绝的例子,形象生动,富含感情色彩;四是衍生功能强,即信息再生产能力强,很快被民众所接受并被大规模使用和引申。

网络流行语具有较高的社会价值,从长远距离来说,它可以折射出一个时代公众话语权的变迁;从近距离来看,它可以看出网民生活交流方式的改变。从公众心理变化来看,它从不登大雅之堂,变成了自诩主流媒体的座上客。网络流行语,这是千万网民的智慧的结晶,它慢慢融入到每一个人生活当中来,历经传统文化的碰撞,公众文化生活的淬炼,形成一道主流文化亮丽的风景线。

2012年,网络流行什么语言,好像谁也不知道,深藏在每个网民的潜意识里,隐藏在网络的每一个角落。2012年发生了很多大事件,很多人的心里都憋着一股火无处发泄。网络语言就这么拐弯抹角的滋生起来,经过了一年时间慢慢发展壮大,不知道谁发起,大家好像心知肚明,乐在其中,参与其中,如同星星之火,立马燎原。

一、元芳,你怎么看

来源:电视剧《神探狄仁杰》狄仁杰大人胸有成竹的事情总是问问下属。一副领导高见的样子。

点评[1]:元芳,你怎么看,为网络反腐开篇。狄仁杰可以把焦点矛盾话题转移到下属身上,下属也可以揣度上级心思,双方互利互惠。官场讳莫如深,为官之

---

[1] 本部分网络流行语的相关点评引自天涯网友相关点评。

道在于明哲保身。英明的领导需要能干的下属，聪明的领导也需要倾听恭维的赞美声。其网络流行，在于甚嚣尘上的网络大事件最后都变成了"无头冤案"，层层叠叠的利益关系网就像隐藏着一个天大的秘密，网民无法捕捉信息及时跟进，只能感叹"此事必有蹊跷"。网民需要发出"元芳，你怎么看"天问，也在呼唤神探一样英明的领导，个中滋味耐人寻味。

二、你幸福吗？

来源：央视外场记者突如其来采访各色人群，收罗各行各业回答。该新闻最大亮点，就是把严肃的新闻话题做成了一出娱乐大戏。

点评：记者扛着公权力媒体，不停逼问底层民众，这也算一种骚扰。新闻应该是调查，而不是娱乐，这些都与新闻职业道德相悖。民众幸福与否，不是抽样调查，也不是样本分析，而是一国对待城民的态度。公平的社会上升通道，透明的财富来源，有尊严的个体热爱国家，即使他们做乞丐也会感到幸福。否则，让少数人躺在暴利之上沉默，让多数人佯装很幸福的样子，公权力的媒体记者插科打诨，只会让人贻笑大方。

三、休假式治疗

来源：重庆副市长潜入美国大使馆，重庆官方微博公布王立军"休假式治疗"，这种另辟蹊径的官方应答之策，带给公众质疑的反弹，引发一场网络造句的集体狂欢。

点评：重庆官方半遮半掩的忐忑心态体现他们在用词风格的别具一格，这种欲盖弥彰的心态立马遭遇了网络恶搞，这是舆论应对的失败之作。民间与官方不是对立的机构，行政机构处置的手段决定于他们坦诚的心态，透明的程序，快速的处理结果。企图靠不断圆谎来掩盖真相，只会悖逆民众的期待，最终画蛇添足，遭遇民众无情的嘲讽。公众有知情权，理应得到最起码的尊重。

四、屌丝

来源：屌丝一词起源于雷霆三巨头吧对李毅吧毅丝的恶搞称谓，后被魔兽世界吧会员用于嘲讽毅丝，意为劣等毅丝。该词年轻人群体间的语言文化中更被广泛应用，其使用和含义变得更加宽泛。

点评：屌丝一词与当代的现实特征实现了完美的合拍。有些人利用屌丝一词

"自我设障",降低成功期望,以此来缓解巨大的社会压力,这部分人当中多数拥有自我意识,自我觉醒才主动归类"屌丝",来表达对现状的不满和无奈。网络阶层的重新划分,在于网民对社会现状重新出发,他们能够感触到财富集团和利益集团慢慢压缩他们上升的通道。屌丝需要逆袭才能获得成功,白富美却可以坐享其成。社会现实如此残酷,人人都是屌丝,难怪《人民日报》要重视屌丝的声音。

五、表哥房叔

来源:杨达才戴着一块名表笑倒在灾难现场,他以好表名表之多著称。他遭遇网络搜索的时候,一口咬定是假表,自己工资买的,但是最后证实这一切都是谎言。

点评:名表和别墅房产,这些远远超乎他们正常的工资水准。为什么他们可以戴着名表招摇过市,又是什么让他们凌驾于法律之上伊始否认并对举报者打击报复。那是因为官场旧习沿袭,利益共享阶层习以为常,"审丑"达成了腐败共识。腐败之盛,人人目睹,反腐却是从网络开始,却是从官员随身之物开始,这不得不令人深思。

六、吃地沟油的命,操中南海的心

来源:2012年食品质量问题依然让人胆寒。在中日钓鱼岛争端升级的时候,反日游行示威之中出现了不少愤青砸日系汽车。很多理性的网友用这句话批评民众不理智的行为。

点评:是小河有水大河满,还是大河有水小河满?个人利益与国家大义孰重孰轻?如何将国家意志圈养在笼子里面,国家的边界到底在哪里?如果个人声音无法上达制度顶层设计,而顶层设计不顾民意肆意妄为,民众的诉求只会一厢情愿,社会阶层的裂痕就会越来越深,形成了两个阶层的对峙,加深了社会壁垒的厚度。

七、我可以说脏话吗?

来源:国内成品油油价涨多跌少,全国人民喜迎油价上涨,却有一位观众接受媒体采访时用这句话表达了自己的愤怒。

点评:态度决定一切,沉默是金,但表达是最重要的方式。网友用曲线救国的方式表达了自己对油价的看法。说话是他们的权利,但是当他们说话的声音微乎其微,脏话就是最有力的武器。要使民众不说脏话,必须给他们说话的各种自由。

八、躺着也中枪

来源:出自周星驰的电影《逃学威龙》里的一句台词。当时双方激烈打斗中,某人装死,然后一小兵中招手一歪向地上发了一枪正中装死的"某人"。于是有经典台词:"我靠!躺着都能中枪!"

点评:小概率事件肯定存在,把必然因素引发的后果一股脑儿地推给小概率事件,做出与事实相悖的结论,企图撇清关系,这种移花接木之术,无辜的人必然受到牵连。正是因为这种偷梁换柱,移花接木的手段高明,必然助长歹人嚣张气焰。

九、捐你妹

来源:2012年7月,深圳市绿色基金会发起近20年来首次大规模义捐活动,网友用"捐你妹"来回应。

点评:很显然,这是一句很委婉可以说出口的脏话。是网民概括和用在捐款捐助事项上的"网络术语",代表的是社会公众对于时下慈善的不信任程度。如果一个官方的机构没有丝毫的改进意见,没有丝毫的廉耻之心,一味想从民众手中盘夺钱物,"狼来了"的故事就会在他们身上应验。他们的妹妹没有过错,是他们的处理方式已经丢失最起码的社会良心。另一方面,"捐你妹"表达的众多的还是想慈善者,却获得不到最佳慈善路径的无奈。一个"捐你妹"的表达,除了愤懑之外还有对慈善组织的"怒其不争"之意。

十、皮鞋很忙

来源:酸奶、胶囊、果冻都是旧皮鞋的下脚料,每个人都有一双旧皮鞋,每个人都可能会和酸奶、胶囊打交道,这种似曾相识的感觉让人愤怒。

点评:如果杜甫很忙有些无厘头,那么皮鞋很忙也算意料之中。食品安全问题一直悬在每个人心中,制度性的漏洞一直修修补补,严惩性的监督充当花拳绣腿,通过严打形成一场运动,练练把式吓唬人。这种症结当然不会让食品安全漏洞得到制度性根除。特权阶层返璞归真,屌丝集团担心物价上涨,食品有毒,让谁最操心呢?

十一、杜甫很忙

来源：2012年3月，杜甫突然在网络爆红，关于他的涂鸦图片在微博上疯转。在这些对语文课本图片的"再创作"里，杜甫时而手扛机枪，时而挥刀切瓜，时而身骑白马，时而脚踏摩托……被网友戏称为"杜甫很忙"。

点评："杜甫很忙"更多地反映了现在的一种社会心态。一个无厘头的涂鸦引来如此多的围观、追捧，其中也许有网友的无聊寂寞，也许有个别人的幕后操作，但不管怎样，这场对杜甫的"再创作"风潮无疑是在某一点上触发了社会公众的兴趣点。

十二、给跪了

来源：缩写来自网络用语"我给你跪下了"，时下微博、论坛上的流行用词。多用来表示叹服，拜服：对方很强大，或者很脑残时候皆可用。

点评："给跪了"一方面用来表示感叹或表达心中的一种叹服、拜服，形容对方很强大，另一方面又含有无奈的自嘲的意味，用法类似"悲剧了"、"悲催了"。

第五节 2012年网络社会潮流盘点

一、网络反腐style

网络为反腐败提供了两大支柱,一个是阳光下的"扁平社会",一个是逐步精英化的执政群体。网民参与网络反腐的热情确实很高,从被"天价烟"、"天价表"拉下马的周久耕、杨达才,到因"艳照视频"落马的雷政富,再到被调查乃至拘捕2012年可以被称作"网络反腐案"的"房叔"、"房姐",网络反腐的巨大威力令人鼓舞。这也正是官方表达对网络反腐的重视,并提出"借力"网络反腐的原因之一。据不完全统计,2012年网民们无组织"扔砖"砸倒的官员不少于30个,网络成为反腐的主要战场,就在这场"网络反腐style"势头飙升的同时,纷纷出炉的"官方调查"却并不那么符合网民的心理预期。"网络举报内容多处细节失实"、"网络爆料照片为PS合成"、"当事人从未接受过此采访,有关内容严重失实"、"网络反映问题严重失实"成为最终调查结果。一面是被舆论评为"快、准、狠"的网络反腐,一面是相关部门调查后称举报严重失实,而在其中频频出现的"艳照"、"不雅视频"也成为让网络反腐娱乐化、低俗化的诟病。

看来从网民自发的"网络反腐"走向公正、公平、公开的"法治网络"不能只凭一纸空谈,否则只会不断透支自身的信誉,最终成为众矢之的,"任你说什么,我都不相信"。

说到底,网络只是一种工具,网络反腐若不能与制度反腐有效对接,则现有的网络反腐模式将难以持续。一方面,对网络反腐应当合理引导,确保网络反腐渠道的畅通。有关部门要在引导网民发布有效举报信息的同时,应对网络舆情进行及时监测、搜集和研判,保护网民反腐热情;另一方面,通过建立完善的网络反腐的处理与反馈机制,及时快速地对网络举报信息展开核查。使得网络反腐信息受理及时便捷、处理公开公正、反馈及时公信,发挥网络反腐的最大威力。

此外,网络反腐还需要诸如政府信息公开、官员财产公示、官员离职审计、任职公示等众多制度的配套落实。这样,既可在技术层面保障公民的知情权,使得网民举报有据可依,确保其监督权。只有将网络反腐纳入制度化、法治化进程,与传统防腐反腐手段互动,形成合力倒逼官员清廉从政。

二、娱乐至死时代

尼尔·波兹曼在其著作《娱乐至死》中认为,一切公众话语都日渐以娱乐的方式出现,并成为一种文化精神。一切文化内容都心甘情愿地成为娱乐的附庸,而且毫无怨言,甚至无声无息,"其结果是我们成了一个娱乐至死的物种"。2012年网络流行风潮的显著特征之一是娱乐至死,无论是拿杜甫还是拿皮鞋,抑或是贪官污吏,甚至是自己都自嘲为屌丝,随着社会化媒体的崛起,民众对社会现实的不满和淤积情绪得到了一定程度的发泄,但主流的民意表达渠道的不顺畅,使得民众只能通过一种自嘲乃至自虐的方式来表达,整个网络中宣泄、弥漫着欢乐,但这是笑中有泪。是对自己境遇的不满也是对社会现实的不满,这种曲折化的表达方式构筑了2012年网络社会表达思潮的独特风景。

同样,反腐也被"娱乐化"了,从表哥、表叔、房叔、车爷、房婶再到雷冠希,这一个个贪官都被网民贴上了朗朗上口的标签,也让一个个本来严肃的反腐事件呈现出娱乐化的趋势,娱乐反腐带动了网民的反腐热情,尤其是雷政富的艳照门曝光后,其被恶搞的一系列照片不断见诸网络,被恶搞挖苦的雷政富,已经不是雷政富本人,而是所有像雷政富一样的贪官污吏。网民用这样的方式,对雷政富们"撒撒怨气泄泄愤",是完全可以理解的,但娱乐反腐并不等于制度反腐,而是一种"选择性执法",娱乐反腐的后果是下马的官员遗憾自己倒霉——被娱乐反腐了,是自己运气不好,还没被拉下的官员则侥幸自己好运。

三、屌丝自嘲时代

2012年初,"屌丝"在中国大陆地区广泛流行起来,在年轻人群体间的语言文化中更被广泛应用。相对于屌丝最初的定义,如今却已成为一种社会性的自嘲现象。无论是从表面符合屌丝定义的人,还是和屌丝属性毫不相关的人,无论男女都在争领这一名号。究其原因,是屌丝一词与当代的现实特征实现了完美的合拍。而另一方面,有些人利用屌丝一词"自我设障",降低成功期望,以此来缓解巨大的社会压力,这部分人当中多数拥有自我意识,自我觉醒才主动归类"屌丝"。来表达对现状的不满和无奈。与此同时,"高富帅"一词也在相当大的程度上被用于讽刺与嘲笑而不是羡慕。

它迎合了当今大众的心理和趣味。如今已经成为一种社会性的自嘲现象。人们乐于品味小人物自己的故事,更爱看对高富帅的嘲讽。屌丝代表着一种网络亚文化的崛起,它意味着中国人更多的获得了自己诠释生活的角度与权利。

第二部分 中国社会舆情运行整体情况分析
——基于百度搜索数据的分析

第一节 2012年中国社会舆情各领域特征分析

一、整体社会发展：多元时代寻求社会共识的最大公约数

（一）2012网络问政：娱乐化穷追猛打反腐官民互动提速

微博已经成为一种社会生活方式，公民社会日益成熟，2012年注定要成为网络反腐具有标志性意义的一年，从薄熙来、王立军等"大人物"的纷纷倒台，再到表哥、房叔、车爷、房婶、雷冠希等的纷纷落马，既有中央的惩治腐败的决心，又有网民借助社会化媒体的热情参与，反腐成为2012年的主色调。

网络反腐一开始借助社会化媒体等网络传播平台，以爆炸性的猛料让公共舆论空间瞬间鼎沸，并迅速演变成一场公共舆论突发事件。从表哥、表叔、房叔、车爷、房婶再到"雷冠希"，这一个个贪官都被网民贴上了朗朗上口的标签，也让一个个本来严肃的反腐事件呈现出娱乐化的趋势，娱乐反腐带动了网民的反腐热情，尤其是雷政富的艳照门曝光后，其被恶搞的一系列照片不断见诸网络，被恶搞挖苦的雷政富，已经不是雷政富本人，而是所有像雷政富一样的贪官污吏。网民用这样的方式，对雷政富们"撒撒怨气泄泄愤"，是完全可以理解的，但娱乐反腐并不等于制度反腐，而是一种"选择性执法"，娱乐反腐的后果是下马的官员遗憾自己倒霉——被娱乐反腐了，是自己运气不好，还没被拉下的官员则侥幸自己好运。

在社会化媒体助力下，反腐已经从web1.0时代的一哄而散到现在的穷追猛打，

社会化媒体可以将一些支离破碎的事实片段通过网民的参与拼接成社会真实，网民在对事实穷追猛打之中获得短暂的"权力欲自我满足"，因此乐此不疲。同时，"提速"成了反腐领域的另一个关键词，雷政富从其不雅视频曝光到被免职仅63小时，被网友戏称为"秒杀"；黑龙江双城市有关部门得知女记者实名举报人大代表后次日就成立调查组，对此，有网友感叹：没有最快，只有更快，也许网民对"63小时"寄托着更多的期许，愿从这个历史的小细节起步，反腐倡廉建设更加发力，更有成效。

（二）2012社会民生：CPI走高油价"8时代"毒胶囊皮革奶——个个都伤不起

百度搜索榜单中2012年十大社会热点事件榜单中"油价"赫然在列，伴随着油价进入"8时代"，国内刚刚才有所好转的通胀一下子就成了不可抑制的可能了，公众也不傻，从"涨快跌慢"、"涨多跌少"这样的常识就能判断出成品油定价机制存在诸多问题，人们不禁要问——"雷声大雨点小"成品油定价机制改革到底何时启动？

2012年4月，随着食用油提价，奶粉、蔬菜、洗涤剂等日常生活用品也随之提高了价格，国内CPI当月高企到3.6%，对于这一次的物价上涨，网友调侃"再这么涨下去，就要一天只吃一顿饭，一顿只吃六成饱……"，用一种戏谑的口吻表现了对现下物价飞涨趋势的无奈和不满。

另一方面，"蒙牛伊利停售"事件，不管停售的原因是什么。这样的谣言难免会让消费者本来对食品安全问题就绷紧的弦又紧张起来；接着又爆出明胶果冻、毒胶囊、皮革奶等食品安全事件，网友用黑色幽默和调侃的方式，表达着对食品安全屡屡出事的不满和失望，食品安全固然与相关企业缺乏社会责任感和公德心有着分不开的联系，但是更为严峻的问题是食品安全监管部门的失语和失职。每一次食品安全事故的背后，损害的不仅仅是企业的信誉，更是对政府部门公信力的消解，公众的信心在一次次的食品安全事故中，被消磨殆尽，而政府相关部门的公信力也在一点点转化为公众的不信任。

（三）2012文化现象：杜甫、包大人很忙，你幸福吗，你懂的，元芳，你怎么看？

2012年，最忙的人莫过于杜甫，关于他的涂鸦图片在网上疯转，俨然成了网络红人，所有的图片都是对中学语文课本杜甫画像的"再创作"：杜甫时而手扛机枪，时而挥刀切瓜，时而身骑白马，时而脚踏摩托……好事的网友戏称"杜甫很忙"。网民们的恶搞基本上没有带什么功利色彩，最多也就是娱人娱己，虽然难逃"娱乐至死"之讥，但终归是一场快闪式的网络狂欢。从"网络小胖"到"杜甫很忙"，网络恶搞推陈出新，其中有网民热衷参与、释放创意的因素，也不乏社会批判意味，甚至在某种程度上，这已成为一些网民宣泄情绪的重要渠道，是社会多彩文化的集中体现。无论如何，恶搞也是一种个性解读、另类表达，不妨对这种网络文化宽容处之。

位列十大贴吧神贴的"元芳，你怎么看？"已然成为广大网友发发牢骚、倾诉不快的重要人物，形形色色的事情都要麻烦到"元芳"，引发了网友"千万次地问"，以至于呈现出继"杜甫很忙"后"元芳很忙"的网络狂欢场面。有网友认为，这是继"甄嬛体"、"离骚体"、"诗经体"、"淘宝体"等网络文体走红之后又一场自娱自乐的网络狂欢。以"元芳，你怎么看？"作为结束语，嫁接到各种叙事中，网友并不期望由此能解决什么实际问题，而是以此得到了情绪的宣泄，满足了自己的表达欲望，其精髓在表达而非询问，对元芳在电视中狂拍马屁的嘲讽，对现代社会中缺少安全感，居多不满现象的嘲讽。不论是倾诉还是发泄，抑或是当作笑话娱乐一把，在这个"压力山大"的时代，"元芳体"无疑是为大家提供了一剂排遣压力和放松身心的"良药"，尤其是对待很多背离社会正义、法制、公共道德和老百姓想法的事件，在广大话语权不被掌握的情况下，"元芳体"的提问更具有力度和讽刺意味。

（四）2012聚焦人物：屌丝干爹艳照门主角——忙得不亦乐乎

2012年在玛雅人的寓言下即将度过，有人说2012年是属于屌丝的，整个一年，屌丝这个嘲讽意味十足的代名词迅速爆红，已经成为一种社会性的自嘲现象。如今你会发现从表面符合屌丝定义的人，到和屌丝属性八竿子打不着的人，都在争相认领这一名号。当人人都在忙着确认自己的屌丝身份，并乐此不疲时，屌丝一词一定与当代的现实特征实现了合拍。"屌丝"式的自嘲，源于财富两极分化的社会现实，许多青年面对的现实是：即使竭尽全力去奋斗，自己财富的积累与"高富帅"、"白富美"所拥有的基础与条件还是相差很远。所以，不难理解"屌丝"那种复杂心情的表达，既有对现实的不满，也有无力改变现实的无奈，这种无奈在青年群体中引发了一种群体无权感或无力感，这种无权感与无力感不仅仅是对贫富差距现实的一种本能反应，对自己不利处境的一种无奈表达，也是对自我能力怀疑、不自信、不接纳自我的一种表现。

从郭美美的"都是干爹送的"到齐B小短裙事件，到重庆奉节官员灌醉女记者自称是干爹，再到女子晒干爹赠送"连体钞票礼服"，"干爹"这个早已残破不堪、臭名远扬的词，再次被网友拎出来奚落嘲讽了一番。从"拼爹"到"拼干爹"，说明中国正堕入一个拼爹的时代，有好爹的当然就啥也不说了，有个成功的爹什么都拥有了，没爹的，那就要找个爹，找个干爹给予支持。在双方一拍即合下，那些成功老男人就成了干爹，代沟不是问题，暧昧不是问题，金钱不是问题，虚荣也不是问题，干爹的暧昧已经解决这些问题。从某个角度来看，"干爹现象"已然成为大众的娱乐消费产品。人们津津有味地八卦着，细究之下，在这种对"干爹现象"的窥探中，很多人是既好奇又鄙视，既痛恨又兴趣十足。"干爹"与"干女儿"的关系遮遮掩掩，欲说还休，足以装下人们对年轻女孩与衰老男人之间的所有想象，这里有藏污纳垢的权色交易、流光溢彩的奢侈品、醉生梦死的奢靡生活……可以说，"干爹"一词勾起了不少人对权力、金钱、美色等的原始欲望，这或许是"干爹"这样红的真正原因吧。

2012年伊始，就有网友爆料广西壮族自治区质量技术监督局干部段一中在宾馆内的不雅照，到安徽合肥艳照门、河南汝阳艳照事件、李宗瑞事件，再到近期发生的雷政富与18岁的"干女儿"淫乱事件，2012年的艳照主角们可谓忙活了整整一年，任何一个涉及官员艳照事件背后都是有权有势者玩弄女性和女性以身体换取社会资源的卑鄙勾当，这种卑鄙，恰恰又通过互联网得以放大呈现，最终在舆论上营造出一种全民的性狂欢。

（五）2012娱乐现象：最炫民族风、江南style——究竟谁是"中国好声音"

在2012年的十大金曲榜单中，《最炫民族风》荣登榜首，一个三年前的歌曲经过社会化媒体的疯传，引来众多网友围观和热议，"韩星版"、"王菲版"、"杰克逊版"，各种各样的MV版本层出不穷，掀起一阵最炫民族风热。但也许昨天你会因为《最炫民族风》与任何动作都能实现"神同步"而着迷，今天你又对《江南style》的"骑马舞步"兴趣十足，同样位列十大金曲榜单中的《江南style》之所以火，很大程度上是其嘲富的内容与搞笑舞姿，再加上容易表演等，迅速风靡整个网络，从全球范围来看，《江南style》中的"骑马舞步"引发了全球网民纷纷模仿、改编热潮，有网友说这是社会化媒体时代全球网民对主流流行文化的"解构"，某种程度上让所谓的"主流"变得难以立足，"主流"走向了更加分裂化、碎片化、无厘头化，文化消费也日趋浅显化、娱乐化。

另外，在2012年的十大文娱话题排行中《中国好声音》荣登榜首，节目努力避免走煽情路线，以不同寻常的路径挖掘歌手，力图展现一种推进公民意识的气息，在这个"讲关系、论特权"的"X二代"社会中，普通屌丝居然也有可能实现大梦想，小人物有一天也能登上大舞台——不论出身、长相、学历或资历，回归原始的较量——比比谁有最好的声音，这个选秀方式给千千万万个早已不梦想的小人物打了一剂强心针，在亿万狂热的粉丝的推波助澜下，《中国好声音》俨然成了今夏中国歌坛上屌丝们的亮丽风景线和安慰剂。

二、社会热点解读：公平正义铸就时代主题

（一）保障民生寄寓公平诉求

摇号、个人所得税、劳动合同法这三个与公众生活密切相关民生议题是民众关注的热点。相对于去年对于宏大议题的关注，今年网民更为关注与切身利益相关的微观议题。

摇号在一定程度上体现了资源稀缺下的公平分配原则。城市空间资源有限而机动车数量剧增导致首都成为"首堵"，为解决交通拥堵的问题，北京市实行了购车摇号政策，随着申请人数的攀升，小客车指标申请中签比例一降再降，2012年11月份再创新低，达到67:1。毕竟中签的人是少数，申请，未中签，再申请成为大部分潜在购车者的习惯性行为，越来越低的中签概率也让中签者如同买彩票中大奖一般幸运。摇号体现了公平分配的意图，然而面对中签却不购车，以人而非家庭户为单位数造成的不公平问题，摇号制度尚需完善，同时仍需要探索更为根本的措施来解决拥堵问题。

个人所得税的调整和劳动合同法的修订受到广大工薪阶层的关注。修改后的个人所得税法，将工资、薪金所得费用扣除标准从每月2000元提高到3500元，将9级超额累进税率修改为7级，相应的级距也做了调整。这一改革使中低收入者受益，税收负担明显降低。个人所得税是调节收入、缓解社会收入分配不公的矛盾的税种，近段时间，调整个人所得税起征点呼声再起，万元起征点的合理性引起广泛争议。正如西塞罗所言，公正的原则必须贯彻到社会的最底层。事实上，

无论如何调整，最终的目的是让更多中低收入群体通过免交个税享受更多利益，让高收入者通过缴纳个税回馈社会，是维护社会公平的有效途径，这也是处理好国富与民富的关系，提升民众幸福指数的必然选择。个税调整暂告一段落，而与工薪阶层息息相关的又一法案《劳动合同法修正案（草案）》甫一推出便牵动民心，在1个月的期限内，共有网民131912人次对《草案》提出各类意见557243条，创下了国内法案公开征求意见的最高纪录，同工同酬反映了广大劳务派遣工渴望公平的心声，《草案》的修订结果是否能够充分反映民意、排解民忧，民众翘首以待。

（二）薄熙来被免职彰显公平正义的法治精神

薄熙来被免职、王立军事件均进入了社会热点榜单，而薄谷开来也成为了今年的十大焦点人物之一，足见王立军事件、尼尔·伍德死亡案件和薄熙来严重违纪问题在民众中的关注度。中央对该事件的果断处理充分彰显了社会主义法治精神，维护了法律的尊严。"正义是社会制度的首要价值，正像真理是思想体系的首要价值一样。"社会制度的正义，不仅仅体现在制度本身的正义，还包括制度在现实过程中的正义化实现。公平正义的法治精神最基本的要求便是法律面前人人平等，任何人都不能凌驾于法律之上。

（三）网络围观效应凸显公民意识的兴起

社会化媒体的崛起将网络围观效应进一步扩大通过这扇窗口，传统媒体上因为各种原因而缺失的信息在这里得到还原，通过碎片化信息的聚合，人们可以更加多面地了解真实的世界，在网络场域中，人们通过围观，实时见证一个事件的产生，也通过围观影响公共议题，推进事件的发展进程。在围观之中，意见领袖与草根之间形成默契和联动，通过意见的汇集形成强大的舆论压力，对现实社会起到监督的作用。

当网络炫富、官员不雅照频现于网络之时，由草根群体自发聚集而成的网络反腐力量通过围观效应不断增强，并逐渐地与制度反腐相结合推进反腐进程。从前几年的周久耕事件到去年的"郭美美事件"，再到今年的"局长儿媳炫富"、"房叔"以及"雷政富不雅视频"充分展现了网络反腐和网络舆论的倒逼作用，而雷政富事发后63小时被免职的"秒杀"式处理则充分体现了制度反腐对网络反腐的快速响应，而两者之间的进一步对接也将促进反腐工作向纵深发展。

"悍匪"周克华被击毙,然而重庆警方却遭到了网民的质疑。在周克华被击毙的消息公布一小时内,各路媒体对悍匪周克华进行了大量集中式的挖掘报道,广大网民开始从大量报道中寻觅细节试图找出真相,有无直接击毙的必要;民警警服编号怎会前后不一,被击毙的是不是周克华本人,公众的质疑不断膨胀,各种传言在网上被不断转发,围观的网民越来越多,甚至在线下该事件也成为了人们的谈资。网民围观背后隐藏的是司法部门公信力的弱化,层层围观下逐渐形成了"塔西佗陷阱",公众对公平正义的期待与现实环境下司法部门冤案错案频出的落差使得司法部门的公信力下降,无论说的是真话还是假话,都遭到公众的质疑,围观更大程度上是推进民主进程的正能量,围观中质疑应当通过政府公信力的提升和积极的舆论引导去化解。

(四)莫言热折射大国崛起下的认同焦虑

莫言获得诺贝尔奖一解人们多年以来的诺贝尔情结,莫言热席卷神州大地,在2012年百度十大焦点人物榜上莫言名列其中。人们对莫言的热捧折射出了国人急于获得世界认同的焦虑心态。多年来,我们以西方为标杆奋力追赶,经济实力的显著增强让世界看到了一个崛起的中国,然而软实力的相对落后和东西方价值观的差异促使赢得世界认同的愿望远未实现。在以西方价值观为主流评价体系的世界,我们渴望通过诺贝尔奖、奥斯卡奖等来证明中国在世界的地位与价值,因此中国作家一次次与诺贝尔奖失之交臂让国人抱憾不已。莫言热让偏居一隅的中国文学赢得国人乃至世界的关注,然而热捧之后我们需要回归理性,中国文学需要的不是跟风式的盲目关注,而是根植于本土大地的人文情怀和文学造诣,是摒弃浮躁踏实创作的风气和态度,诺贝尔文学奖的获得并不能代表软实力的全面复兴,在代表科技前沿的领域,在人类发展探索的最前列尚未有我们的身影,放下焦虑,务实发展,方能让我们真正赢得世界认同。

(五)股市楼市双低迷下凸现理财焦虑

限购令限制了炒房的风潮,而一度疯涨的楼市也显露疲态,股市在将近岁末之时也重回了"1"时代,两大个人投资主要渠道的低迷以及通胀的压力引发了人们对财富蒸发的极度担忧。资产的保值增值成为民众极为关切的问题,当股市楼市已无法承载人们保值增值的期望时,黄金白银成为了民众缓解理财焦虑的救命稻草。纸黄金、白银进入了今年的社会热点榜单。然而贵金属价格波动频繁,影响因素复杂，在投资黄金白银追求资产增值的同时还应当充分考虑到风险的存在。

2012年以来，成品油价格迄今为止已经历了四升四降八次调整，频繁的变动让油价也成为2012年度的一大关注焦点，油价调整直接影响到有车族的出行成本，而对于其他人群，油价也会通过影响物流企业的运输成本等方式间接影响人们的生活成本，在当前通胀压力犹存，财产增值空间相对有限的背景下，油价下调在某种程度上亦为缓解人们生活压力的一剂良药。

三、网络化生活，生活化网络——迎接多元化时代的数字化生活

2012年，网民正在利用众人的智慧化解疑问和困惑，也尝试用更理性的权利和可控的力量争取国家的主权、自身的利益乃至动物的权益，实现数字化生活的美好愿景。

（一）屌丝的逆袭：自嘲解压还是对社会分层的觉醒

2012年十大百科热词排名第一位的词汇代表了一个群体：出身平庸、薪水微薄、车房无望的人群"屌丝"。"屌丝"不仅在网络上风靡一时，日常生活中很多人也争相用"屌丝"调侃自己。如此线上线下共同流行态势有着深厚的社会基础和共鸣。这个词来源于网络，却展现了现实中多数"矮穷矬"面对生活压力的自嘲和无奈。"富二代"、"官二代"等"高富帅"盘踞了特权资源，社会流动性的减弱必然会带来贫富差距增大和社会阶层封闭。对于二代农民工、城市小手工业者、青年产业工人、企业小雇员、困厄的专科生等社会底层人群，"屌丝"正是他们对现实状况和自我身份的觉醒：似乎唯一的出路只能是放低对自己的期望以求心理安慰。网络恰好给他们提供了一个可以集体宣泄现实中的压力、无奈的途径。

除了"屌丝"之外，众多网友都在百度上询问"齐B小短裙是什么意思？"一个2012年网络新词横空出世。这源于模特周蕊的一条微博："某小盆友说以后禁止我穿齐B小短裙"，配合之前她自曝的干爹从两会百忙中抽取时间为其庆生的照片不禁让人浮想联翩。从2011年的郭美美开始，"齐B小短裙"、"连体钞票礼服"的接连爆发已经彻底撕去了"干爹"这个词原有的温暖和亲情含义。在这个拼爹的时代，"干爹们"同样也是年轻美丽女子追求享受、炫耀财富的必备利器。

网民可以给日趋普遍社会现象创造一个新的词汇，"屌丝"如是，同样网民还可以悄悄改变一个词汇的原意，"干爹"如是。但愿未来屌丝们逆袭时，不需要拼爹也不用拉上干爹。

（二）网络的理性力量和舆论压力：爱国、爱动物

作为一个互动式知识问答的分享平台，百度知道2012年被问的最多的问题是什么？有"2012年十一放假安排是怎样的"这类多数人关心的假期问题，也有"2013年初级会计职称考试报名是什么时候"这类部分群体在意的报考问题。此外，多数网民在2012年都爆发反日爱国的热潮："为什么日本要说买钓鱼岛？"、"为什么中国没有向日本采取经济制裁？"2012年是中日邦交正常化四十周年，但钓鱼岛问题却激起了中国民众的反日保钓热情：一天之内50多个城市爆发反日示威，近九成网友表示拒买日货。虽然部分反日行为比较激烈，但贴吧、微博和论坛随即出现了大量网民"理性爱国"的自发呼吁。百度知道中大量对钓鱼岛和中日关系、政府外交决策的追问都表露了中国网民日渐理性的态度以及对日本购买钓鱼岛的质疑。

2012年的网民对动物充满了好奇与爱心，"猫为什么拉便便后一定要埋起来"、"熊猫为什么倒立着小便"、"世界上第一条狗产生于什么时候"都进入了2012年的"十大为什么"、"十大是什么"榜单。相比之下"活取熊胆后熊会怎么样？"这个问题就让人觉得心惊胆战。一个国家伟不伟大、道德水准高不高，可以从它对待动物的方式评断出来。2012年归真堂活熊取胆的视频和相关消息在微博上曝光，亚洲黑熊撕心裂肺的叫声和痛苦的挣扎触动了网友，引发了对"取胆还很舒服"言论的声讨。反对归真堂上市和中药替代性的讨论也吸引了动物保护者和无数网民共同参与。亲亲而仁民、仁民而爱物，发展中的中国和中国人也正在由人及物地争取更多权利。

中国网民在经历了汶川地震、3·14事件后已经学会了如何更理性地爱国，并开始用网络扩音器向世界发出爱国的声音。同样，在尚未出台反对虐待动物法的情况下，但相信网络舆论的力量可以为动物谋取更多的自由减少类似活熊取胆类的痛苦。

（三）想来林书豪这32场球打得竟是极好，元芳你怎么看？

2012年的十大百科热词中娱乐体育类词条占据了半数以上，林书豪、中国好

声音、甄嬛传、失恋33天、苍井空榜上有名。盘点这些代表本年度网络文化流行趋势的热词，可以发现三个特性：跨媒体、全球化、模仿衍生，这正符合了尼葛洛庞帝对数字化生活特征的预言。

电视剧《甄嬛传》改编自流潋紫所著的同名网络小说，成为了横跨2011、2012两年的热门电视剧。电视剧中颇具古韵的台词也被广大网友效仿，并被称为"甄嬛体"。"极好"、"真真"、"本宫"等"甄嬛体"常用词跨越了电视剧又回归了网络。《失恋33天》同样改编自同名人气网络小说，是中国内地首部为光棍节定制的"治愈系"爱情电影。低成本和4天过亿的票房使这部电影成了票房黑马。犀利搞笑的台词迎合了光棍节的噱头，失恋的人太多都构成了这部电影火爆的因素，但无疑改编自网络小说的跨媒体特性也为其提供了扎实的网民基础。

进入2012年度"十大是什么"榜单的"元芳你怎么看"是电视媒体跨越到网络的典型。电视剧《神探狄仁杰》中狄仁杰每次办案必问元芳的重复台词被网友集体吐槽。由嘲笑模仿而生的"元芳体"充斥论坛贴吧，一时间无论柴米油盐还是国家大事，众网友都以"元芳你怎么看？"结尾。网络与现实的交织，媒体之前的互跨，衍生的恶搞与模仿都是因为网民已经占据了人口总数的主流，网络生活日趋现实化，而网络文化与现实文化的界限也正在模糊。

《中国好声音》引进了荷兰节目《The Voice of Holland》的版权，又掀起了几年前"快乐女"般的音乐真人秀热潮。近年来全球电视节目都在主推真人秀节目，无论是《梦想中国》、《中国达人秀》，还是国外的《America's next top model》、《The apprentice》、《American idol》、《project runway》均是收视率的保障。网络化生活虽然便利了人与人间的沟通却封闭了面对面的接触与倾诉。在碎片化时代，人们普遍感到孤立、隔绝，而人本身是社会化生存的，所以人们对别人的价值观和行为方式有参照和窥视的欲望，希望借此帮助自己做选择。

2012年网络的流行文化开始全球同步起来，一首韩国神曲《江南style》激发了世界网民的模仿乐趣，夸张的骑马舞模仿视频以及各种恶搞版本充斥了各国视频网站。这次无关背景文化、歌词意义的"江南风"让无数专家和音乐人琢磨起网络流行的原因和规律。体育与音乐本身是超越国界的，但竞赛的特征又要划清地理和文化的疆界，林书豪弥补了姚明退出NBA后无数国人的遗憾。网络流行语、流行文化进入到了一个搞怪—模仿—从众的循环，但也为网民提供了自我释放的途径和现实社会中越来越难以获得的群体归属感。

四、中国流行音乐：口水？逆袭？抒情？
谁才是真正的中国好声音

德国伟大的音乐家贝多芬认为：音乐是比一切智慧、一切哲学更高的启示。音乐可以陶冶情操，消解郁闷与不快，感知最热烈的温度。流行音乐则代表了普通民众的喜好与倾向，表达了人们的精神面貌与社会心理。2012 年，什么样的节奏最摇摆？什么样的歌声才最开怀？由全球最大的中文搜索引擎百度发布的中国十大金曲排行榜，描绘了一幅中国流行音乐的现实图景与发展趋势，折射了社会大众文化和民众心理，反映了这个时代的生活印记。

（一）最炫民族风：我们要唱就要唱得最痛快

"民族风"，节奏曲调以及歌词通俗易懂，曲风奔放带有一定摇滚风格，这首《最炫民族风》成为 2012 年最热门的歌曲。它奇妙地与广场舞形式结合起来，成为老少皆宜、单曲循环度极高的金曲。不单生活悠逸的二线城市、乡村公路上驶过的卡车上飘荡着凤凰传奇的曲目；在现代化大都市紧张忙碌的上班族、在城市中讨生活的农民工也热衷于这首歌的曲调。定期举行的城市广场舞与各项联欢活动更少不了《最炫民族风》的身影。一方面，《最炫民族风》表达了对美好生活的憧憬与喜悦，唯有放歌才能释放；另一方面，现代社会生活节奏加快，生活压力增大，休闲时听，暂时摆脱工作的烦恼，心情跟着音乐摇摆，让疲惫的身心得以放松和休息。节奏鲜明欢快、声乐高亢、曲调通俗易懂的流行歌曲，不仅能给人们的工作带来新鲜感和休闲感，也能提高工作效率。

社会的变迁、经济的迅猛发展、世界的整合、文化交流与冲突使人们有了更多的共同语言，需要借助某种形式抒发出来，正因为它们捕捉了大众普遍的心理渴求和繁复生活中的生存焦虑，这些反映人们内心感情的易于大众接受的流行音乐才有了其生存发展的空间。《最炫民族风》的神奇在于，拉动了各个阶层和各个年龄段的参与，广场舞的盛行开拓了中老年人的文化市场，也挤占了主流流行音乐的地盘。百度的十大金曲榜单体现了不同种类音乐文化的结构与流行，真实地反映了民众的音乐喜好与倾向。

（二）屌丝的逆袭与对抗："我爸刚弄死他"

如果你不知道《江南 style》和鸟叔 PSY，那么你可能已经与这个网络的世界脱节。墨镜，一脸贱贱的表情，肥硕的身材扭动出搞怪的"骑马舞"的鸟叔，从特征上看，分明是个屌丝，却偏偏唱着与他根本不着边际的高富帅宣言。

这首讽刺韩国富人生活的搞笑歌曲，从7月15日发布到10月4日，不到3个月时间，在YouTube上点击率突破3亿，创造了吉尼斯纪录。自此，在全球引发了一股改编狂潮，出现了"奥巴马竞选style"、"美国海军style"、"南京style"、"周星驰style"、"客家话style"等多个版本，成为明星到草根竞相模仿的对象。

《江南style》的流行一方面是恶搞文化的发展与扩散，一方面体现了现代网络生活的另一种表达——屌丝的逆袭。恶搞其实是一种社会文化心理的反映和折射。时下社会生活中竞争加剧，生活压力增大，工作、生活的变故常常使人们的不确定感增加，容易让人产生抑郁情绪，希望通过某种方式来宣泄和释放。贫富差距，屌丝与高富帅的对抗，或者说非主流文化对主流价值观的反叛主导了这一奇怪的流行。戴着墨镜，挺着大肚腩，唱着"我爸刚弄死他"的"怪蜀黍"鸟叔成为一个文化反叛的符号。

有此外，审丑文化、从众心理、群体效应和偶像崇拜，都在为《江南style》的流行推波助澜。意见领袖，诸如明星尤其是国际和大牌明星对骑马舞的推崇和模仿，掀起了流行的热浪。百度十大金曲中《江南style》高居榜首，也折射了社会文化的从众与反叛的矛盾心理，正是社会转型时期沉浮于网络与现实双重生活中的民众的写照。

（三）回忆青春缅怀过去歌词写尽80后的现实与爱情

电视剧与电影的风靡也会催生音乐的流行与扩散。2012年伊始，电视剧《北京爱情故事》在浙江卫视以及网络平台的热播，也让汪峰演唱的主题曲《北京北京》以及侃侃的《滴答》广为传唱。剧情的种种悉心安排，构建着一种社会性文本，各个人物都有很明显的标签，现实中的观众大多能从中找到自己的影子，在思考社会现状与迷惘的同时，引发了都市青年群体的情感共鸣与身份认同。

对于大多数人来说，还是那句歌词更加真实："我在这里欢笑，我在这里哭泣，我在这里活着，也在这儿死去。我在这里祈祷，我在这里迷惘。我在这里寻找在这里失去。"北京，作为现代都市符号化的象征，它可以是任何一座城市，但是都市化的生活，在其中生活的人，有其相似性，他们的无奈是可能拥有一切，也可能失去一切。

2012年一部改编自台湾作家九把刀的电影《那些年 我们一起追的女孩》的播出，获得了较好的口碑。成长的疼痛与必经之路，理想与现实，初恋的美好与疗伤式的唯美画面，主题曲曲调高潮部分响起时，"那些年错过的大雨／那些年错过的爱情／好想拥抱你／拥抱错过的勇气／曾经想征服全世界／到最后回首才发现／这世界滴滴点点全部都是你"的悲伤与感动，"那些年体"风靡网络，勾起了80后的年少回忆。主题曲《那些年》适时呼应了电影的故事以及听者个人的情感，朗朗上口，忧伤与文艺，将残酷的现实与美好的一点点的记忆与过往隔绝开来，这让长为"大人"的80后在现实的茶米油盐与生活压力之下有心灵的慰藉与排泄口。

（四）翻唱歌曲爆发"第二春"谁是你心目中的中国好声音

从百度发布的2012十大金曲榜单看，另一些爆红的歌曲来自音乐选秀节目。2012年浙江卫视《中国好声音》的推出赢得了大量的关注也遭到了许多质疑，然而一些原本就有些知名度的歌曲在选秀节目的推广下爆发了"第二春"，华人创作歌手的曲婉婷《我的歌声里》在参赛选手李代沫的翻唱下家喻户晓，网络上的点击率和下载率甚至超过了原唱。而梁静茹的《可惜不是你》属于选秀节目翻唱率特别高的歌曲，台湾《超级星光大道》，《绝对唱响》等等选秀节目都有这首歌的踪迹，此外，这首歌还是另一档相亲娱乐节目《非诚勿扰》嘉宾落败离开的音乐。

音乐类选秀节目的火爆体现了流行音乐走下神坛，成为草根英雄的偶像生产方式。音乐类选秀节目为普通民众成为偶像明星提供了一条途径，关注和支持自己喜欢的歌手，拉近了与这种偶像制作的过程的距离。而《中国好声音》独有的引进版权转椅式的形式、声音作为唯一评判标准等规定、参与导师的分量，都增强了节目的吸引力。

这些歌曲超过原唱似的"爆红"，往往也表明民众对参赛选手个人演绎或解读的肯定。这些参赛选手或许不如偶像般高高在上，却带来独特的平民个性魅力。这些歌曲再次爆红的背后，体现了音乐选秀节目的方兴未艾。对音乐类选秀节目的关注，一方面与大牌明星分享同一个话题，也成为人际关系和交流的谈资；另一方面则满足了人们在工作一周后的心绪转换和心情放松，体现了娱乐的功效；再次，与主考官或者明星一致的选择某位参赛选手也获得了一种自我确认的功效，增强自我满足和自我信心。

(五) 80后, 准90后创作型音乐:"学不会"的"风度"

在百度推出的十大金曲排行榜中,歌手创作型音乐占据了很大的一角。每个时代都有时代的烙印,流行音乐往往承载着每个时代的人的记忆。作为非主流文化的一分子,这种形式更容易表达其中的成长与过往。两年前,一首《老男孩》打动了80后的心,时隔一年后,一首《父亲》又令人感动泪下。汪苏泷的《风度》几乎是在短短数月时间,成为90后争相追捧的歌曲。台湾歌手林俊杰的新专辑曲目《学不会》也赫然在榜单之上。

随着时代的发展,80、90后们告别学校和学生时代,渐次踏入社会,即将成为社会的主流人群。现实与理想,爱情的伤感与挫败,亲人的感恩与关怀,都是他们关注的话题。他们的成长通常带着一个时代的特点:80后的伤感与迷惘,90后的个性与张扬,流行音乐成为表露众多情感的阵地与寄托。

百度十大金曲排行榜中创作型歌曲占的比重,也表明创作型音乐和歌手占据着较重的比例,且越来越为民众所推崇,这或许也可以看到未来流行音乐的趋势。尽管三首歌的抒情式风格有所区别,但都表现出对情感的缅怀与留恋。这些创作者发自内心的旋律、触及心底的文字,仍然能够像一汪清泉,在浮躁的社会荡涤人们心中的杂质,使人们沉静下来思考一下哪些重要却被忽视的细节,音乐的功能也因此得以提升。

在百度搜索基础上提取的2012十大金曲排行榜较为清楚地体现了不同风格和种类的音乐在流行度上的差异与比例,映射了网民们这一年来的文化和娱乐心态,反映了一定时期和社会结构下民众的选择与心理偏向,也是社会政治与经济文化的参照,因此,具有十分重要的意义。

第二节　2012年整体社会运行态势分析
——基于百度搜索数据

对整个社会管理层和社会公众来说，2012年虽然逝去，但留下很多沉思和憧憬，需要对整个一年的发展构建出一个社会发展的整体坐标系，但是民众对社会整体走势和未来发展很难把握，基于此，课题组构建了反映民众对中国社会发展的不同问题的关注指数，一方面有利于把握民众对社会发展的当下"问题单"；另一方面有利于社会管理者对近三年来中国社会发展中存在的问题和未来的可能走势提供借鉴和提升价值，凸显出百度作为整个中国社会"信息枢纽"的社会责任力。

基于此，中国人民大学舆论研究所在国内首次提出了中国社会暖度指数、中国社会舆情运行压力指数、中国经济关注指数、中国民生关注指数、中国社会责任关注指数、中国创新力关注指数、中国社会期待关注指数、中国环境生态安全关注指数、中国金融安全关注指数、中国信息安全关注指数、中国人口安全关注指数、中国资源安全关注指数、中国卫生安全关注指数、中国公共安全关注指数等一系列14个指数。需要解释的是，中国社会暖度指数是指2012年搜索量[1]关注热度上升最快的1000个热词中所代表的新闻事件本身的暖度，暖度是指一件事情能给人带来温暖的主观感觉，该事件能让社会公众感觉到整个社会的温暖，这一指数的高低是社会公众感知整个社会温暖程度的"温度计"。

指数的计算是基于百度作为搜索引擎的技术特性设计的。搜索量的高低反映了民众对该关键词所代表的事件的关注程度。百度作为国内第一大搜索引擎运营商，从后台可以得出每一个搜索关键词的对应搜索量，百度每年汇总出全年搜索量最高和关注热度上升最快的前1000个搜索热词，这1000个搜索热词可以较为粗略地"刻画"出中国网民眼中的中国社会"素描图"。因此，课题组将每年搜索量的TOP1000个词进行类别的划分，将1000个搜索词划分到不同指数类别，计算出每个类别下热搜词的搜索量，进行标准化转换，需要说明的是，由于国内近三年网络的普及率的变化，课题组在计算2009年、2010年和2011年热搜词的

---

[1] 本报告所指搜索量数据来源于百度搜索。

搜索量时进行适当校正，校正系数是根据 2009 年、2010 年、2011 年和 2012 年的总搜索量的差值计算而来的。

为了使得各类系数与民众主观常识相对应，将所有指数在同一个构面上通过标准值转化，均换算为 0-100 分之间。相关技术路线图如下图所示。

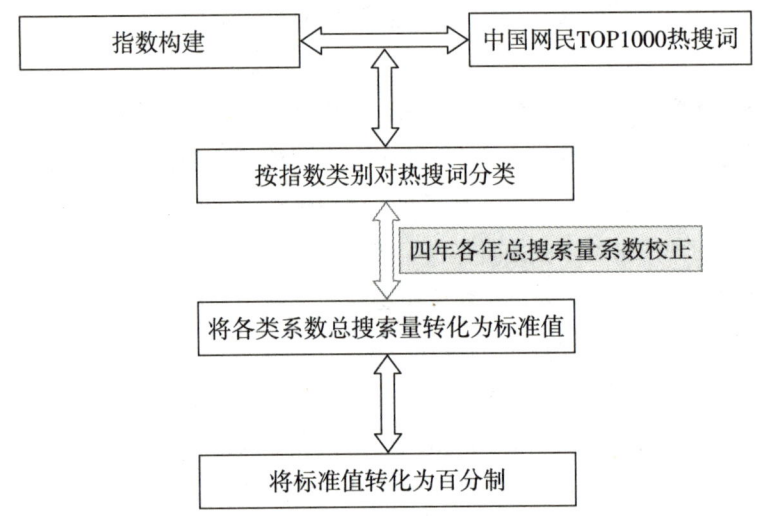

一、2012年中国社会整体运行指数

（一）2012 年社会暖度指数因十八大和奥运会等事件有所回暖

中国社会暖度指数是根据人们面对一个事件时带给内心的主观感受来计算衡量的，一个事件如果能给人带来温暖的感觉，课题组认为这个事件是"有温度的"，通过对不同具有温度事件搜索量的衡量，可以反映出整个社会的整体暖度。

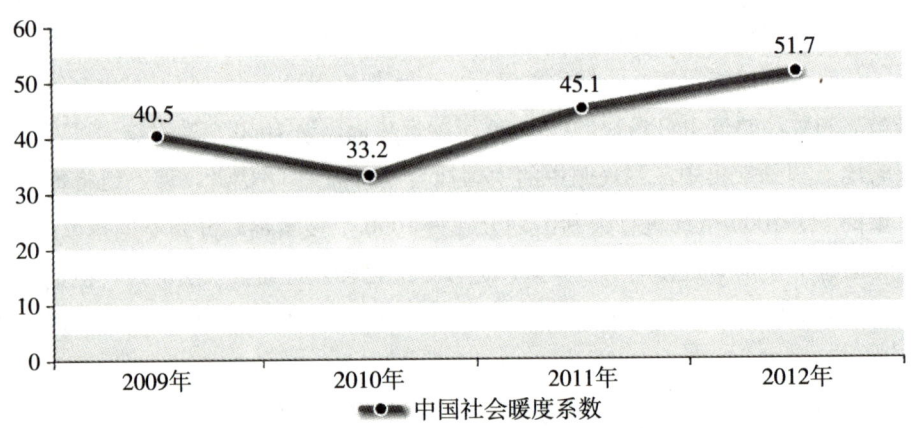

从上图可以看出，2012年中国社会暖度有所回温，由于十八大以后一些新的政治举措使得整体社会感知有所上升，但上升幅度不大，仅为51.7，还低于最基本的60及格线，全年来看，涉及全国范围的社会寒心事件有所下降，总体社会暖度有所上升。

（二）2012年社会幸福感相较于2011年有所提振，但与2010年与2009年还有差距

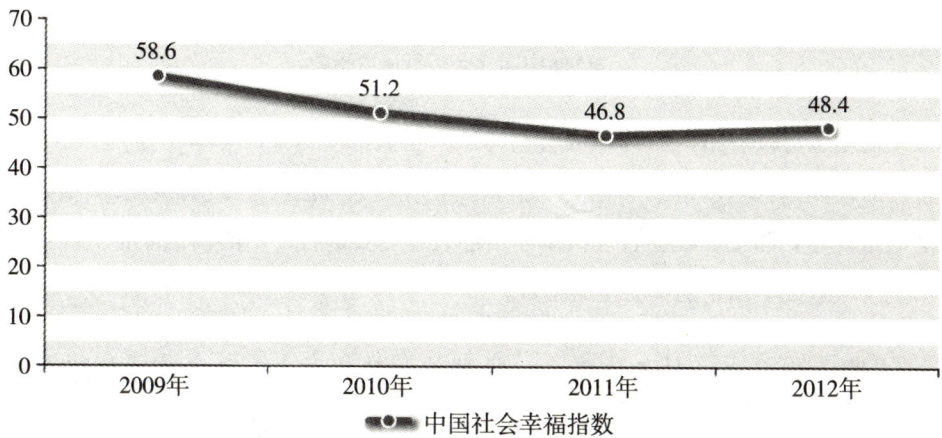

"幸福"无疑是今年的重要话题，社会幸福感是指相关搜索中娱乐信息需求的变化，娱乐一定程度上能够折射出社会民众的基本需求和幸福感变化。整体来看，社会幸福感扭转了往年不断下降的趋势，和社会暖度一样有所上升，但上升幅度不大，指数变动仅为1.6，整体社会幸福感依然在一个较低位运行，甚至低于社会暖度指数。

（三）2012年社会整体运行压力有所增加，增幅不大，近四年社会运行压力呈持续上升趋势

社会运行压力指数是指相关搜索中涉及的信息对社会正常运行不利的搜索请求及搜索请求所代表的事件本身具有一定的社会危害度。

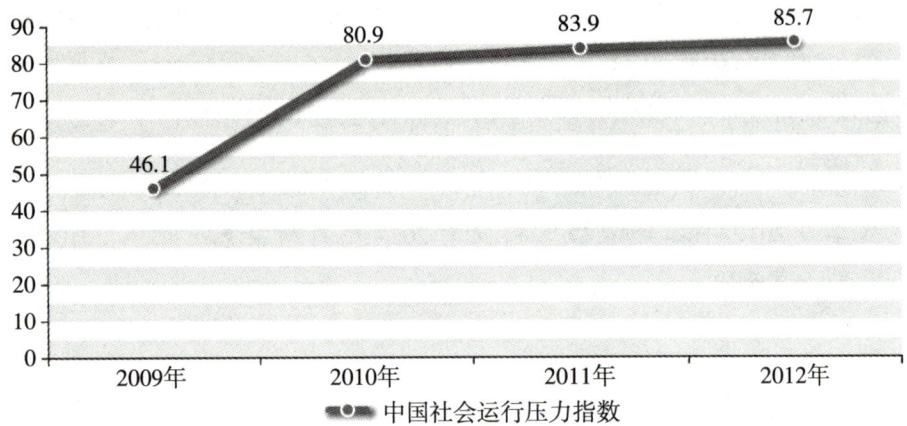

从上图可以看出，2012年社会整体压力指数持续上升，全年社会舆情处于一个相对较高的位置，由原来的83.9上升到85.7，这与在前面分析的社会舆情事件的数量陡增相印证，社会管理机制和顶层设计需要进行一定的调试才有可能从根本上解决近几年高企的社会压力指数。

（四）2012年，社会民生、社会期待、公共安全、社会责任和经济的关注指数居于前五位

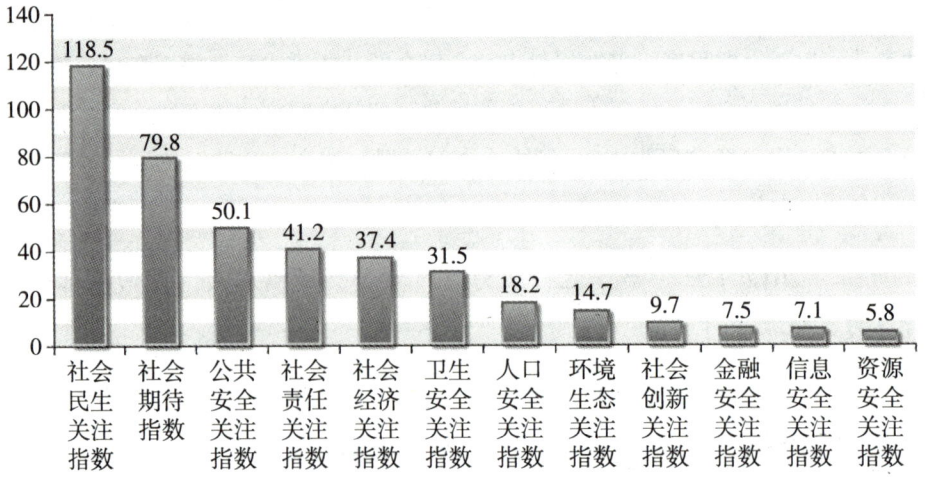

从上图可以看出，2012年，中国老百姓最为关注的几个热点领域为：社会民生、社会期待、公共安全、社会责任和经济等，未来若干年是整个社会和政府的

"问题单",社会民生的解决是整个社会得以稳定持续发展的关键节点问题。社会期待更多的是民众对改革、社会不公等问题的期待,未来改革和发展民生应该是整个社会政治运行的主线和关键词。

(五)近四年来,社会民生、公共安全、卫生安全和环境生态安全是民众一直都较为关注的问题

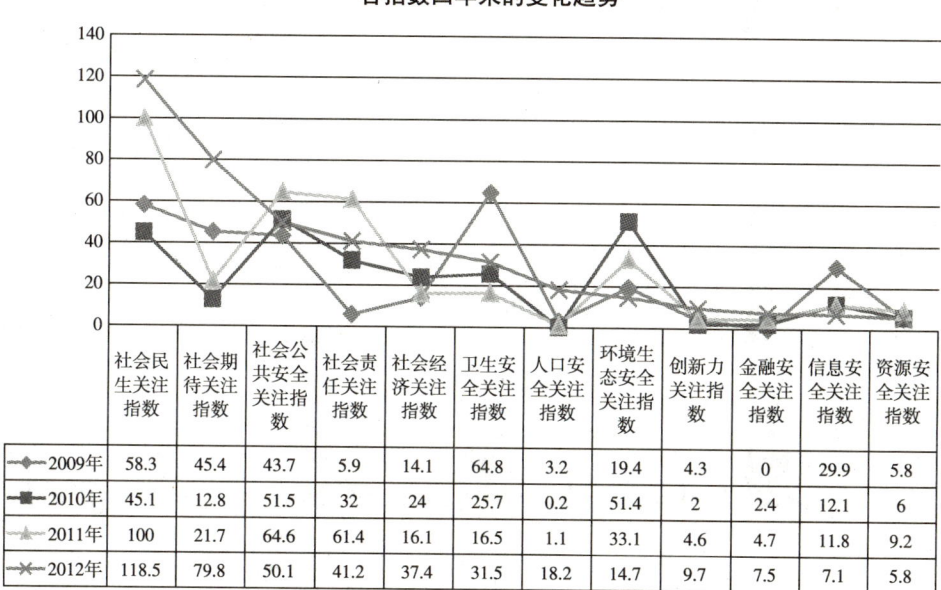

各指数四年来的变化趋势

	社会民生关注指数	社会期待关注指数	社会公共安全关注指数	社会责任关注指数	社会经济关注指数	卫生安全关注指数	人口安全关注指数	环境生态安全关注指数	创新力关注指数	金融安全关注指数	信息安全关注指数	资源安全关注指数
2009年	58.3	45.4	43.7	5.9	14.1	64.8	3.2	19.4	4.3	0	29.9	5.8
2010年	45.1	12.8	51.5	32	24	25.7	0.2	51.4	2	2.4	12.1	6
2011年	100	21.7	64.6	61.4	16.1	16.5	1.1	33.1	4.6	4.7	11.8	9.2
2012年	118.5	79.8	50.1	41.2	37.4	31.5	18.2	14.7	9.7	7.5	7.1	5.8

从上图可以看出,近四年来,社会民生、公共安全、卫生安全和环境生态安全是民众一直都较为关注的问题,增长最快的是社会民生,由原来的58.3上升到2012年的118.5,另外,社会公共安全话题一直是四年来关注的焦点问题。

（六）2012年上升最快的民众关注问题是人口安全、社会期待、经济和卫生安全等

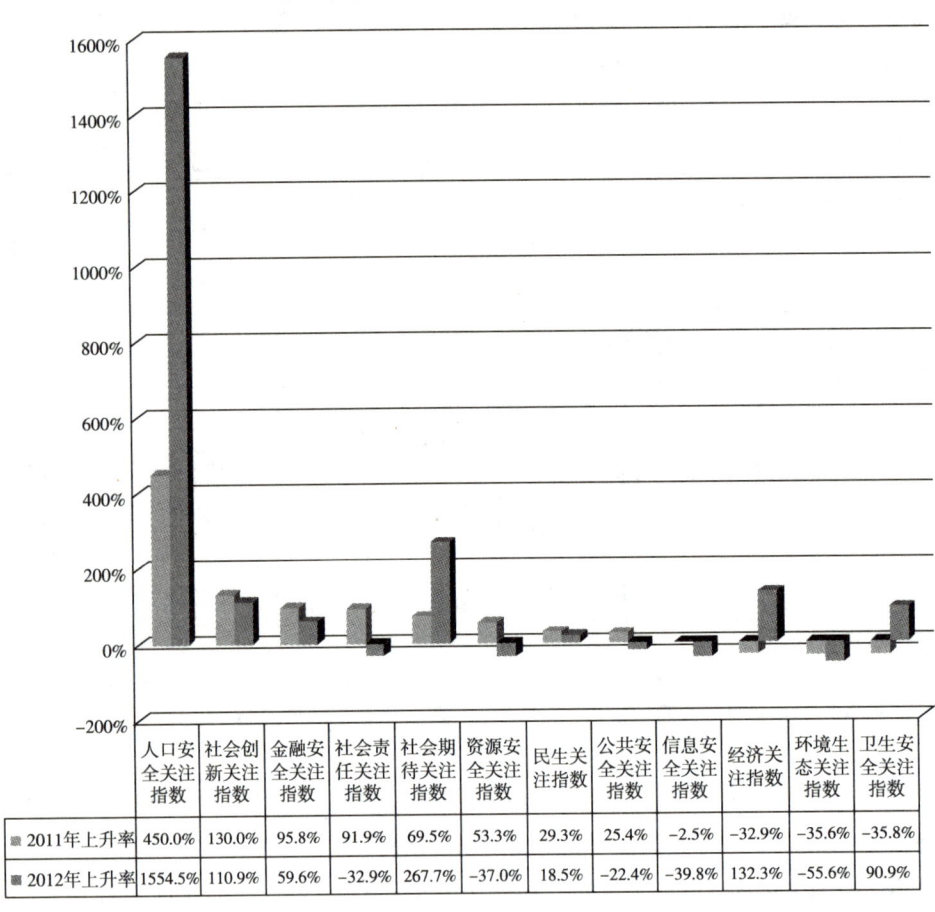

近三年来各类关注指数的上升率变化

	人口安全关注指数	社会创新关注指数	金融安全关注指数	社会责任关注指数	社会期待关注指数	资源安全关注指数	民生关注指数	公共安全关注指数	信息安全关注指数	经济关注指数	环境生态关注指数	卫生安全关注指数
2011年上升率	450.0%	130.0%	95.8%	91.9%	69.5%	53.3%	29.3%	25.4%	-2.5%	-32.9%	-35.6%	-35.8%
2012年上升率	1554.5%	110.9%	59.6%	-32.9%	267.7%	-37.0%	18.5%	-22.4%	-39.8%	132.3%	-55.6%	90.9%

从上图可以看出，近两年上升最快的是人口安全关注，这与近几年有关计划生育基本国策和社会抚养费、劳动力短缺等有一定关系，其次是社会创新关注指数，创新话题也是社会关注的焦点，主要和目前民众对创新乏力和整个社会文化缺乏活力等有一定关联。

（七）四年综合来看，民生、公共安全、社会期待变革、社会责任、卫生安全等是社会发展的"问题单"

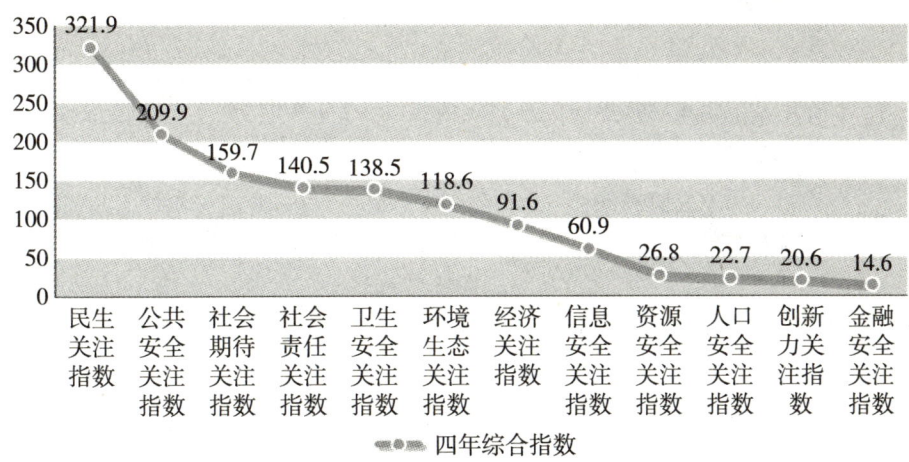

从上图综合系数来看，四年来，社会民生、社会公共安全、社会期待和社会责任、卫生安全是整个社会民众的关注焦点，也是未来社会发展和亟待解决的问题单。

二、2012年不同类别网民的社会关注领域及特点分析

（一）2012年不同类别网民搜索请求的差异分析

1. 性别差异

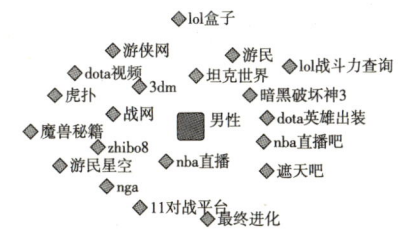

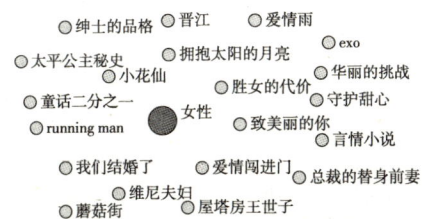

从上图可以看出，男性最喜欢游戏、NBA体育等信息的获取；女性更喜欢言情影视剧和购物等相关信息的获取。

2. 年龄差异

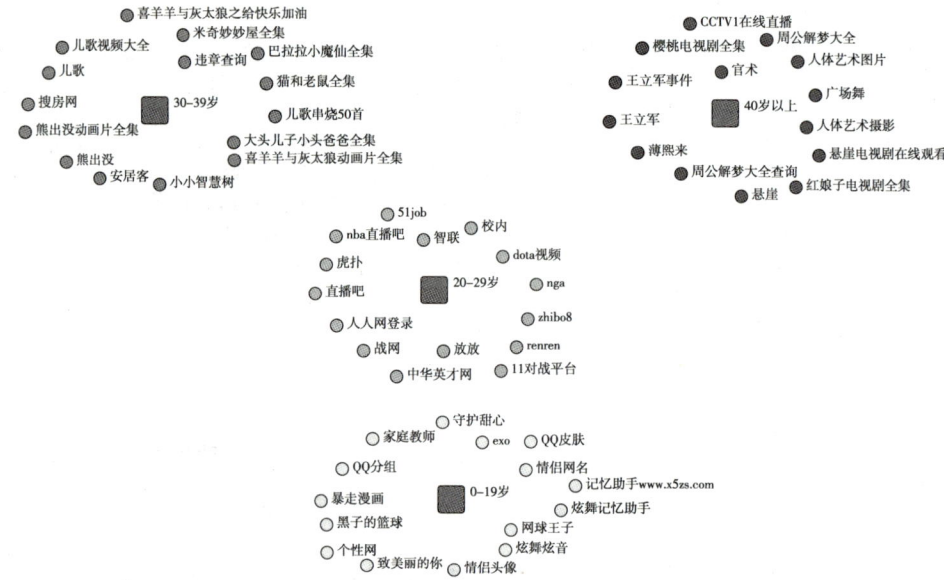

从上图可以看出，20-29岁是整个网民的主力，处于矩阵中心，主要关注游戏、社交、求职和体育等信息；30-39岁承担教育子女重任，主要对儿童动画、房产信息感兴趣；0-19岁新生代网民更为关注漫画、QQ和家庭教师等信息；40岁以上的老一代网民对性、社会热点事件、影视剧甚至迷信信息需求更多。

（二）2012年不同类别网民新闻信息需求的差异分析

1. 性别差异

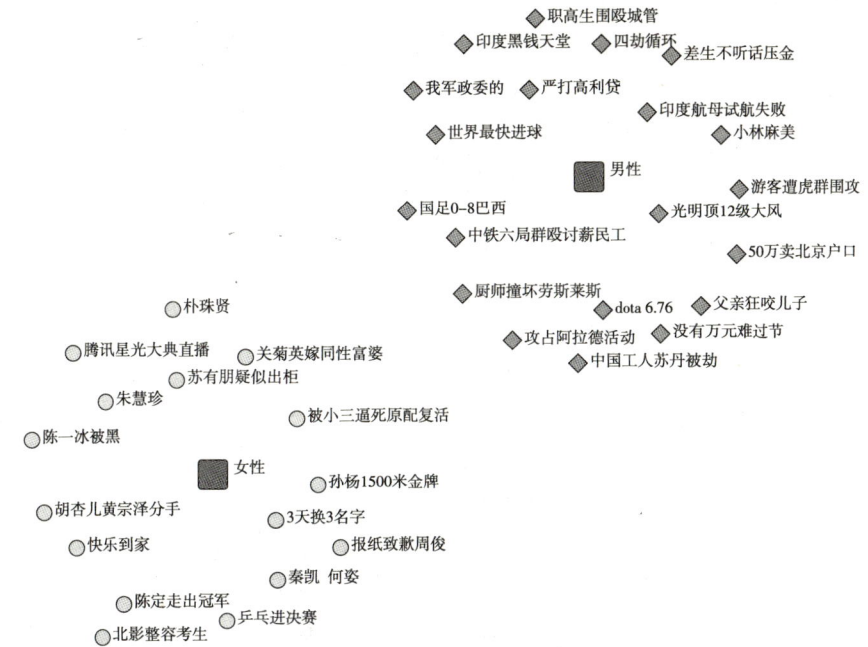

从上图可以看出，男女性新闻信息需求差异较大，男性更为关注体育、社会新闻和 AV 女优等信息；女性更为关注娱乐、明星和美容信息等。

2. 年龄差异

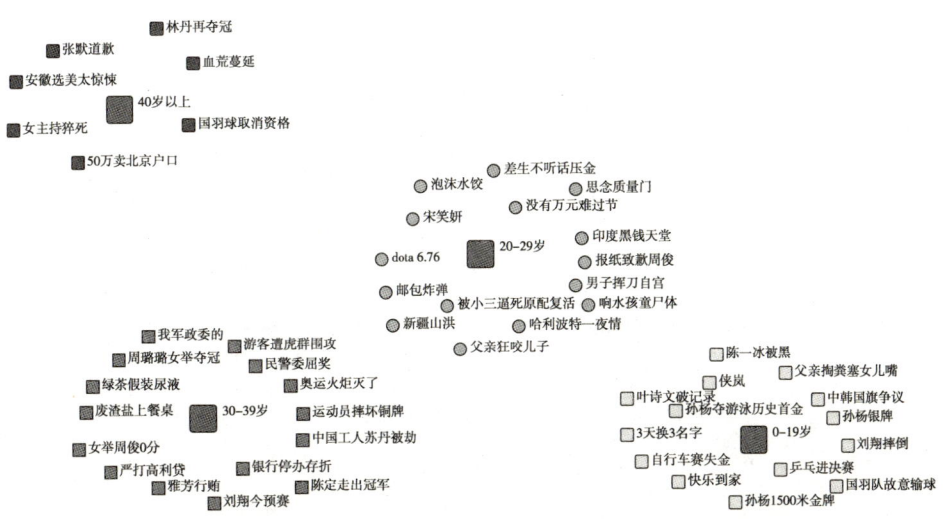

从上图可以看出，作为网民主力群体的 20-29 岁网民关注社会新闻、食品安全等新闻；30-39 岁更关注一些涉及社会公平正义、公共安全等社会宏大议题下的具化新闻事件，更有社会责任感和社会关照意识；而 0-19 岁新生代网民更对追星乐此不疲，主要关注明星新闻、娱乐新闻；40 岁以上的老网民主要关注一些美女、明星等社会新闻。

三、2012 年中国民众关注领域分析

（一）网民关注的新闻领域

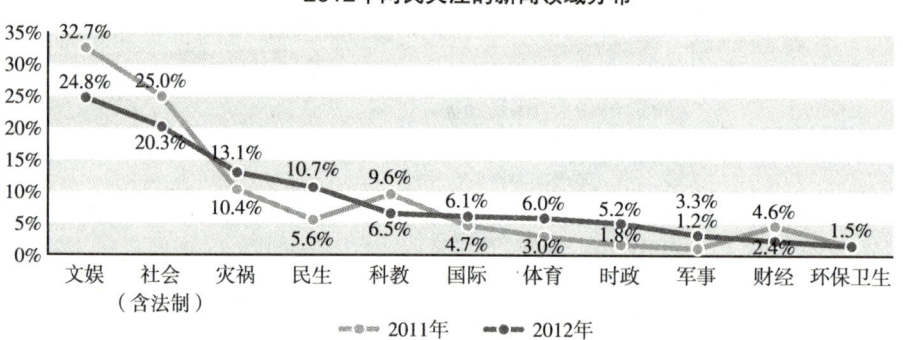

2012 年网民关注的新闻领域分布

从上图可以看出，2012 年以文娱、社会含法制新闻、灾祸和民生类新闻为主，相较于 2011 年，关注更为多元，尤其是民生新闻、时政新闻和体育新闻的上升，主要受薄熙来事件、十八大和奥运会等新闻影响。

（二）网民关注的具体领域

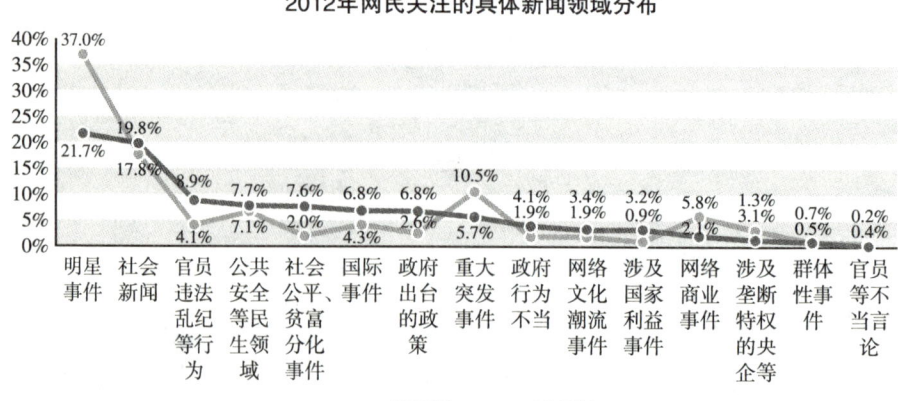

2012 年网民关注的具体新闻领域分布

从上图可以看出，2012年，明星事件、社会新闻、官员个体违法乱纪行为是网民关注的重点领域，与2011年相比较，除了重大突发事件和网络商业事件有所下降，其余都呈现出上升趋势，即网络舆情事件不仅呈现出高发趋势和多元化趋势。

（三）网民关注信息关涉主体

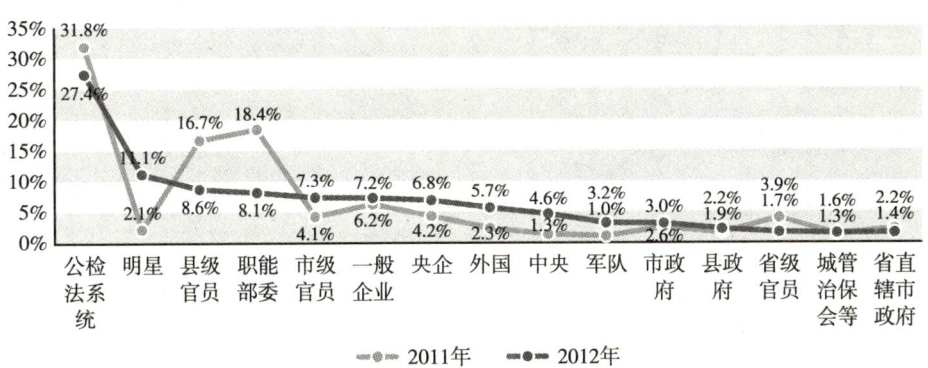

2012年网民关注信息关涉主体分布

从上图可以看出，2012年信息关涉对象以公检法系统、明星、县级官员和职能部委为主，相较于2011年，县级官员和职能部委的关涉比例有所下降，明星、外国、央企、中央和军队关注有所上升。

（四）网民关注信息关涉行政级别

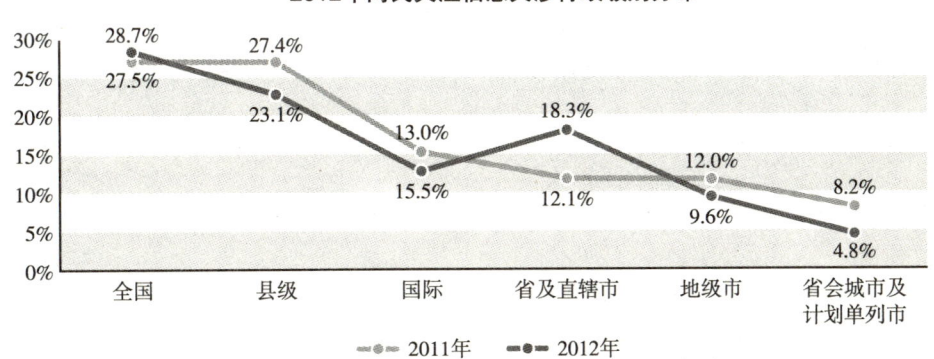

2012年网民关注信息关涉行政级别分布

从上图可以看出，2012年舆情事件发生的范围以全国范围和县级两极行政级别为主，相较于2011年，省及直辖市上升比例较大，主要是由于重庆一系列事件的带动，国际范围的事件有所增加，县级范围的热点事件整体有所下降。

第三部分 2012年中国社会舆情月度报告

第一节 2012年1月舆情事件排行榜

一、本月度舆情热点事件榜单

	事　件	舆情指数
1月	2012年央视春晚	94.21
1月	南京银行枪击抢劫案	93.45
1月	方韩大战：韩寒代笔门事件	91.34
1月	2012年春运及网络购票	90.1
1月	山西焦煤董事长失窃曝光被免	89.12
1月	春节凌晨放炮扰民引热议	88.14
1月	山西公务员考试第1名遭淘汰	87.34
1月	台湾地区2012年领导人选举	86.32
1月	山西县委书记女儿疑吃5年空饷事件	86.23
1月	红会通报郭美美事件未涉及审计结果遭质疑	85.12
1月	赵本山退出2012年央视春节联欢晚会	83.65
1月	张绍刚和85后求职女孩刘俐俐"互掐"引发网友围观	82.42
1月	江苏车祸撞破豆腐渣工程：芦苇杆当钢筋筑堤坝	82.11
1月	浙江温岭警车为领导自行车开道事件	81.42
1月	重庆拦车救狗事件	80.73

（续表）

	事　件	舆情指数
1月	李阳家暴事件	80.55
1月	吴英被判死刑引热议	80.31
1月	江西农大副校长酒驾致2人死亡获刑3年引争议	77.92
1月	佛山人大代表抛出"刁民论"	77.28
1月	湖南新邵县出现"祝贺贫困县"广告牌	74.23
1月	多家车企反对新校车标准套用美国标准	73.17
1月	民政部评选最具爱心捐赠　要求年度捐款百万以上	72.18
1月	淘宝商城更名为"天猫"	71.92
1月	广州河池宜州市境内龙江发生镉浓度超标	70.24
1月	温州领导撑伞观看学生冒雨表演遭质疑	68.38
1月	广州教师撞死劫匪被认定见义勇为	67.18
1月	彭宇案再起波浪：南京官方称彭宇承认与当事人发生碰撞	66.87
1月	广州环卫工人晒工资单：辛苦一月刚满千元	64.14
1月	河南安阳悬赏捉拿曹操墓质疑者	63.53
1月	广西处级官员涉嫌侵吞国资　名下企业资产40亿	62.17

二、本月热点事件社会语义网

不同的关键词会因为文本信息生产者的价值判断被有机地组织到同一篇文本中，因此分析不同关键词之间的语义关系有利于推测出内容生产者的价值判断和主观体验。基于此，结合百度的技术特性，课题组将2012年发生影响最大、关注度较高的月度舆情热点事件作为关键词，对与其在网络中同时呈现的上游词和下游词进行抽取、分析，然后进行词性的基本划分，课题组认为形容词反映出的是民众对该事件的价值判断，能够反映出社会民众的心理状态，即社会心理；动词反映出事件本身的行为逻辑，也可以反映民众对事件的社会行为，即社会行动层面；而名词中的人名表示的关涉主体，即自然人，机构表示的关涉的公权力等机关，地名反映事件发生的关涉地域，其余名词反映了整个事件的构成要件，反映出媒体和草根网民是如何建构这个事件的。因此这种分析具有重要的社会指示价值。

图中心表示事件本身，离中心词最近的一环代表形容词，表示社会心理及社会价值评价；再外围是代表动词，表示事件本身的动作特征及社会行为逻辑；图的左上角表示事件关涉个人，一般是事件的主要参与者和被牵涉者；左下角是表示事件的关涉机构，尤其是公权力部门；图右边是事务性名词，表示构成整个事件的基本要件，更多地反映信息生产者如何建构整个事件的。

（一）春晚的社会语义网分析

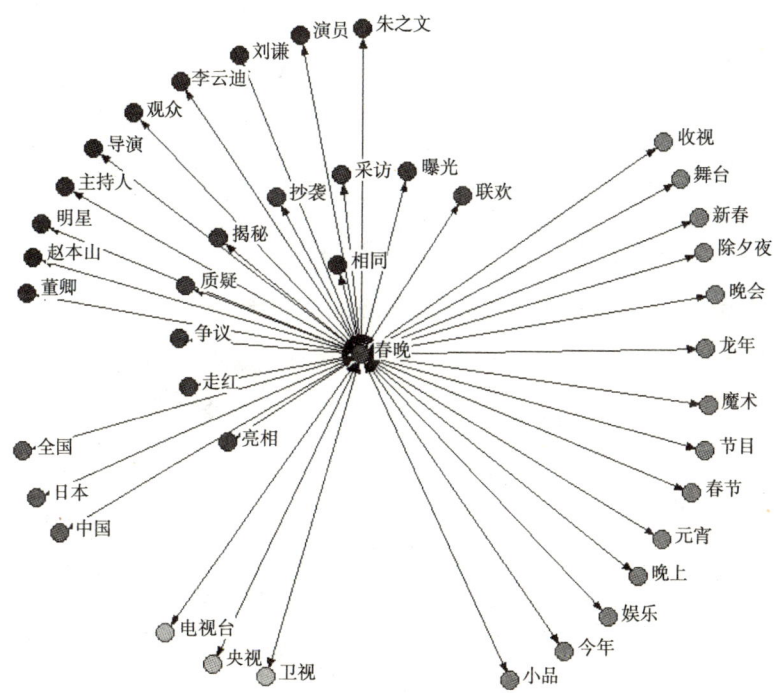

（二）南京与名古屋断交事件的社会语义网分析

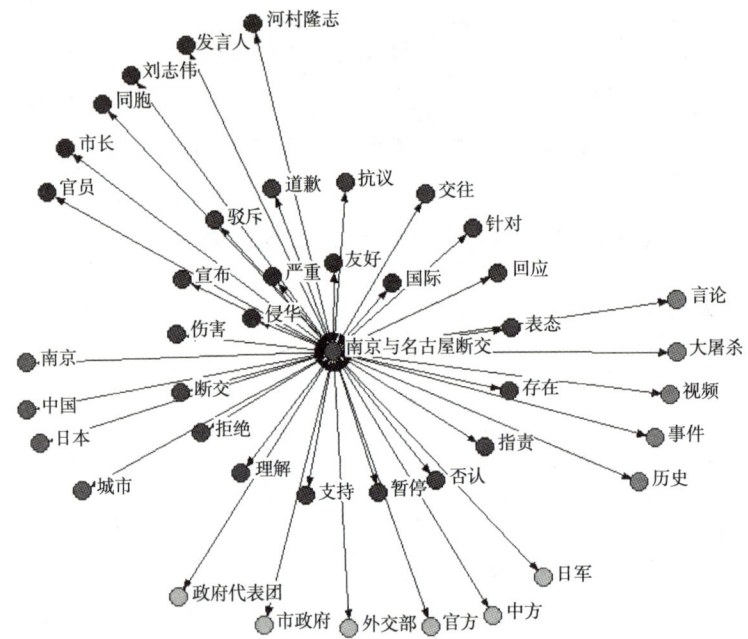

（三）赵本山退出春晚事件的社会语义网分析

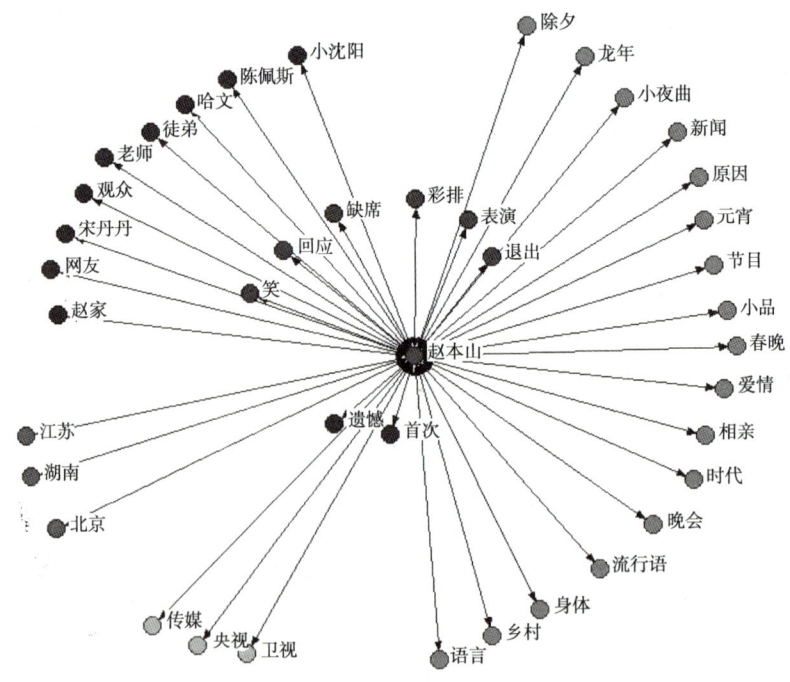

第二节 2012年2月舆情事件排行榜

一、本月度舆情热点事件榜单

	舆情事件	舆情指数
2月	王立军事件	96.6
2月	合肥少女拒求爱遭毁容事件	92.4
2月	三亚天价海鲜宰客事件	90.7
2月	日本人武汉丢自行车全城"戒备"找车引热议	90.2
2月	孔庆东言论事件：港陆矛盾	89.5
2月	归真堂上市与活熊取胆引热议：中药协会会长房书亭不当言论	88.5
2月	林书豪火爆网络	88.3
2月	名古屋市长否认"南京大屠杀"事件	85.9
2月	台州市三门县药监局局长的儿媳"微博炫富"	85.5
2月	38岁单身女硕士建贞操网 晒处女医疗鉴定	84.6
2月	网友热议第五代100元人民币存在"跪拜猫"	84.0
2月	药家鑫案遇害者亲属到药家索要20万赠款起冲突	82.4
2月	中山公务员被曝性侵孕妻	80.8
2月	安徽亳州72岁环卫工每日带孙女扫街受关注后遭辞退	80.3
2月	甘肃武威大学生焦三牛火箭式升迁	79.4
2月	网络谣传江苏将发生大地震	78.7
2月	网络热传河南南阳"唐河公安局长郑勇强奸少女"事件	78.5
2月	北京高二女生裸体坠楼	78.5
2月	温州女子撞豪车遭索赔200万	77.5
2月	江苏镇江水污染	77.2
2月	iPad商标战	75.6

(续表)

	舆情事件	舆情指数
2月	甘肃卫视女主播3天换3名字	74.7
2月	广东乌坎村民自治选举	73.1
2月	大同副市长王伟国被害案	71.3
2月	湖南涟源萝卜招聘	66.3
2月	张默聚众吸食毒品	64.8
2月	终南山隐士引关注	62.2

二、本月热点事件社会语义网

（一）屌丝蹿红网络事件社会语义网分析

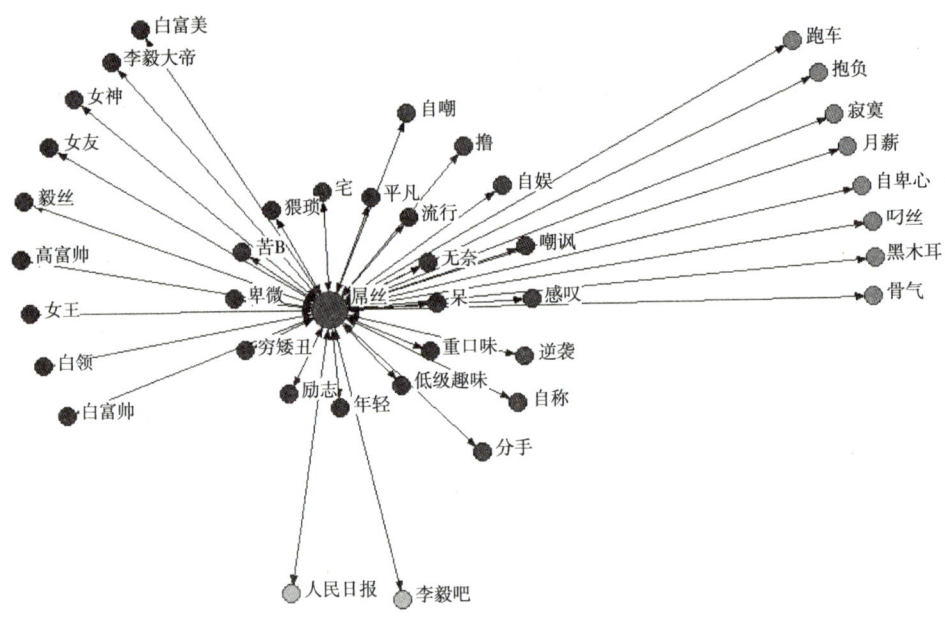

（二）内地妇女赴港产子事件社会语义网分析

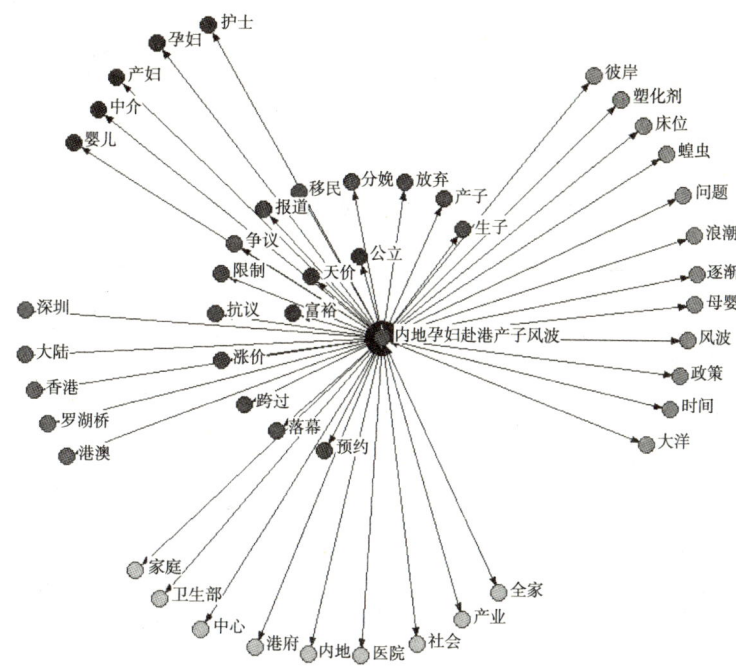

（三）王立军事件社会语义网分析

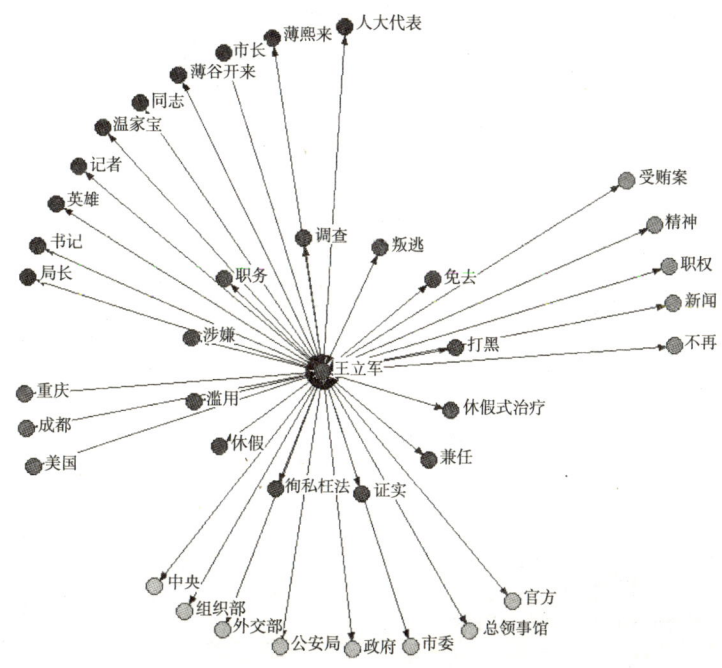

第三节 2012年3月舆情事件排行榜

一、本月度舆情热点事件榜单

	舆情事件	舆情指数
3月	薄熙来不再兼任重庆市委书记	95.2
3月	2012全国两会	92.1
3月	杜甫画像遭网络恶搞：杜甫很忙	91.7
3月	3·15消费维权	91.3
3月	号称"中国第一制服美女"的模特周蕊爱马仕干爹门	90.4
3月	清明节话题	89.5
3月	温家宝在中外记者会上回应王立军事件	89.3
3月	中国走进油价"8时代"	87.7
3月	人大代表提卖淫嫖娼合法化	87.4
3月	哈医大附属第一医院血案：一死三伤	87.4
3月	女公务员录用需查"月经史"	86.8
3月	南京网友"走饭"姑娘自杀	84.9
3月	贞操女神网络征婚	84.3
3月	山东枣庄警方"指狗为狼"	84.3
3月	赵文卓与甄子丹骂战：舒淇遭微博网友围攻	83.2
3月	白静被丈夫杀害事件	80.9
3月	安徽女生受伤被警察当做尸体	80.7
3月	李娜打球不为国言论	78.1
3月	帕劳警方抓扣枪杀中国船员	78.0
3月	农业部副部长称得吃几吨牛奶才致癌引热议	77.8
3月	陶晶莹称大陆人拜金被炮轰	76.4
3月	广东养老金委托投资运营	76.3
3月	高晓松体网络爆红	74.7
3月	山东菏泽"没死证明"被老人抢购	73.3

（续表）

	舆情事件	舆情指数
3月	乳制品协会理事长：目前我国乳制品质量历史最好	73.2
3月	汶川地震救灾物资被闲置	73.2
3月	云南昆明官员公车私用出车祸身亡单位被判赔家属引争议	73.1
3月	雅培奶粉吃出避孕套	71.7
3月	缅甸军人杀害中国平民	71.4
3月	陈光标扮雷锋遭质疑	71.3
3月	山西煤老板7000万嫁女	68.9
3月	违法"灵修"培训	68.7
3月	北京司机与路人发生口角将其撞倒后反复碾压致死	63.9
3月	厦门黑社会打死无辜青年	63.1
3月	浙江男孩被恶狗咬伤	62.2

二、本月热点事件社会语义网

（一）白静被杀案社会语义网分析

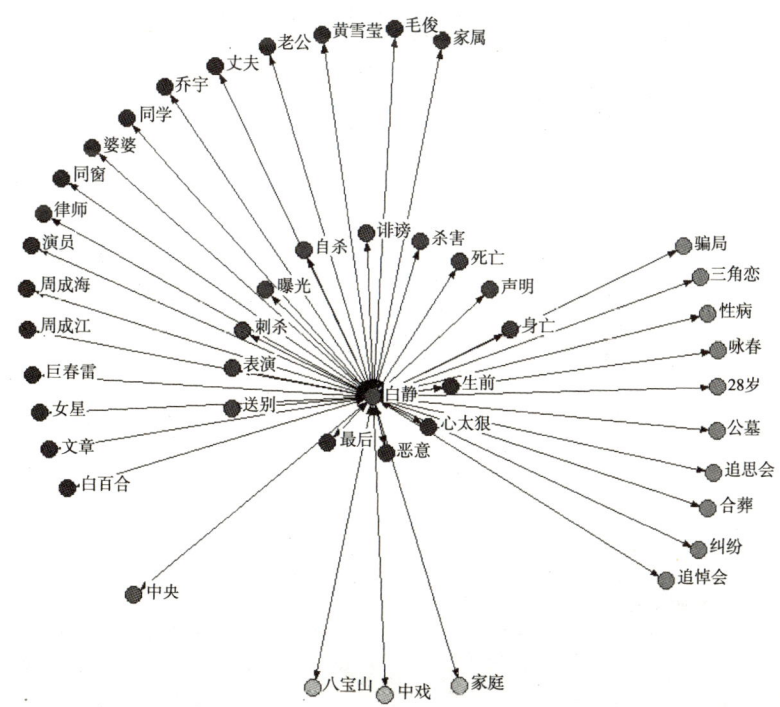

（二）油价上涨事件的社会语义网分析

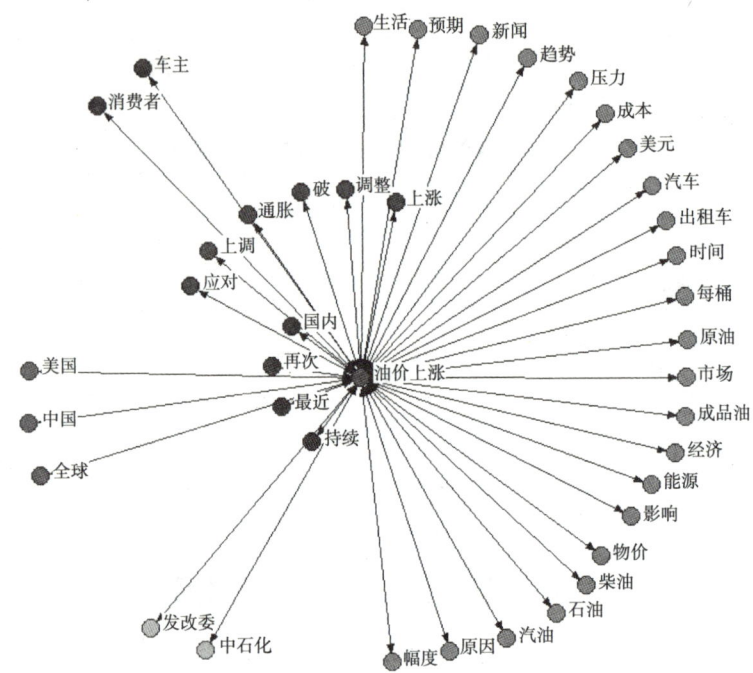

（三）中石化团购奔驰车事件社会语义网分析

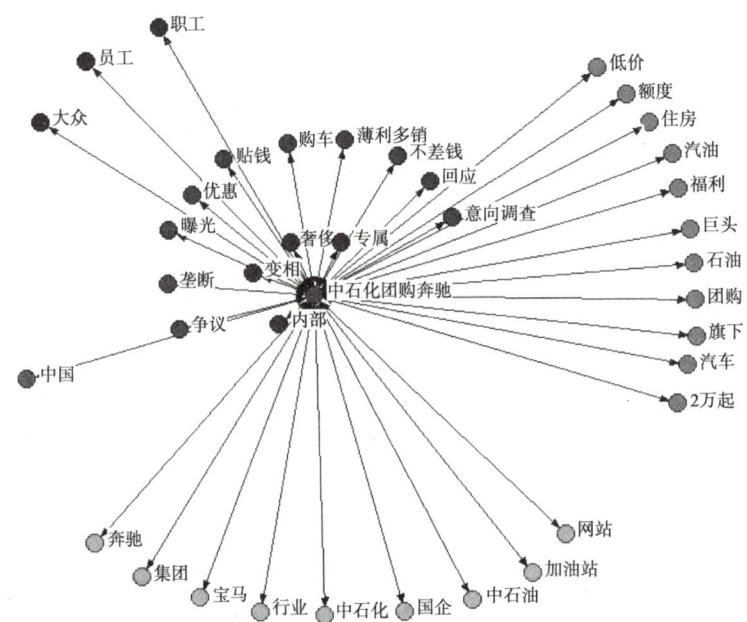

第四节 2012年4月舆情事件排行榜

一、本月度舆情热点事件榜单

	舆情事件	舆情指数
4月	夺命毒胶囊	93.8
4月	中菲黄岩岛事件	92.6
4月	明胶果冻事件	91.8
4月	湘潭女神：90后副局长	91.4
4月	山西女商人吃空饷15年变身副县长	90.4
4月	二炮女兵微博炫富	88.3
4月	青岛种树事件	87.9
4月	网络谣言疯传，抵制网络谣言	87.8
4月	云南省镇雄县学生吃营养餐中毒	86.2
4月	长沙两市民向市政府送"截访先进单位"锦旗被拘	85.2
4月	日本捐款买钓鱼岛	83.1
4月	赵普消失	83.1
4月	河南漯河28岁副局长被指带枪殴打记者	82.5
4月	阶梯电价被指变相涨价	82.1
4月	中国船长刺死韩海警案宣判	81.5
4月	谢亚龙翻供	81.4
4月	北京大学人民医院医生被砍事件	81.1
4月	肇庆男子持扁担疯狂追打警察被当场击毙	80.5
4月	北京车站车模衣着暴露遭批	80.5
4月	民航发展基金替代机场建设费	80.5
4月	全国人民"喜迎"新一轮涨价潮	80.4

（续表）

	舆情事件	舆情指数
4月	信访局长长跪市政府	79.4
4月	河南法官称眼花判错案	79.4
4月	清华博士山东老家遭拆写公开信	79.4
4月	哈尔滨强推禁狗令	78.9
4月	山西长治拟任80后干部14岁参加工作遭质疑	78.5
4月	卫生部专家孙忠实称一天吃六个胶囊没危害	78.3
4月	河南郸城"正县级干部之子枪杀小贩"	77.1
4月	朝鲜卫星发射	75.5
4月	四川蓬安县残联理事长强奸醉酒女公务员	75.2
4月	景点门票扎堆涨价	75.1
4月	湖南衡阳12岁少年杀害姑妈家三口	74.8
4月	山东拒剪短发的女生跳楼	73.6
4月	马英九会见韩寒	73.1
4月	大学生太湖遇难	71.9
4月	中国政商出境豪赌话题	71.8
4月	北京强拆事件	68.5
4月	江苏启东中学生悄换升旗仪式讲话稿 当众抨击教育现状	67.1
4月	南京审计学院女生跳楼	66.6
4月	南京栖霞女子网上发布30余张虐狗照片引网友愤怒	63.1

二、本月热点事件社会语义网

（一）薄熙来被双规事件社会语义网分析

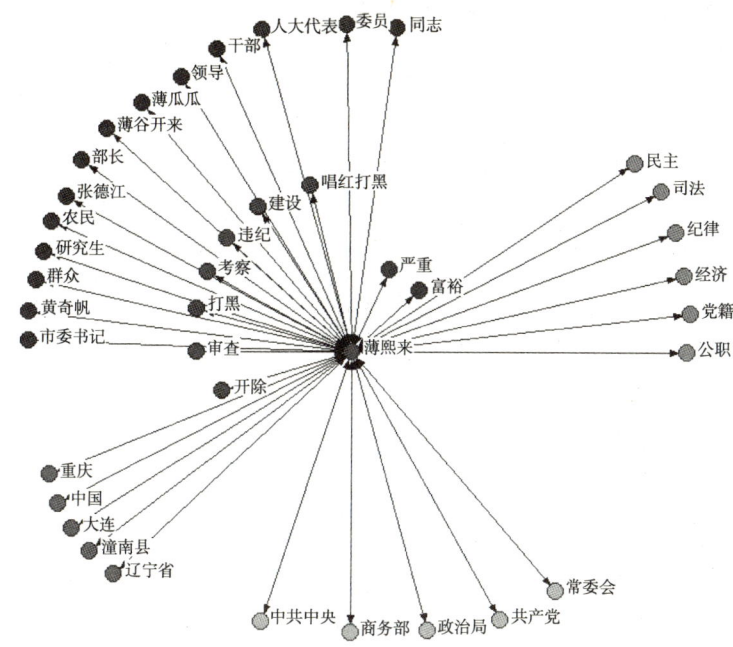

（二）毒胶囊事件社会语义网分析

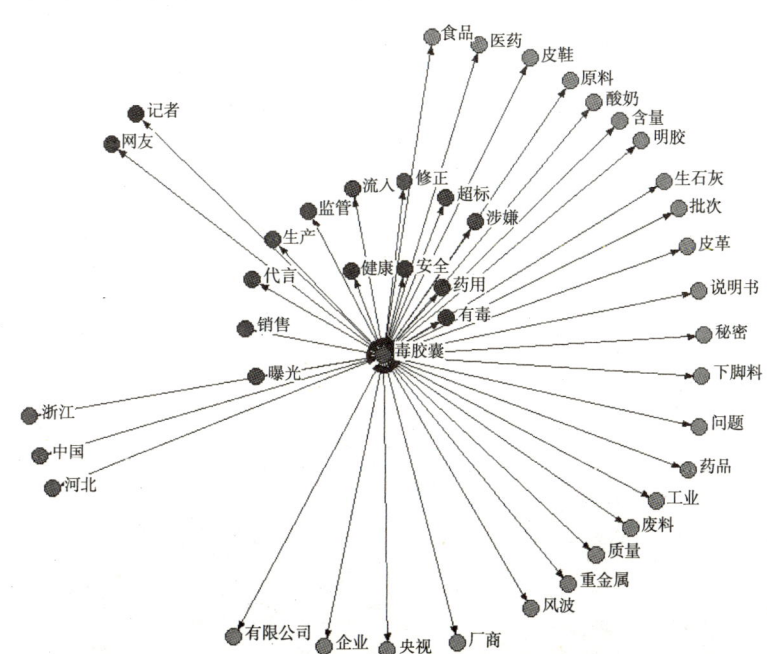

（三）中菲南海对峙事件社会语义网分析

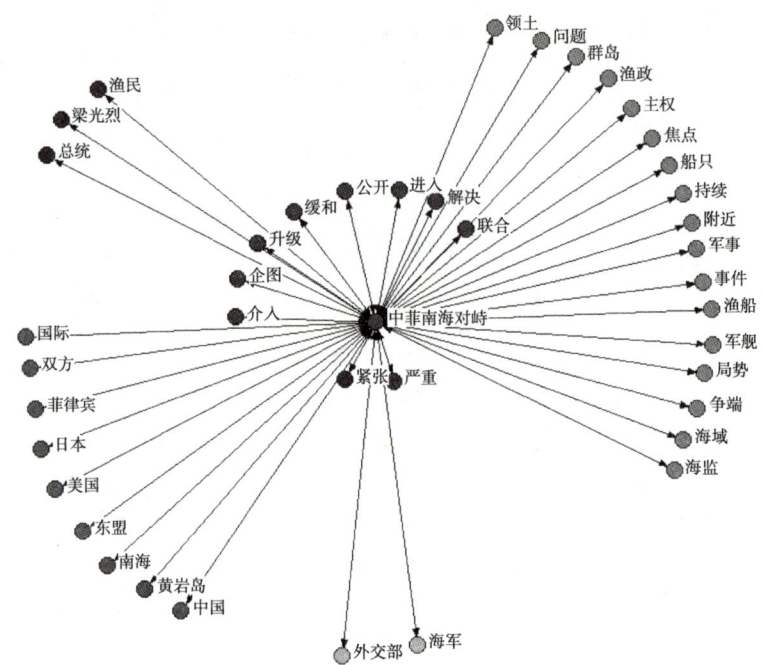

第五节 2012年5月舆情事件排行榜

一、本月度舆情热点事件榜单

	舆情事件	舆情指数
5月	黄岩岛事件继续发酵	91.0
5月	佳木斯"最美女教师"张丽莉	90.7
5月	深圳5·26飙车案	90.4
5月	云南巧家县爆炸案	90.2
5月	甘肃卫生厅打通任督二脉	89.2
5月	河南南阳墓葬改革不挖"副处级祖坟"	88.1
5月	老外北京街头猥亵女孩	87.2
5月	陕西美女服务员司法局长	86.2
5月	陕西榆林横山县患者死亡医生集体下跪	85.5
5月	四川籍高富帅新加坡酿车祸惨案	84.2
5月	舌尖上的中国热播	84.1
5月	北京日报要求骆家辉公开财产	83.5
5月	陈光诚事件	83.2
5月	大庆拆迁挖掘机拦腰砸死人	81.8
5月	河南永城官员涉嫌强奸十余名幼女	81.6
5月	广东湛江钢铁项目获批市长激吻七百亿项目批文	80.5
5月	山东省国土资源厅厅长被爆读博不上课	78.8
5月	中国乳制品工业协会理事长"历史最好"的奶粉	78.5
5月	江苏扬州城管局长与疑似小三跳湖殉情	78.5
5月	北京交响乐团俄籍乐手辱骂中国人	78.2
5月	国家级贫困县砸千万办演唱会	78.1

（续表）

	舆情事件	舆情指数
5月	湖北天门横林镇副镇长爆粗口	75.4
5月	孝感一中"高三吊瓶班"	75.3
5月	卫生部要求二级医院驻警	72.7
5月	美国一名裸体男子当街啃食他人面部被击毙	72.6
5月	我国渔民被朝鲜劫持	72.1
5月	青海公务员考试第一名被以性格内向为由拒录	72.1
5月	浙江瑞安夫妇超生被罚130万元创纪录	72.1
5月	浙江云和女县长被劫持	70.2
5月	云南思茅"军人拍摄强拆遭羁押"事件	69.2
5月	贵州官员拆违建被刺死	68.2
5月	女版郭德纲爆红	65.2
5月	北京中学老师辱骂学生：无钱无权无户口滚蛋	64.8
5月	河南老人为征地磕头村干部嬉笑	64.8
5月	河北馆陶县高三班主任服毒自杀事件	64.3
5月	被有住房：西南财经大学发布报告显示中国近九成居民拥有住房	64.2
5月	绵阳灾区援建学校被拆建豪楼	63.1
5月	深圳交警砸宝马车窗查酒驾	61.5

二、本月热点事件社会语义网

（一）舌尖上的中国热播社会语义网分析

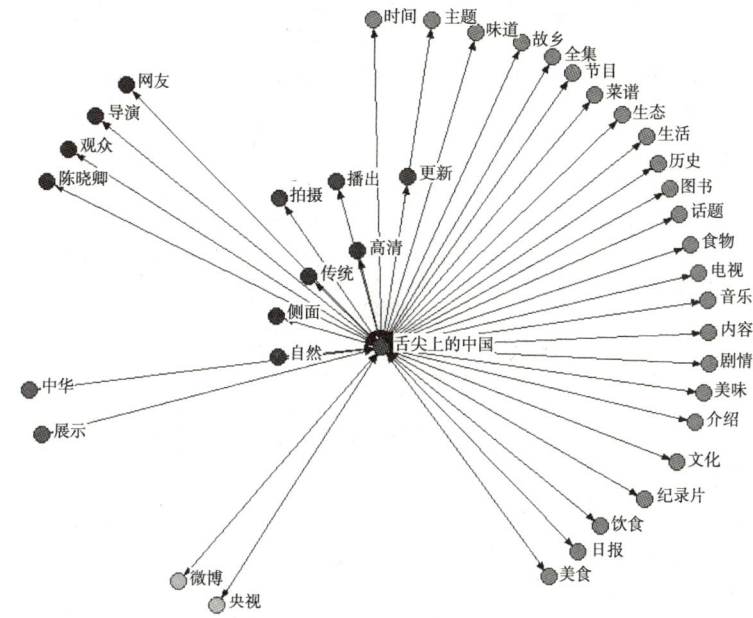

（二）吴英改判死缓案社会语义网分析

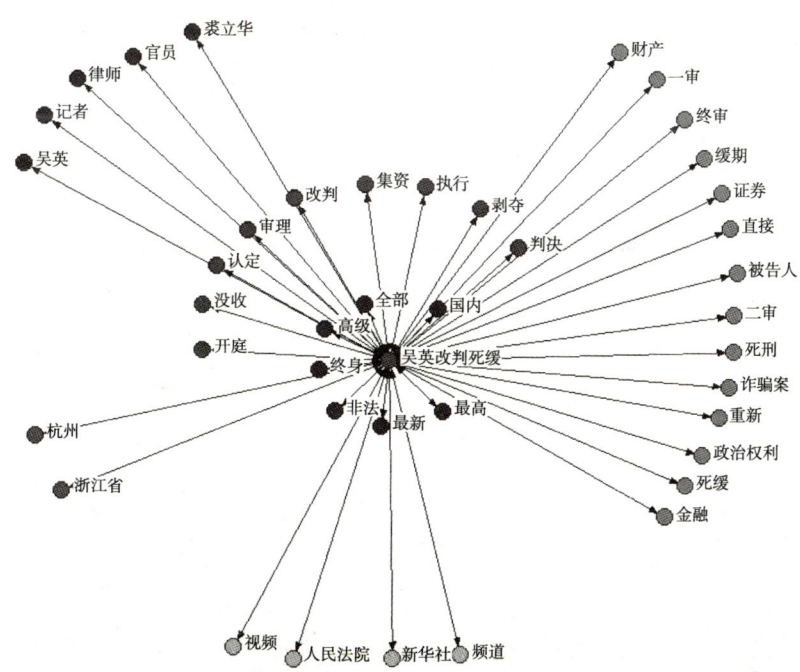

（三）最美教师张丽莉社会语义网分析

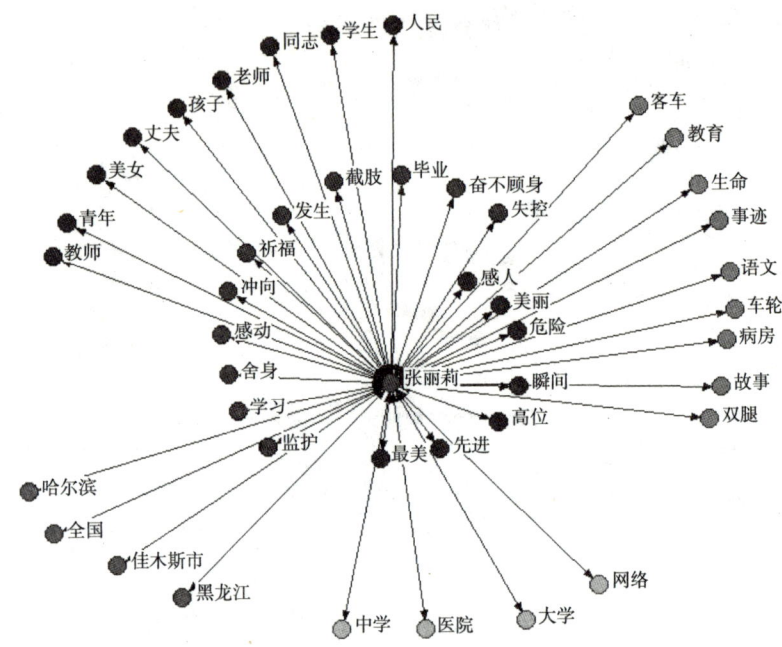

第六节 2012年6月舆情事件排行榜

一、本月度舆情热点事件榜单

	舆情事件	舆情指数
6月	神九上天，神女爆红网络	94.0
6月	全国高考	92.2
6月	欧洲杯	91.6
6月	陕西怀孕7月孕妇遭强制引产事件	90.0
6月	杭州"最美司机"吴斌	89.7
6月	县委书记慰问贫困党员会场现高价香烟事件	88.5
6月	女版药家鑫：山东临沂女司机撞人后脱衣阻拦施救	88.2
6月	网友下载黄片被拘	87.7
6月	女大学生13刀自杀	86.8
6月	崔永元怒骂湖南省教育厅	86.7
6月	上海考生迟到母亲下跪求情	86.1
6月	副市长骑车送女儿引热议	85.5
6月	环保部称驻华使馆监测PM2.5不符外交公约	84.9
6月	南京失足城管	83.7
6月	县委书记吃盒饭	83.7
6月	黑龙江气候资源国有化	83.3
6月	新疆和田劫机事件	83.1
6月	深圳官员醉驾免刑	83.1
6月	上海地铁呼吁女性着装自重引抗议（我可以骚，你不能扰）	81.9
6月	烟台"药袋苹果"	80.9
6月	武汉大雾	79.0

（续表）

	舆情事件	舆情指数
6月	虐婴实习护士	78.1
6月	冰心墓碑遭涂墨	78.0
6月	端午祭屈原引恶搞风潮	76.7
6月	成都交警自称执行公务就可以打人	76.4
6月	河南平顶山市中心大屏幕播放近20分钟黄片	76.1
6月	G20峰会胡锦涛捡国旗贴纸事件	75.5
6月	广州派出所内尼日利亚籍男子死亡事件	75.3
6月	老外与国人冲突事件不断	73.6
6月	加拿大留学生林俊遇害案	73.6
6月	山西吉县人祖山发现疑似女娲遗骨	73.5
6月	唐骏为"学历门"道歉	72.7
6月	周正龙出狱后又上山寻虎	72.4
6月	沙溪事件	70.2
6月	嫖宿幼女罪引热议	69.8
6月	武汉公路处招考7人5人是领导子女	69.6
6月	河北钢铁集团舞钢职工医院院方称50%误诊率的"正常"	68.1
6月	广州托举哥走红	66.4
6月	中国乳制品工业协会理事长宋昆冈孙子喝国产奶言论	66.1
6月	陕西省公安厅副厅长微博邀请农民工吃饭	65.2
6月	深圳公务员上街为群众擦皮鞋	65.1
6月	浙江舟山审计局定向招聘要求1977年6月7日出生	63.7
6月	安徽省池州笔试17分入围面试	62.9
6月	北京彩民独中5.7亿元彩票	62.6
6月	陕西米脂招聘笔试全部出自考试专用教材	60.4

二、本月热点事件社会语义网

（一）全国高考社会语义网分析

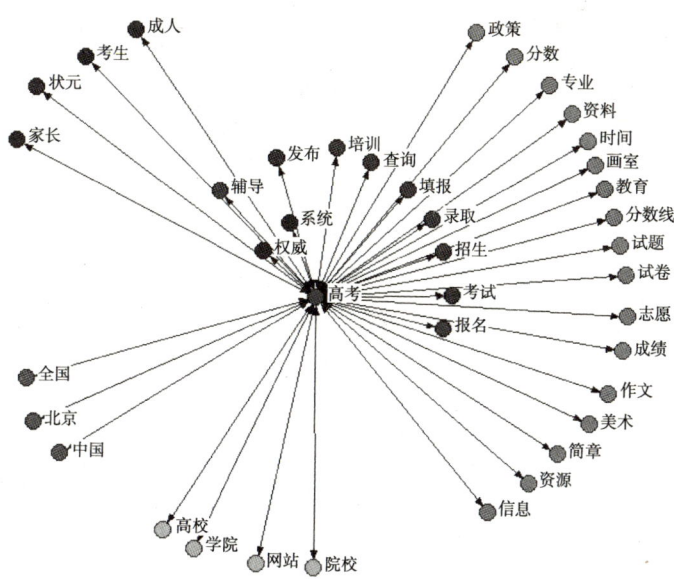

（二）巴神思考人生社会语义网分析

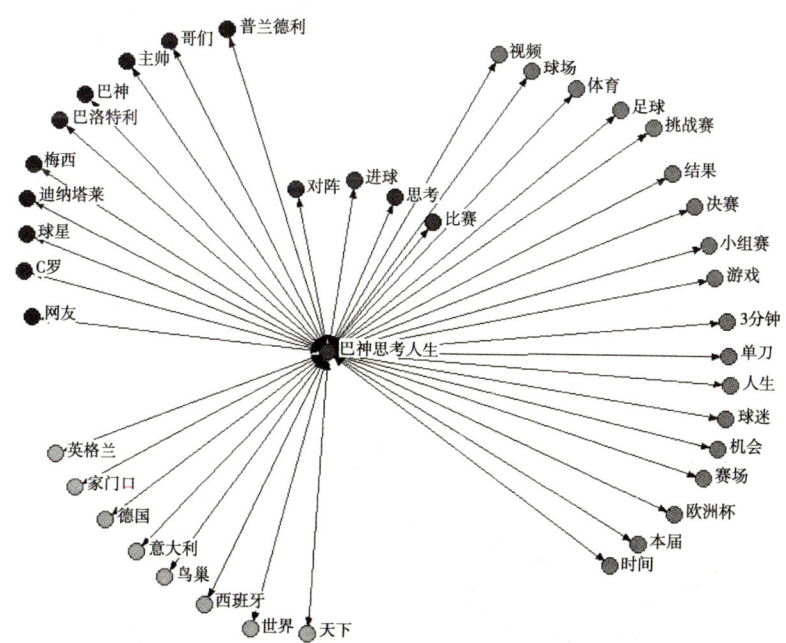

（三）欧洲杯社会语义网分析

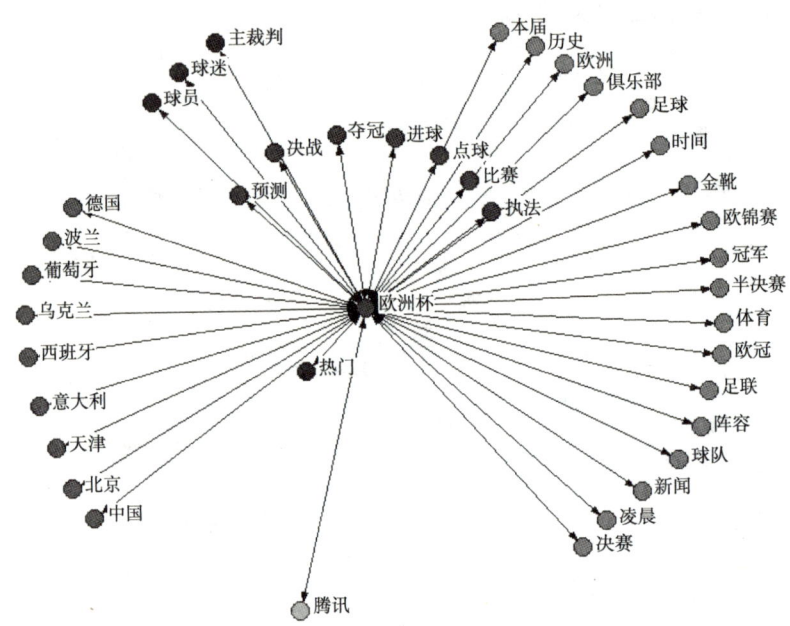

第七节　2012年7月舆情事件排行榜

一、本月度舆情热点事件榜单

	舆情事件	舆情指数
7月	网友热议伦敦奥运	96.2
7月	北京"7·21雨灾"事件	92.8
7月	江苏启东PX事件	91.2
7月	天津蓟县莱德商厦6·30火灾	90.5
7月	西安报道"天价烟"事件记者被停职	83.2
7月	海航反劫机百万巨奖遭非议	90.4
7月	北大校长跪母引热议	89.4
7月	"我靠重庆"广告词引热议	88.7
7月	四川什邡钼铜群体事件	87.6
7月	河南公车拍出废铁价惹争议	87.4
7月	三沙市挂牌成立	86.3
7月	央视给大卫雕塑打"马赛克"	85.7
7月	吴法天和女记者微博约架	85.3
7月	私刻公章救妻事件	84.8
7月	铁道部花1850万拍宣传片事件	84.1
7月	严打网上攻击现行体制及政治谣言引争议	83.4
7月	《中国好声音》热播	83.2
7月	网友呼吁停止IPO	82.7
7月	阜宁61名判刑领导刑满入编吃空饷	82.2
7月	厦大女教授色诱博士生事件	81.3
7月	北京化工大学陆俊学历造假事件	80.5
7月	网传武汉领导暴雨坐轿出行事件	80.4
7月	重庆国际小姐三甲被指太丑	79.6

（续表）

	舆情事件	舆情指数
7月	少年被充气泵击穿	78.7
7月	广州天桥底筑水泥锥驱赶流浪汉	77.4
7月	广州"赴九国考察"城管	76.3
7月	安徽太和奖励四星级酒店1500万受质疑	76
7月	浙大校长开会玩牌谣言事件	75.5
7月	中国渔民遭俄罗斯炮轰扣押	74.8
7月	1家3口获救后冷漠离开	74.1
7月	在泳池扔女童老外	73.7
7月	环卫工人银行接水遭拒	73.4
7月	湖北恩施广告称为市民发放"凉民证"	72.3
7月	今麦郎方便面酸价超标	70.1
7月	记者用绿茶冒充尿液送医院查出前列腺炎	69.9
7月	"包子西施"走红网络	67.1
7月	女子抱熊掌自拍照引争议	65.6
7月	乘客坐公交替宠物狗刷卡争座位引热议	65.3
7月	河南嫌犯"呕吐死"	64.4
7月	网传云南寺院开通超度亡灵投胎美国付费业务	62.7

二、本月热点事件社会语义网

(一) 日本 AV 女优社会语义网分析

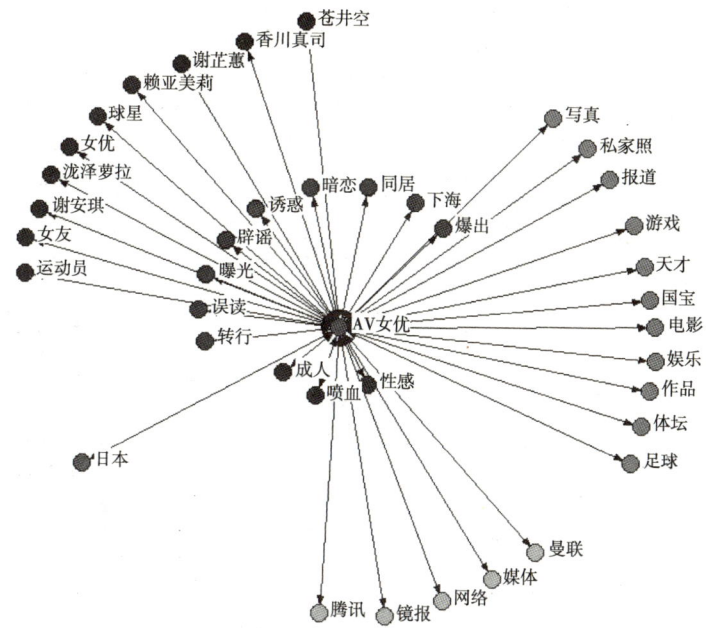

(二) 神舟九号载人飞船社会语义网分析

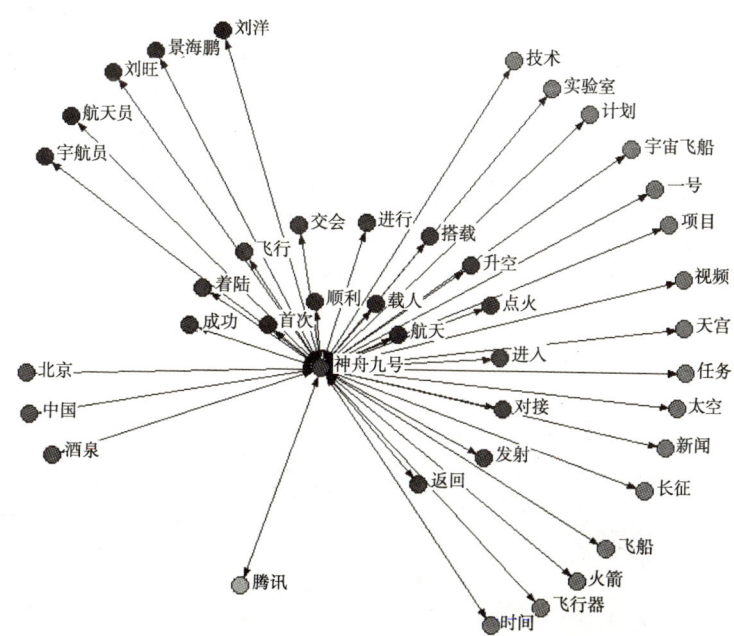

（三）中国好声音热播社会语义网分析

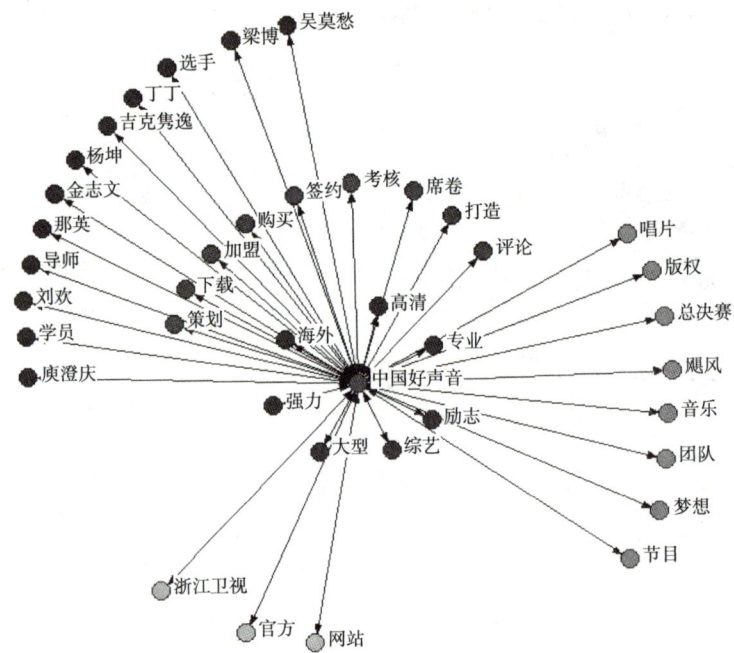

第八节 2012年8月舆情事件排行榜

一、本月度舆情热点事件榜单

	舆情事件	舆情指数
8月	周克华被重庆警方击毙遭质疑	95.1
8月	陕西安监局局长杨达才陷手表门等丑闻	94.7
8月	南航空姐被打事件	93.1
8月	沈阳商铺事件：打假商铺关门避罚	91.5
8月	永州上访母亲被劳教	90.2
8月	8·26延安特大交通事故	88.4
8月	哈尔滨阳明滩大桥坍塌	87.4
8月	14名香港保钓人被日本逮捕	86.7
8月	电商上演三国厮杀	85.7
8月	庐江县委书记被艳照门	85.5
8月	靖江官二代疯狂砍人	84.4
8月	"焦作退伍兵"被拘事件	83.8
8月	鱼贩扶老太遭巨额索赔服毒自杀	83.4
8月	贵州考生被梅毒事件	82.9
8月	巧家爆炸案真相	82.2
8月	前北大教授炮轰北大院长奸淫女服务员	81.6
8月	四川宜宾疑招"三陪协税员"	80.9
8月	各地爆发反日游行引民众讨论	80.4
8月	湖南省祁东县县长公开承诺"不贪钱、不贪色"	79.5
8月	杭州青年公交车因不让座遭掌掴再掀道德讨论	78.7
8月	茅台国字号商标引争议	78.6

（续表）

	舆情事件	舆情指数
8月	邵阳自来水公司内退女工纵火烧死3名领导	77.8
8月	薄谷开来、张晓军故意杀人案宣判	77
8月	专家称"中华民族复兴任务已完成62%"引网友杯葛	75.7
8月	多地频发马路塌陷致行人伤亡事件	74.6
8月	凤城原市委书记携巨款出逃	74.3
8月	海南保亭嬉水节猥亵女性事件	73.8
8月	网曝浙江余姚财政局一餐花5万多	73.1
8月	王刚鉴宝节目中是否真品引质疑	72.5
8月	北京曝克扣7·21暴雨中救人农民工捐款	72.1
8月	镇政府官员阻挠采访将记者推进水塘	71.8
8月	河南项城未成年人获准购经适房	71.1
8月	4局长被查处市场物价下降一成	70.0
8月	农民工扔烟头跪求免罚款	69.8
8月	河南开封拟斥资千亿造"汴京"	67.0
8月	深圳疑花20亿建豪华天桥	65.5
8月	上海警方发布乞讨排行榜	65.2
8月	乌鲁木齐花堆雕塑"飞天"引关注	64.3
8月	蒙牛篡改产品日期销向市场	63.1
8月	大连尸体工厂疑用死刑犯遗体做标本展览	62.6
8月	山西山阴女郎助阵奶牛选美	61.1
8月	湖南邵阳聘千名"临时工"替城管执法	60.8
8月	航天员刘洋母亲当选当代孟母引质疑	60.6
8月	河南项城强拆事件："打死人有钱赔"	60.4

二、本月热点事件社会语义网

（一）电商大战事件社会语义网分析

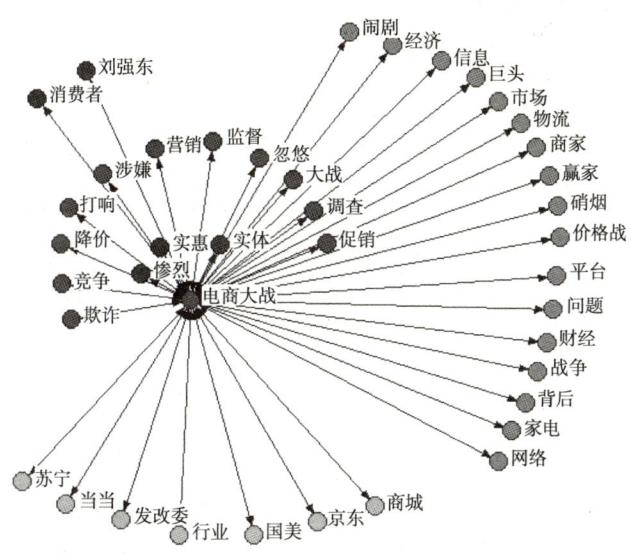

（二）击毙周克华事件社会语义网分析

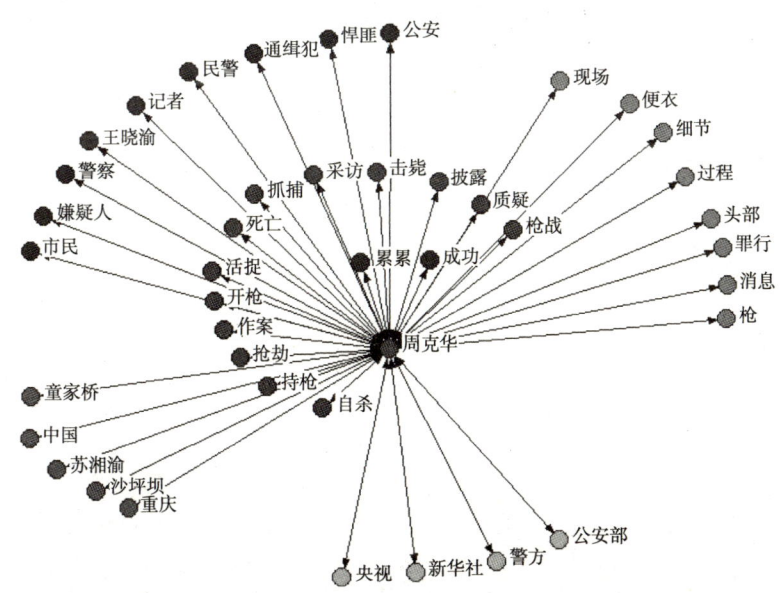

（三）刘翔奥运会跌倒事件社会语义网分析

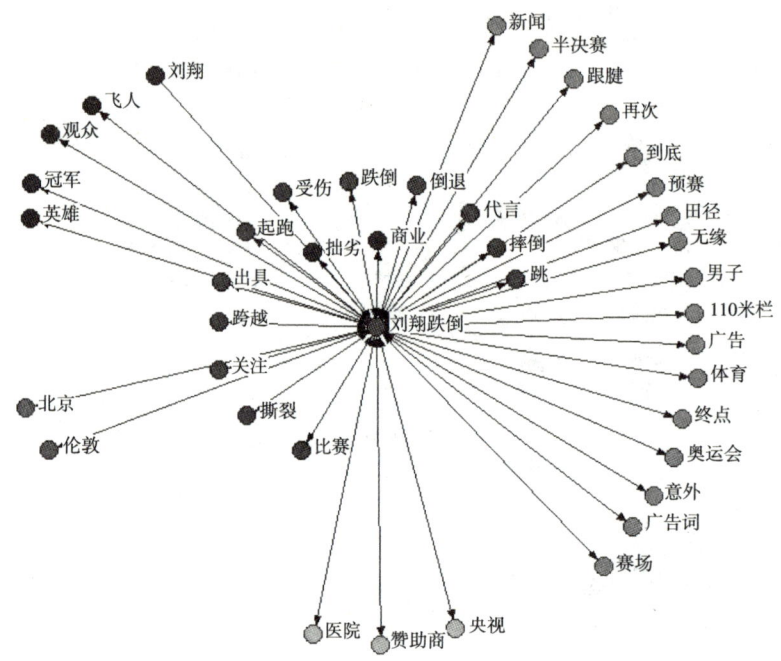

第九节 2012年9月舆情事件排行榜

一、本月度舆情热点事件榜单

	舆情事件	网络舆情指数
9月	钓鱼岛危机发酵,各地抗议活动不断	97.1
9月	盘锦血案:警察"下意识"开枪打死农民	93.3
9月	"微笑局长"被免职	91.2
9月	中共中央决定给予薄熙来开除党籍开除公职处分	91.2
9月	中国儿童试验转基因大米	91.1
9月	苏州建筑酷似低腰秋裤引网友吐槽	90.8
9月	哈尔滨塌桥事故超载说法遭质疑	89.3
9月	新铁路客票12306系统一期造价超3亿升级后怨声一片	88.6
9月	云南彝良地震震痛人心	88.5
9月	王立军涉叛逃受贿等四宗罪被公诉	88.5
9月	大学生吁请"表哥"杨达才工资公开	88.1
9月	西安日系车车主遇示威人群被重击头部砸穿颅骨	87.3
9月	教师节送礼的讨论	86.7
9月	李晨频送石头心引网友调侃	86.6
9月	鄂3000学生自带课桌上学	85.3
9月	厦门女业主铿锵演讲骂走4车城管武警爆红	85.2
9月	领导"冒雨视察"作秀无底线	84.7
9月	陈光标在纽约时报登广告声明钓鱼岛属中国	84.6
9月	黑龙江省七台河市消防支队政治处干事"尤尤99999"张娇微博炫富	83.7
9月	湖北选校花设两乳间距标准	82.5
9月	苹果iPhone 5上市	81.9

（续表）

	舆情事件	网络舆情指数
9月	彭洪劳教决定被撤销，要求国家赔偿	81.2
9月	网曝医院引进自助捐精机　网友大呼雷人	80.5
9月	南昌西山庙会铁栏圈住乞丐	80.5
9月	小伙送"北京人大学"牌匾给北大被扣8小时	80.3
9月	中国首艘航母平台正式试水	80.1
9月	比基尼京剧引热议	79.6
9月	网传芙蓉姐姐自杀身亡	79.2
9月	深圳派出所内发生重大案件两名警察死亡	79.1
9月	合肥市福利院买奔驰	78.1
9月	山东村民上访受阻在镇政府大院内引爆炸药	77.3
9月	陕西绥德警察上班看古装剧	74.5
9月	四川达州社区干部携家属旅游11天称提前休国庆	72.2
9月	陕西被征地农民仅得卖地收入的5‰	72.1
9月	河南法规认定下水救人牺牲不属见义勇为遭疑	70.2
9月	女子在镇政府摘花被罚千元　讨说法遭官员殴打	70.1
9月	小学让学生一年四季躺课桌午睡引发热议	68.5
9月	湖南幼儿园英国国旗高过中国国旗被整改	65.3
9月	长沙村民阻止施工被碾致死	60.8
9月	农民工跪请开封包拯帮讨薪	62.6

二、本月热点事件社会语义网

（一）中日钓鱼岛之争事件社会语义网分析

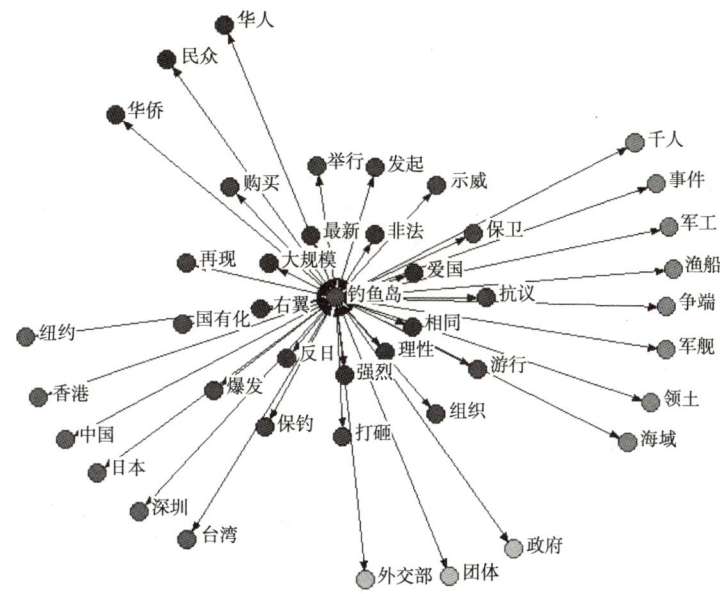

（二）十一期间高速公路免费社会语义网分析

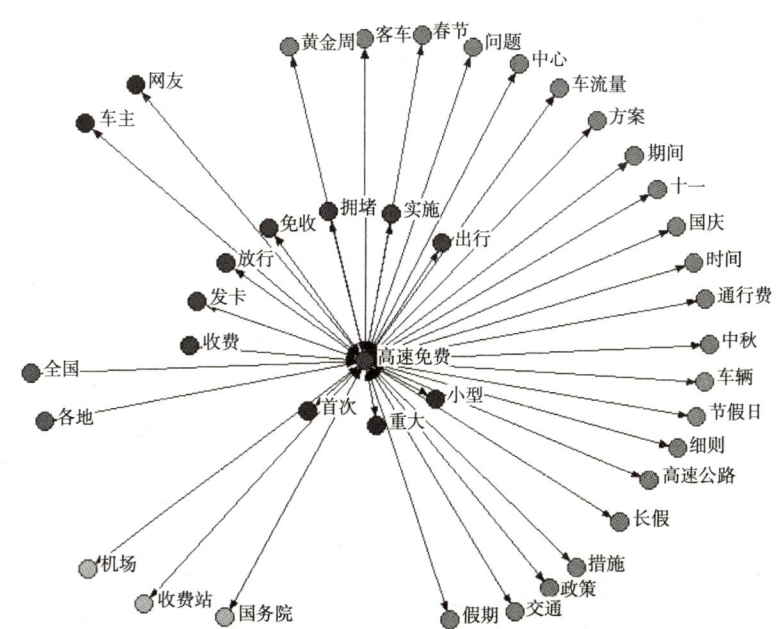

(三)哈尔滨大桥垮塌事件社会语义网分析

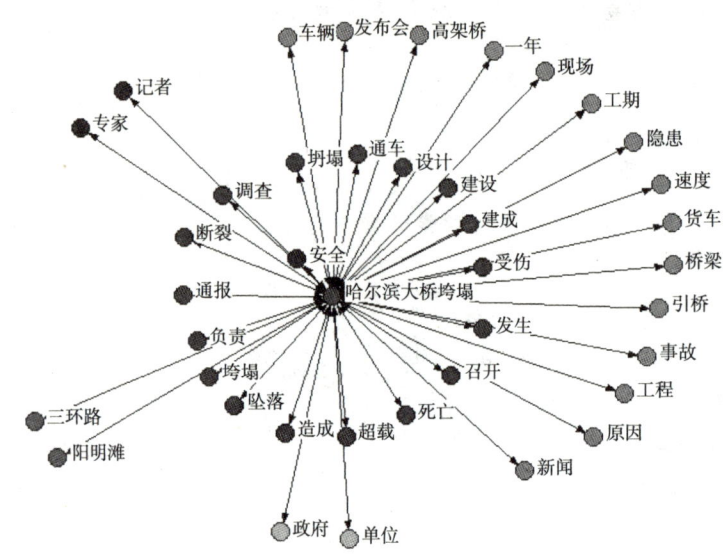

第十节 2012年10月舆情事件排行榜

一、本月度舆情热点事件榜单

	舆情事件	舆情指数
10月	"元芳体"走红	95.4
10月	央视"你幸福吗?"调查引热议	92.7
10月	莫言获2012年诺贝尔文学奖	91.6
10月	国庆期间免费高速引发拥堵引热议	91
10月	浙江温岭幼师虐童事件	90.4
10月	网传王石离婚与80后女星结婚	90.1
10月	福建表叔跨省销毁云南都市时报	89.7
10月	十八大会期及相关安保措施引关注	88.5
10月	广州城管官员拥有21套房"房叔"	88
10月	华山游客被捅案	87.2
10月	"美女军官"微博炫权自称"总参一姐"	88.9
10月	康师傅与统一借反日大打出手	86.3
10月	"港独"引关注	86.1
10月	广州安检摸裤档	85.8
10月	浙江泰顺官员开公车跨省吃海鲜被拍	85.2
10月	宁波PX项目事件	84.9
10月	辽宁抚顺车工月薪0.36元	84.2
10月	山西一副局长被指有十几辆豪车被称为"车爷"	83.8
10月	假宽带引民众关注	83.3
10月	国考大热再引关注	82.2
10月	政改到底要不要摸着石头过河引争议	81.4

(续表)

	舆情事件	舆情指数
10月	2012美国大选	81
10月	明年起司机闯红灯将扣6分	80.4
10月	农民工模仿发言人讨薪走红网络	79.5
10月	重庆官留醉酒女记房间引爆网络	78.3
10月	重庆大学生村官因言获罪事件	78
10月	湖南耒阳国庆期间对51名干部进行公示	77.8
10月	西安反日游行中受重伤的日系车主李建利放弃起诉西安市公安局	75.3
10月	四川泸州群体性事件	74.4
10月	副教授用精液做药被判强奸	73.7
10月	"中国式过马路"引热议	73.6
10月	莫言家乡"万亩红高粱赔本也要种"	72.6
10月	女航天员刘洋的母亲当选十大"当代孟母"引网友热议和质疑	71.8
10月	左小祖咒老家房屋遭强拆	70.7
10月	邓州卫生局干部暴打环卫工	69
10月	撕毁柬太皇画像中国公民遭捕	68.7
10月	司马南海大演讲遭扔鞋	66.7
10月	副乡长相亲遭全场嘉宾灭灯	66.6
10月	云南省昭通市政法网疑为完成宣传任务PS合成失主送锦旗照片	64.8
10月	陕西省财政厅拒绝公开"表叔"工资	64.7
10月	iPad mini发布	63.1

二、本月热点事件社会语义网

(一) 江南 style 走红社会语义网分析

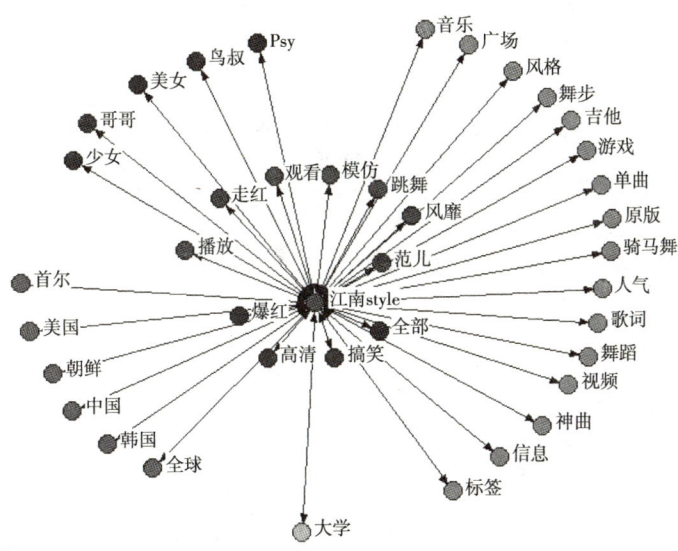

(二) 央视"你幸福吗"社会语义网分析

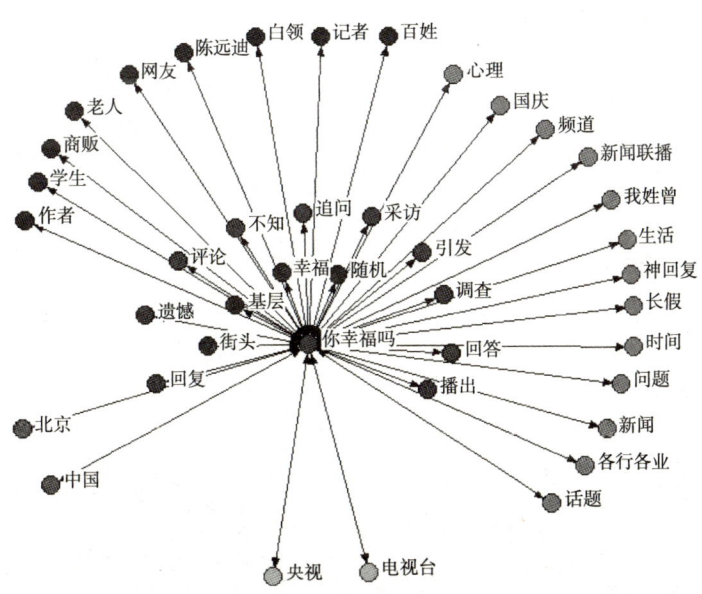

（三）中国航母首次亮相社会语义网分析

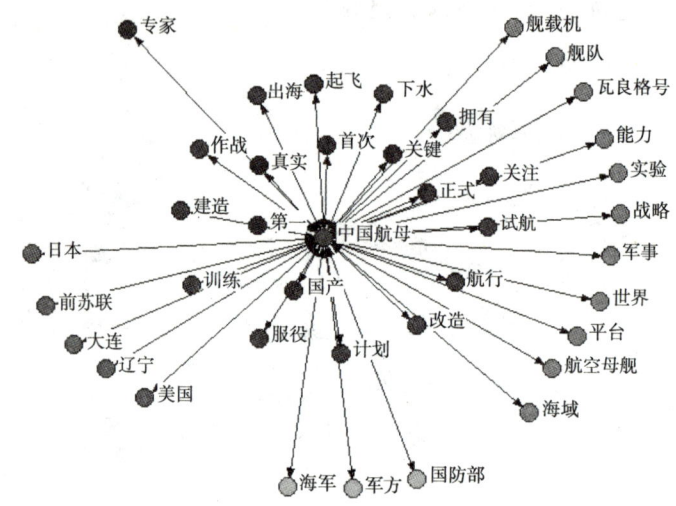

第十一节 2012年11月舆情事件排行榜

一、本月度舆情热点事件榜单

	舆情事件	舆情指数
11月	十八大胜利召开	96.27
11月	重庆"不雅照书记"雷政富事件	95.87
11月	毕节垃圾桶内闷死5男童案	92.98
11月	母亲赴京探子被劳教	91.94
11月	虐童女幼师无罪释放	91.15
11月	河南周口"平坟运动"	90.69
11月	"航母style"走你火爆网络	88.81
11月	"双11"网购大战	87.42
11月	网传广州"房婶"拥24套房	86.23
11月	李庄案再次引起关注	84.71
11月	美国大选奥巴马当选	83.05
11月	十八大代表称共产党员的老婆更漂亮引热议	82.86
11月	招考公务员询问月经史	81.64
11月	19岁少女陪老师吃饭坠亡	81.54
11月	酒鬼酒被曝"塑化剂超标"	80.14
11月	"爱情天梯"变"爱情买卖"	79.09
11月	乱丢垃圾被环卫工砍断手指	78.61
11月	黑龙江双城人大代表强奸怀孕7月女主播	77.43
11月	8岁女童骂人被乘客连扇耳光	75.33
11月	湖南营养餐被偷工减料事件	74.53
11月	二胎放开建议引发多方激辩	73.9

（续表）

	舆情事件	舆情指数
11月	政协委员建议：取消农村孩子上大学资格	72.31
11月	深圳村官身家20亿事件	71.76
11月	福安打砸事件	71.49
11月	歼-15项目负责人罗阳去世	71.24
11月	曝鸟叔上春晚索天价引网友争论	70.52
11月	干露露母女录制节目口出狂言总局叫停	70.27
11月	首批房奴获"解放"	70.12
11月	80后女生为给儿子上户口嫁给80岁老人	69.5
11月	肯德基麦当劳原料鸡45天速成	68.94
11月	十岁女童欲与工商所长决斗称其殴打爷爷	68.04
11月	日本政府欲替在华日企索赔	67.5
11月	男子上班1月工资3毛6扣除保险欠单位2.64元	66.38
11月	大学毕业生疑因嫌农村父亲丢人不让其进家门	63.92
11月	辽宁斥资亿元所建铁圈形建筑仅剩观赏功能	62.99
11月	30余名韩高中生在北京抢劫便利店仅赔偿后和解	62.97
11月	浙江媒体头版摆拍照片事件	62.81
11月	城管队长两年入账2071万　家中藏黄金3.4公斤	62.24
11月	武汉车展童模穿比基尼登场引声讨	62.17
11月	微软将放弃MSN全面转向Skype	61.89
11月	河北霸州1家3口人习武多年打倒7名拆迁人员	61.51

二、本月热点事件社会语义网

(一) 淘宝双十一网购社会语义网分析

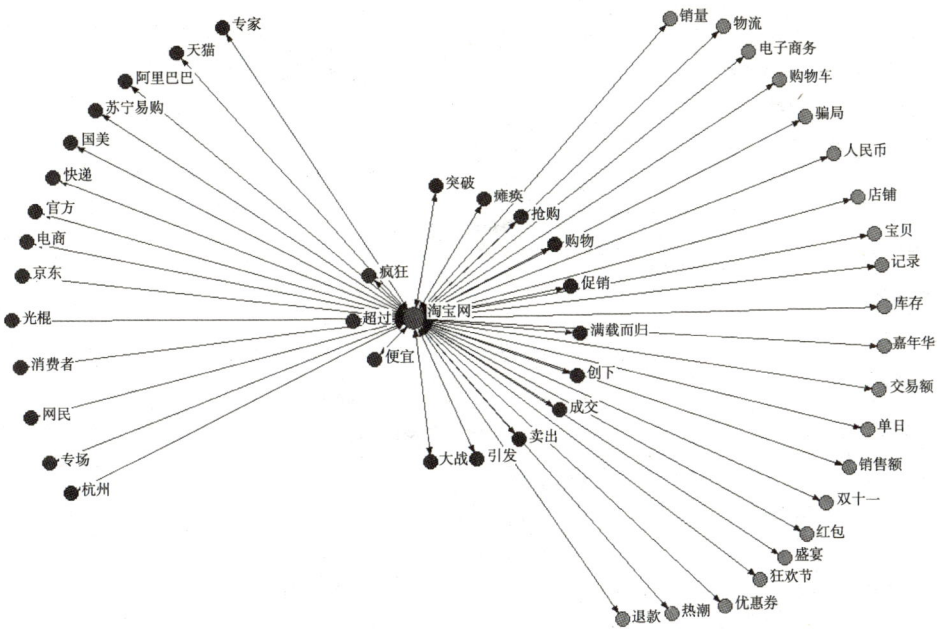

(二) 十八大召开的社会语义网分析

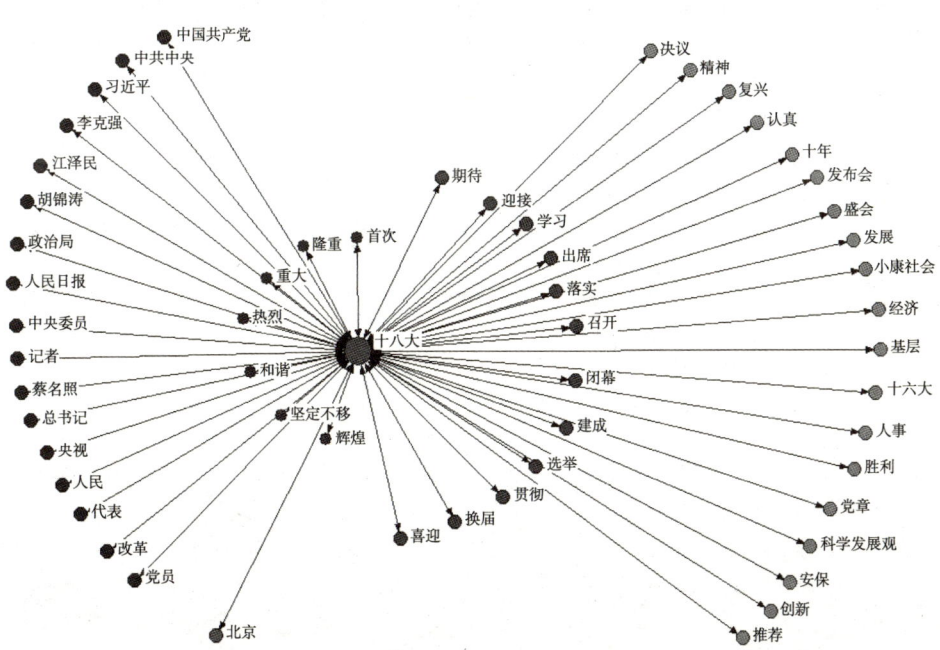

（三）雷政富艳照事件社会语义网分析

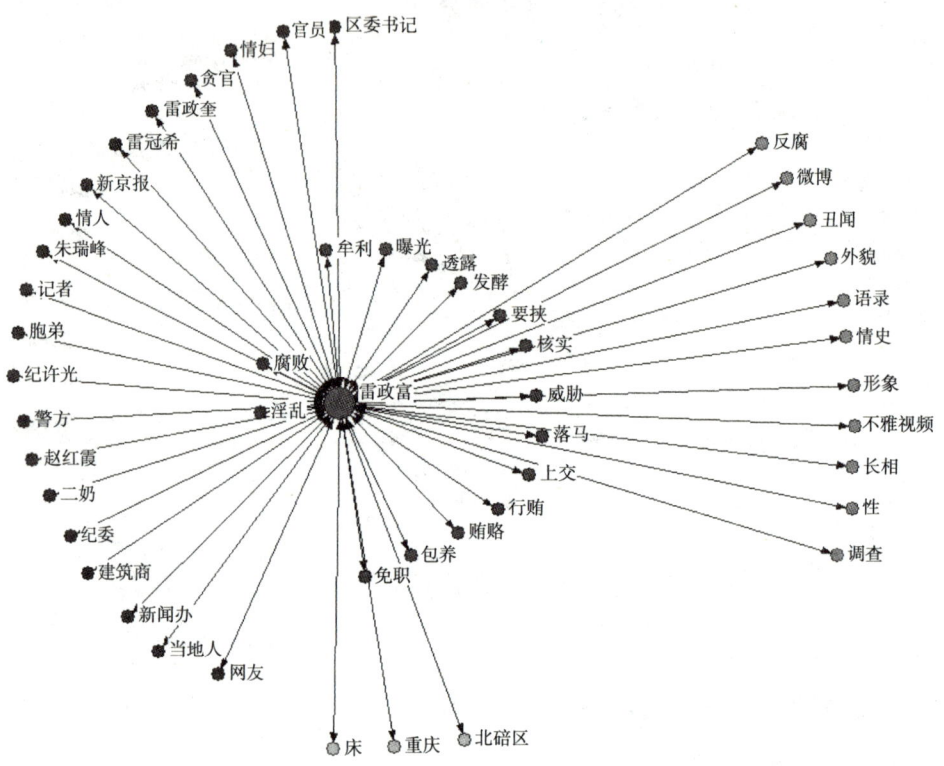

第十二节 2012年12月舆情事件排行榜

一、本月度舆情热点事件榜单

	网络事件	舆情指数
12月	网络反腐高潮	95.31
12月	郑州"房妹"	93.1
12月	湖南岳阳"天价切糕"事件	92.1
12月	网友热议"世界末日"	91.4
12月	总书记出行轻车简从不封路	91.1
12月	网传"兰州市长疑戴名表"	90.3
12月	光山22名小学生被砍伤	89.7
12月	网传七常委公布个人财产	89.6
12月	人大常委会通过网络实名制草案	88.8
12月	济南政府大楼媲美五角大楼	88.6
12月	史上最严交规引热议	88.6
12月	贵州毕节市内垃圾桶涂"严禁人畜入内 违者责任自负"的警示标语	88.5
12月	全能神邪教	87.6
12月	明年节假日安排引众怒	87.3
12月	火车票小幅降价吃力不讨好	86.8
12月	非沪籍女生就异地高考约辩	86.4
12月	河南林州官员网上传出艳照2天后与女主角闪婚	84.9
12月	网曝成龙基金会涉嫌"洗钱"	84.8
12月	江西校车事故	84.4
12月	面包车不能载货拉菜受罚	84.2
12月	武汉花费70万建豪华公厕	83.2
12月	宁波市江东区一幢居民楼发生倒塌,专家称系干湿交替导致	82.7
12月	王岐山反腐座谈会禁念稿 财产公开成会场焦点	81.7
12月	善款发霉爱心受损	80.4

（续表）

	网络事件	舆情指数
12月	定陶村官暴打村民受赞誉	79.4
12月	北京判决外地截访人员非法拘禁罪	78.1
12月	专家建议赦免部分退赃官员以换取支持政改	77.7
12月	太原公安局长涉嫌滥用权力包庇儿子袭警被双规	76.4
12月	公安局长曝父亲与妻乱伦生女	75.8
12月	"最好农产品多用出口"引争议	74.6
12月	网友爆料"炫富哥"一顿饭吃了8万	73.2
12月	北大教授称成人喝三聚氰胺没事 人类排毒能力强	71.8
12月	媒体称官员财产公示还要再等20年遭质疑	70.7
12月	京广高铁运营	66.2
12月	安徽亳州官员头像被制成防伪标识	62.2
12月	网传涪陵干部不雅照	61.4

二、本月热点事件社会语义网

（一）房妹事件的社会语义网

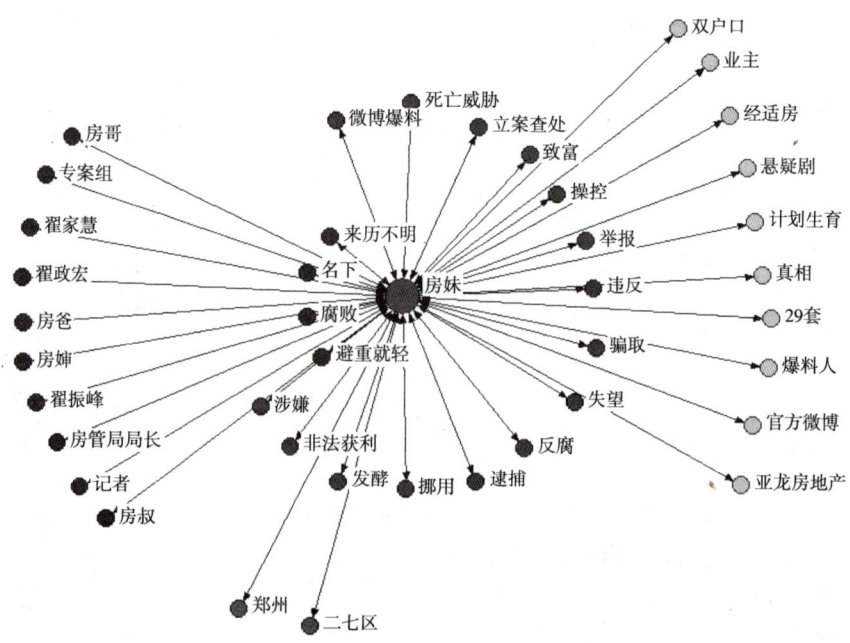

（二）湖南岳阳"天价切糕"事件

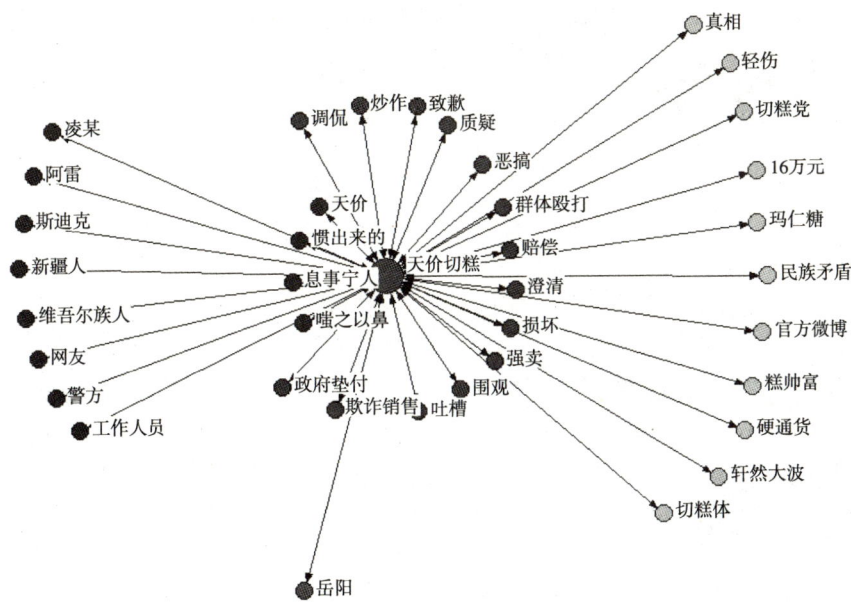

第四部分　2011-2012 年媒体微博运维白皮书

2012 媒体微博运营报告研究说明

一、数据来源和甄选

本报告数据来源于北京乐图在线科技公司，媒体微博账号数据选择日期是：2012年1月1日—2012年11月18日，甄选条件是：新浪微博、腾讯微博中带有"V"字标识的媒体机构账号。账号在地理位置上的分布包括中国大陆地区的31个直辖市、省和自治区，以及香港、澳门、台湾地区。

二、研究方法和标准

本报告结合定量和定性分析，借助数据挖掘和内容分析技术，运用了统计分析中的交叉分析、对比分析等研究方法。报告涉及的原始数据来自北京乐图在线科技公司，并经过了层层的筛选，对垃圾账号、网络水军信息予以过滤处理，保证了各项排名的客观真实有效。

三、指标体系解读

排行榜综合考察的指标包括以下几个：
（1）微博原创率：原创性微博占所发所有微博的比例。
（2）微博被转发量：所发微博被转发总量。
（3）微博被转发率：平均每条微博被转发量。
（4）粉丝活跃率：活跃粉丝占所有粉丝的比例。

（5）粉丝加 V 认证率：获得新浪微博或腾讯微博认证的粉丝在所有粉丝中所占比例。

（6）微博二次传播力：媒体对该媒体微博进行的报道或评论文章总量。

（7）覆盖度：粉丝活跃度、分布面以及一级粉丝、二级粉丝的人群规模。

（8）传播度：用户生产的内容被转发、被评论的规模（量）。

（9）渗透力：微博的影响深度和社会动员能力。

（10）粉丝的粉丝数：其每一位粉丝的粉丝数之和。

（11）活跃度：媒体微博用户在微博平台活跃度，及其和其他账号之间的关联程度。

第一节　2012 媒体微博运营背景分析

一、微博影响大有超过传统媒介之势

2012年10月8日，社科文献出版社发布了《新媒体蓝皮书：中国新媒体发展报告（2012）》。数据显示，到2011年12月，中国的微博用户总数达到2.498亿，中国成为微博用户世界第一大国。微博作为一种社会化媒体，其嵌套式的裂变传播结构使得其传播速度和传播范围呈现一种指数型扩散的传播方式，给传统媒体造成冲击。

2012年4月26日，@人民网的一条博文引起数千次转发："微博女王"姚晨让《人民日报》人有了强烈的"危机感"。一位年轻编辑在社内培训时举出姚晨粉丝1955万的事例，这意味着她每一次发言的受众，比《人民日报》发行量多出近7倍。虽然并不是所有姚晨的粉丝都能看到，但其粉丝的基数之大是目前世界上所有纸质媒体无法比拟的。

另外相关数据显示，目前微博在人们信息获取渠道的重要性在上升。美国皮尤中心调查显示，2012年通过读报纸来了解美国大选的读者只占20%（而在2000年这个数字是40%），网民通过社交媒体获取相关信息的比例为43%。调查结果还显示，现在美国报纸读者的"平均形象"是"接近60岁的女士"，而全美人口的平均年龄则是43岁。

另外相关调查显示，用户在屏幕前花费的平均时间是每天8.5个小时，而在印刷物上花费的时间只有20分钟。

二、微博超越传统媒体上升为社会第一信息源

随着微博客等新兴媒体的出现，尤其是其具有即时性传播和嵌套式等人际传播的基本属性，使得网民成为更加活跃的爆料者和信息桥。网民开始作为重要的社会新闻源登上历史舞台，日益展现出其独特的优势和影响力。中国人民大学舆论研究所《中国社会舆情2012年蓝皮书》相关数据显示，2011年以网民为首发主体的舆情事件占到了所有舆情事件总体的46.9%，而传统大众媒体为首发主体

的事件为53.1%，两者的差距不到7%。2011年相比2010年，网民作为社会重要的信息源的地位进一步凸显，这其中20%左右都是由微博所贡献的。随着微博客的进一步发展和完善，这一比例还会进一步提升。

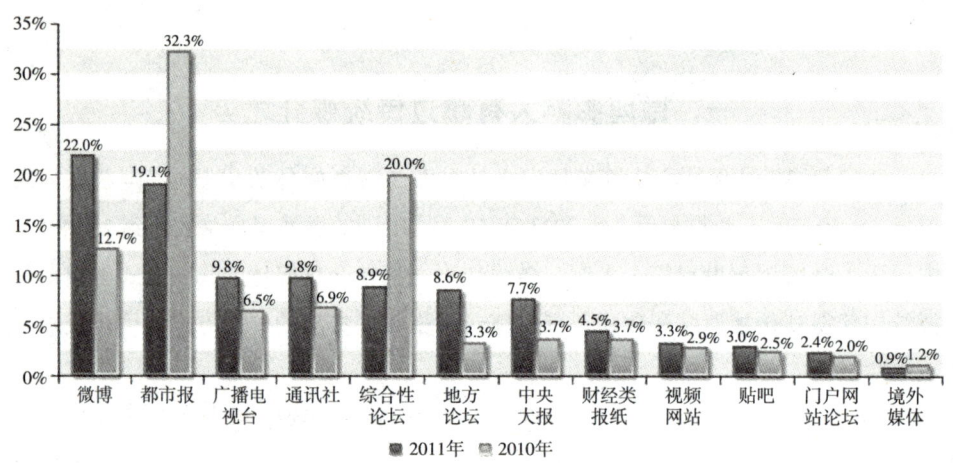

图1　2011年和2010年舆情热点事件的信息来源分布

数据来源：《中国社会舆情蓝皮书（2012）》

如上图所示，到2011年微博成为名副其实的社会第一大信息源，22%的人群通过微博获得舆情热点事件；排名第二的是都市报，占到了总体的19.1%，和微博一样成为社会信息最主要的两个源头；其次是广播电视台、通讯社，2011年很多事件都有央广及央广网的身影，这与一般民众的感觉不尽相同；再次是综合性论坛和地方性论坛。以上媒体形成了三个序列，即第一序列是微博和都市报，绝对的舆情事件信息源；第二序列是广播电视和通讯社；第三序列是主流的综合性论坛和地方论坛，很多信息尤其一些贪腐信息、涉警涉法信息首先是在地方论坛被爆料，经过网络搬运工搬运到主流综合论坛，如天涯、猫扑等，再经过微博等转发进而引爆整个网络。

比较2010年的数据，我们可以发现以下特点：获取舆情比例有所增长的是微博，增长了近10%，一方面是由于其本身的属性——作为爆料最为合适的自媒体所决定，另一方面也与中国微博用户的基数较大相关。另外比例有所增长的是广播电视台，尤其是广播台，中央人民广播电台由于自身的媒介优势在很多舆情事件中扮演信息源的作用；地方论坛的比例上升幅度也较大，这主要是因为目前微博还主要是一线城市民众的媒介，而很多二、三线城市民众主要依赖的媒介依然是当地影响力较大的论坛，并且这些信息具有强烈的地域性和人文性差异，更容易引起地域性民众的关注，进而被搬运到主流综合论坛或微博中去。

获取舆情比例有所减少的是都市报，由原来的32.3%下降到19.1%，其减少的比例正好是微博增长的比例，一定程度上两者的此消彼长说明了目前媒介权力格局出现了拐点，即质的变化，传统大众媒介的霸权时代逐渐稀释。其次下降比较大的是综合性论坛，虽然信息源的比重显著下降，但其俨然成为社会话语场的放大器，很多信息被从微博或地方论坛中搬运过来，在其放大器的作用机制下迅速引爆，成为社会性话题，再由传统大众媒体的介入形成主流话语场域。

在所有类型媒体报道的舆情事件中，都市报、微博、综合性论坛、地方论坛等成为重大舆情事件的爆料者，扮演着重要社会信息爆料的角色。

从以上的分析我们可以看出，微博客不仅成为重要的信息源、信息桥，而且成为社会舆论的主要策源地，其社会影响力和辐射力在不断提升。当"反腐倡廉"成为中国微博上的主旋律的时候，中石化、故宫、中国红十字会等央企和有关机构不幸撞到"枪口"上，成为被网民集体调侃挖苦嘲笑并层层剥光衣服的"弄潮儿"。从单纯的社交工具到舆论监督利器，微博已经悄悄完成了一次华丽转身。作为一个强大的舆论场，微博正全面参与并影响着现实世界，其作用从某种程度上已不局限于简单的个体事件，甚至在可预见的将来，微博或将直接改变中国社会生态和政治语境，让强势一方做事时不得不考虑民众的反应，微博所推动的是整个社会的生态平衡。

需要说明的是，虽然网民开始作为重要的社会信息源，两分天下有其一，但传统大众媒体的地位依然无法撼动，网民在社会告知层面具有很大的影响力是毋庸置疑的，但在信息的证伪、深挖等层面作用很有限。正如微博一方面带来草根的众声喧哗，另一方面也带来不少的社会信息熵，虽然微博存在自我修正机制和无影灯效应，但由于需要大量信息之间博弈进行去伪存真的过程，因此这些熵的存在一定程度上扰乱了我们对信息的获取，存在获得真相的时间差，因此专业化的传统大众媒体在信息的深挖和社会真实的还原力方面仍然具备微博所不具有的优势。

三、微博让新闻生产由专业化发展到社会化

以擦鞋门事件[1]为例,下图为引爆整个网络的照片,照片的拍摄时间是2012年11月7日早上9:05,拍摄者是网友@冰山一粟,并于2011年11月8日上传到浙江本地摄影专业网站——快拍快拍网,起名"给俺擦鞋",后来网友@婉约派土贼看到了该照片,并于11月10日21:58,转发到自己的新浪微博(http://weibo.com/2096510212/xwQZWtF6K)。

图2 "擦鞋门"事件的微博转发和评论截图

截图时间:2012年11月11日22时

短时间内引起网友的围观,截止到11月11日22时,这条微博已被转发11800多次,评论超过了3000条。11月12日第一家新闻媒体——《南方都市报》报道《网帖曝警车伸脚享受擦鞋警方回应在核查》,11月12日9:59,新浪网进行转载,引爆整个社会话语场域,11月14日,擦鞋哥被免职。从这一事件中可以得出如下几点结论:

一是新闻生产已经从传统的专业化生产过渡到社会化大生产的阶段。社会性媒体让"人人是记者"变成可能,促使组织化的新闻生产逐渐"去中心化"。社会性媒体能让公众快速获取信息、积极表达意见乃至促使社会行动,如"围观改变中国"所言,其民意聚集、舆论生成的功能将对传统媒体的新闻生产发挥积极作用。

二是微博内嵌到新闻生产环节中,并成为其中重要的一环。据相关调查,目

---

[1] 网上一张中年阿姨为坐在警车里的男子擦鞋的照片引发了网友的广泛关注。该警车悬挂着福建省南平市的牌照。不少网友把这张图,转发给开了实名认证微博的福建省南平市公安局和南平市交警支队,请他们核实相关信息。2011年11月14日,福建浦城县人民法院对此事做出回应,称法院已经依法解除与其签订的劳动合同。

前记者使用微博的比例为75.7%左右，记者一方面借助微博发布信息，寻找线人，例如河北飙车案事件发生后，调查记者王克勤正是收到相关人士的私信举报才获取新闻线索并深入调查报道出来的；另一方面记者积极地从微博上寻找新闻线索，"擦鞋门事件"中的《南方都市报》记者张书舟的相关报道就是在微博中发现线索进行报道的；此外记者也在微博中寻找一些意见领袖的言论作为网民代表的看法。

三是微博凸显出超过web1.0时代中论坛和贴吧的舆论威力。在前社会化媒体时代，网友最多的爆料窗口是主流论坛或专业论坛，如天涯社区、猫扑社区等，但很多新闻得不到关注，最终无法演变成为促使整个网络民意啸聚的新闻事件，而在社会化媒体时代，微博等媒体帮助"论坛和贴吧"等完成了"最为关键的一跃"，记者可以在浩瀚的海量信息中通过别人的转发甚至定向@，迅速地接近新闻源，迅速地介入报道，微博的强大舆情动员能力日益凸显。

第二节 媒体微博运维现状分析

一、媒体官微整体发展情况分析

（一）总体情况

截至 2012 年 11 月 18 日，媒体微博取得了长足发展，新浪微博媒体机构账号总数从 2011 年 12 月底的 1.16 万增长到 1.8 万左右，增长率为 55.2%（2011 年的增长率为 140%），整体增长速度趋于放缓。但从绝对增长数量来看，2012 年与 2011 年基本持平，都在 0.7 万左右。

截至 2012 年 11 月 18 日，共有 2379 家纸媒在新浪微博上开通了官方微博，其中杂志 1632 家，报纸 747 家，相关报纸覆盖率在 40% 左右，杂志覆盖率不足 10%。

媒体机构微博的粉丝数呈快速增长趋势，截止到 2012 年 11 月 18 日，新浪媒体机构账号的粉丝数已经突破 2 亿[1]，较 2012 年初的 1.3 亿，增长了 53.8%，与同时期微博账号增长的速度持平；粉丝数已经接近于新浪微博用户总数的二分之一，即每两个新浪微博用户中就有一位用户关注了某一个媒体官微。

截止到 2012 年 11 月 18 日，腾讯微博媒体账号总数从 2011 年 12 月底的 0.9 万左右增长到 2.3 万左右，增长率为 156% 左右，超过了新浪的 55% 的增长率，绝对数量增长约为 1.4 万。

两个微博平台上的媒体账号覆盖了全国所有的省级行政区域，包括经济欠发达的西藏和新疆等西部地区，但区域之间发展极不平衡，北京、广东、上海、浙江等经济发达地区账号数量和运营水平均超过中西部地区。

表 1　媒体微博的平均关注账号、平均粉丝数、平均发布微博条数和平均原创率[2]

媒体微博	平均关注账号	平均粉丝数	每个账号平均发布微博数	平均微博原创率
均值	512	1103454	9311	77.0%

数据计算：中国人民大学舆论研究所[3]

1　不同媒体账号的粉丝数已进行了消重聚合，本报告余下相关数据除特殊注明均为消重后的粉丝量。

2　本白皮书中媒体微博账号数据如无特别说明，都是指新浪微博和腾讯微博两个平台的数据，如果媒体账号只在新浪微博开设微博仅指新浪微博数据，如果在两个微博平台都开设账号则是两个平台的平均值。

3　以下数据如无特别说明，均由乐图在线负责采集数据，由中国人民大学舆论研究所计算所得。数据如无特别说明，包括了腾讯和新浪两个微博平台的数据。

平均每个媒体微博账号关注了512个其他用户，约有110.3万个粉丝数，发布9311条微博，微博平均原创率为77%（含引用名人名言等，即不属于跟帖都计作原创）。

总体来看，随着媒介组织内部对官方微博的重视度不断提升，账号运维水平也在不断提升，媒体机构的影响指数也相应不断上升。各类型媒体在运营官微时也体现了其媒介固有的"渠道烙印"，如纸质媒体的运维水平和影响力普遍高于其他类型媒体。

（二）开设时间

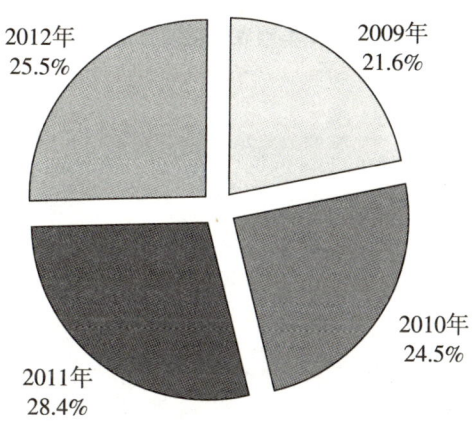

图3　媒体微博开设的年份分布

数据计算：中国人民大学舆论研究所

上图是微博平台上线以来相关媒体开设账号的年份分布，可以看出，2011年是媒体开设"媒体微博年"，当年所开设的微博账号占到目前所有媒体账号的28.4%；2012年开设的账号比例有所下降，这从一定程度上说明媒体微博的新鲜度开始下行，主要原因在于媒体微博运营的成熟模式和微博营销还处在探索初期，媒体微博的标杆性成功案例还没出现，一定程度上影响了媒体官微开设的进度。

整体上看，纸质媒体开设微博账号普遍慢于广播电视台。2010年是电视台和电台的微博开设年，尤其是电台，在2010年出现了快速增长，超过了其余几类媒体；2011年是杂志和报纸的"发力年"，尤其是杂志开设微博的数量快速增长，媒体网站微博开始呈现逐年增长的态势。

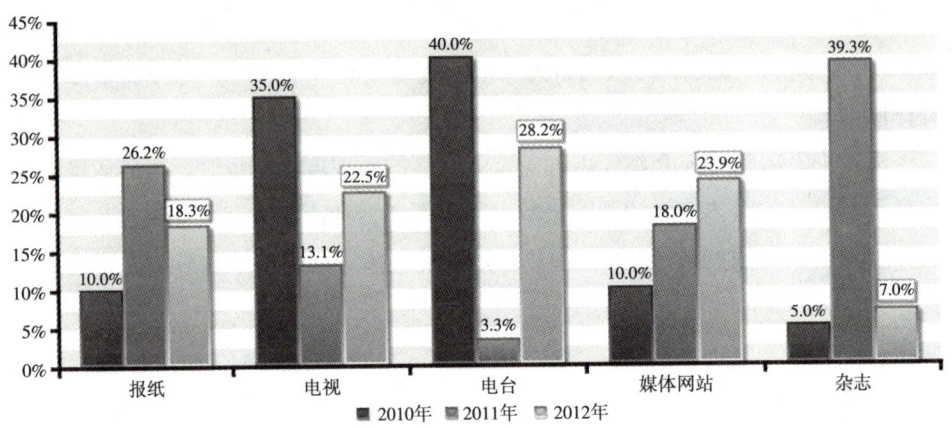

图4 不同类别媒体微博年份分布

数据计算：中国人民大学舆论研究所

（三）分布地区

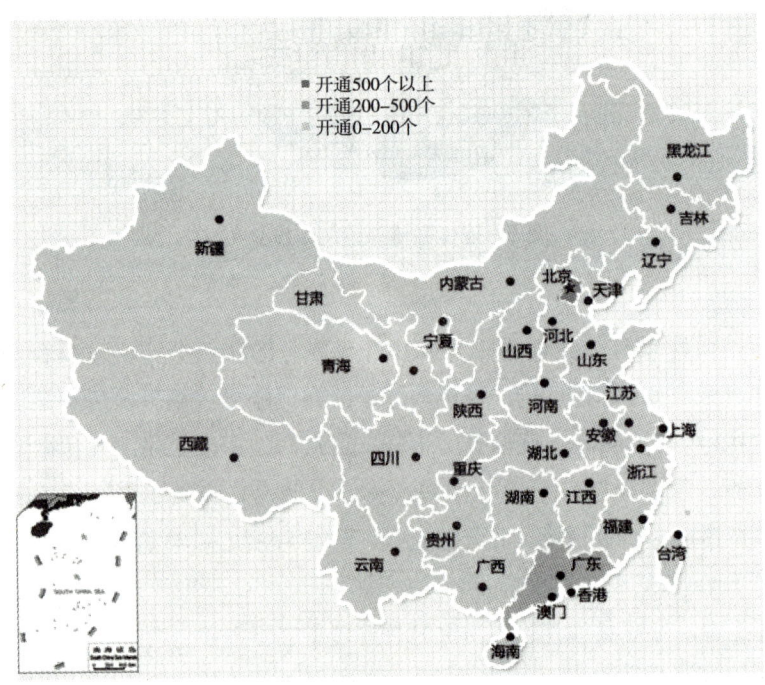

图5 新浪平台媒体微博开设的省份分布

数据截图：新浪微博

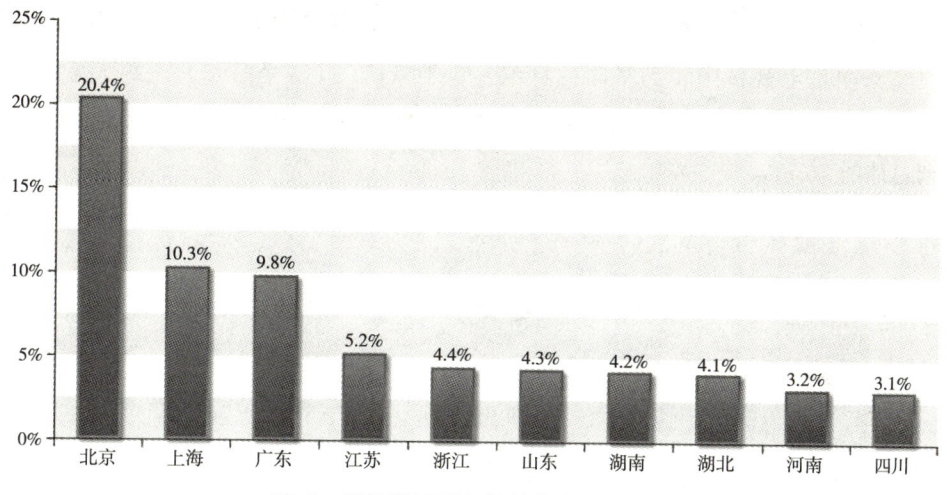

图6 媒体微博最多的前十个省份分布

数据计算：中国人民大学舆论研究所

北京、上海、广东、江苏、浙江是媒体微博分布最多的TOP5省份，其分布省域与目前国内经济最为发达的五个省市基本一致，媒体微博与媒体的总体布局也基本一致。从另外一个层面来说，媒体微博发展存在地域不均衡性。

（四）分布行业

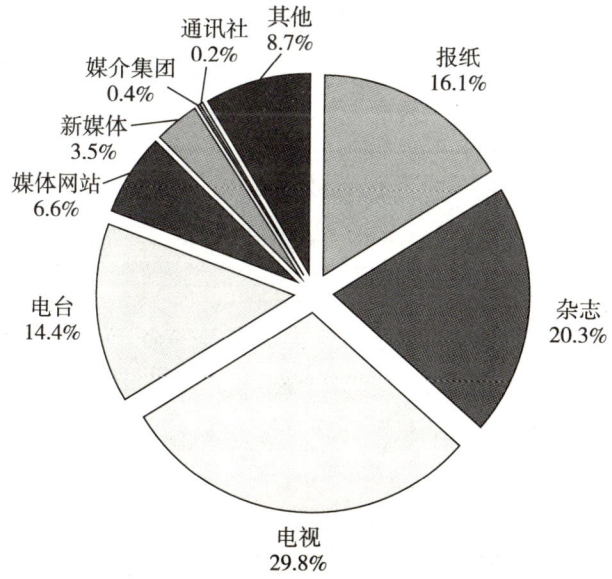

图7 媒体微博的不同媒体类型分布

数据计算：中国人民大学舆论研究所

电视台是开设媒体微博最多的媒介类别，占到了所有媒体账号中的近30%，主要原因是电视台中相当多的栏目也开设了微博；其次是杂志，占到了总体的20%，这主要与国内杂志的数量基数本身比较庞大有很大关系；再次是报纸，占到总体的16.1%。

（五）媒体微博类别

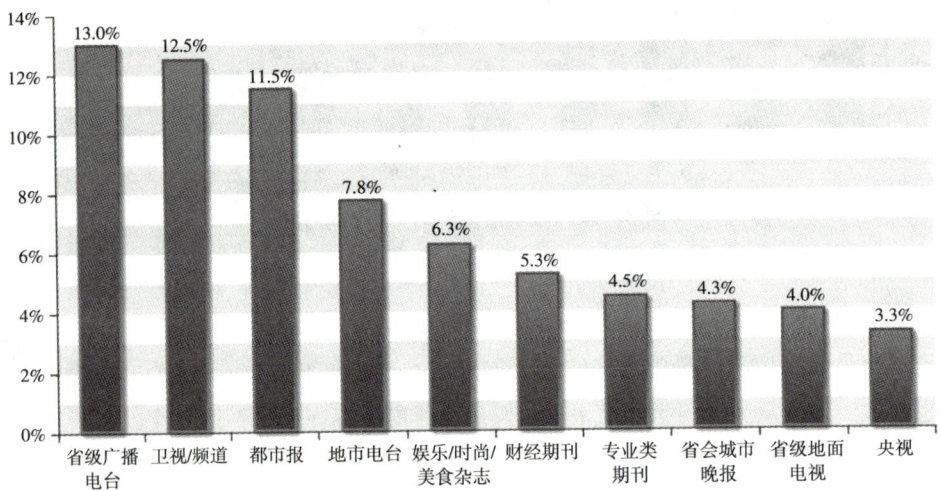

图8 开设媒体微博最多的前十个类别

数据计算：中国人民大学舆论研究所

表2 媒体微博分布的不同媒体类型及比率

媒体微博	比 例（%）	媒体微博	比 例（%）
省级广播电台/频率	13.03	财经类报	1.50
卫视/频道	12.53	地市党报	1.00
都市报	11.53	周报	1.00
地市电台/频率	7.77	文摘类杂志	1.00
娱乐/时尚/美食杂志	6.27	省级党报	0.75
财经期刊	5.26	省会/副省级城市党报	0.75
专业类期刊	4.51	体育类杂志	0.75
省会城市/副省级城市晚报	4.26	其他中央级报纸	0.75
省级地面电视频道	4.01	免费报纸/地铁报	0.75
央视	3.26	媒体网站	0.75

（续表）

媒体微博	比 例（%）	媒体微博	比 例（%）
中央级广播电台/频率	3.26	生活服务类报刊	0.75
新闻期刊	3.01	地市晚报	0.50
生活文化/综合类报刊/杂志	3.01	中央级党报	0.25
其他	2.76	教育台	0.25
境外媒体	2.76	户外传媒	0.25
地市级地面电视台/频道	2.01		

数据计算：中国人民大学舆论研究所

在相关媒体类别中，省级广播电台/频率、卫视/频道、都市报、地市电台/频率、娱乐/时尚/美食杂志等五类媒体是开设微博最多的，占到了总体的51.1%，这是媒体微博的主力军。在这五类媒体中，广播电视台包括了三类，是绝对的主力，其次是报纸，再次是杂志；中央党报、教育台和户外媒体比例较低，与其本身的基数较小有一定关系，需要说明的是境外媒体在媒体微博中的数量也较高，占到了总体的2.8%左右，说明境外媒体积极利用微博平台进军内地市场，这一点值得国内媒体借鉴。

（六）微博发布工具

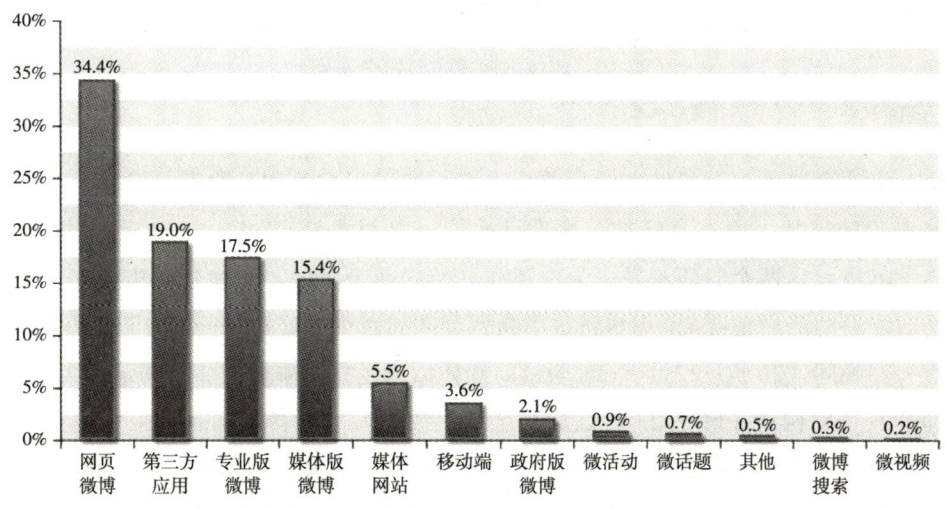

图9　媒体微博发布信息的工具分布

数据计算：中国人民大学舆论研究所

媒体微博的发布工具以网页微博、第三方应用（如皮皮时光机、享拍微博通）、专业版微博和媒体版微博四大类为主，其中以 PC 端浏览器的网页微博发布占到了总体的 34.4%；移动端也较少，仅为 3.6%。

从微博发布工具上来看，一是多数媒体微博的运营还基本上在工作时间内进行，如果把第三方应用计算进去的话，一半以上的微博都是工作时间内发布的，一定程度上不适应微博随时、随地发布的需求；二是专业版微博的使用率并不高，这可能与专业版微博本身的可用性不强等方面有一定关系。

（七）微博发布时段

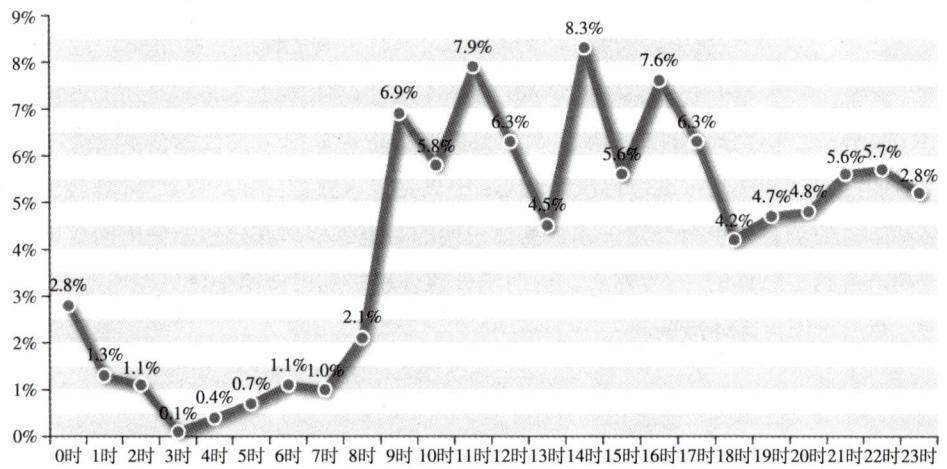

图 10 媒体微博发布时段分布图

数据计算：中国人民大学舆论研究所

媒体微博一天内的发布时间整体上符合微博用户的作息时间，但也存在高峰错位的现象。发布高峰期主要有两个，一是早上 9 点 -11 点，二是下午 14 点 -16 点。这两个时段都是一天中工作开始的两个时段，即使微博传播有一个小时左右的滞后延展期，但也错过了微博登陆的两个高峰期——午间（12 点 -14 点）和晚间（20 点 -22 点），说明目前媒体微博运营基本以工作时间运营为主，即使有个别微博在晚上 23 点以后甚至凌晨还在发布微博，但基本上使用第三方定时软件发送，然而微博作为一种平等的社会化媒体，应当体现出身份平等、态度真诚，这在一定程度上说明目前媒体微博日常运维存在一些操作层面的问题。

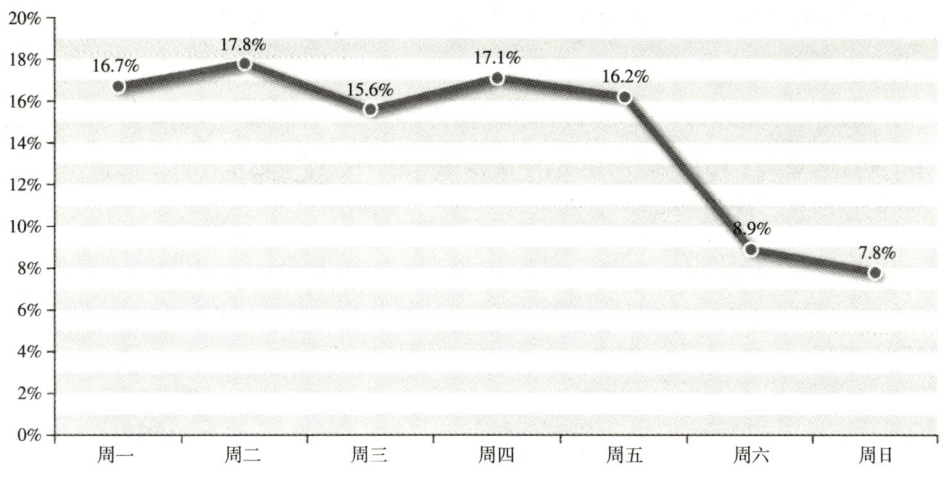

图 11　媒体微博一周内发布微博分布

数据计算：中国人民大学舆论研究所

一周内媒体微博发布数量整体呈下降的趋势，周一、周二是媒体微博发布高峰期，在周四、周五会出现一个小高峰，周日是微博发布量最少的时间。周一到周五的媒体微博发布规律基本上符合民众一周内对微博信息的需求，周一刚上班对信息需求的要求较高，适当提升推送的频次有助于用户了解更多的信息，满足其基本的信息需求。周末的微博发布数量偏少与用户的需求稍微有些偏移，周末是休息日，普通用户浏览微博的时间有可能会长些，因此媒体微博运维人也要适当提高周末的发布数量。

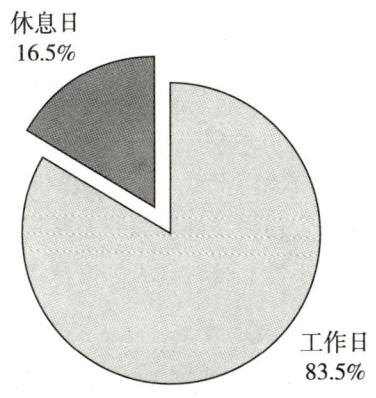

图 12　媒体发布微博的工作日/休息日分布

数据计算：中国人民大学舆论研究所

媒体微博在工作日中发布的最多,占到了总体的 83.5%,休息日发布的微博仅为总体发布量的 16.5%。说明目前微博运营上存在一定的问题,这主要是对微博这一媒介工具的认识问题:微博同时作为一种社会化媒体和移动端产品,需要随时随地满足用户的信息需求,而不能按照一般的媒体来运营,更不能按照传统媒体的思维来运营。

(八)微博活跃度

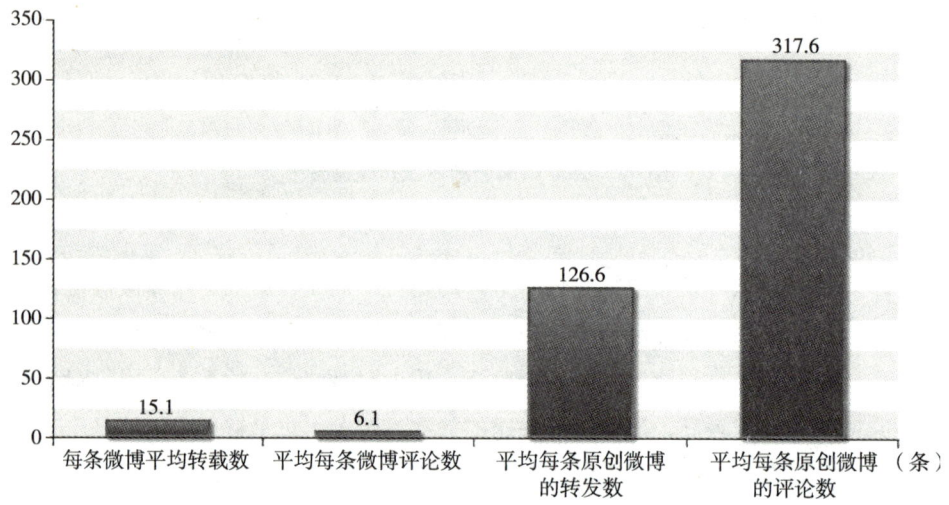

图 13 媒体微博基本活跃度

数据计算:中国人民大学舆论研究所

媒体微博属于高活跃度微博。其平均每条微博转载数 15.1 条,评论数为 6.1 条。而美国研究机构调查数据显示,Twitter 上平均每个用户有 307 条微博,71% 的微博被忽略,仅有 23% 的微博会得到回复。

平均每条原创微博的转发数为 126.6 条,评论数为 317.6 条,这说明用户对媒体微博具有热情的回应度,但前提是媒体微博必须真诚相待,多积极创造具有原创力、信息量足的微博,而不能靠转发别人的微博"炒冷饭"来吸引大家的关注。

二、媒体官微粉丝分析

（一）媒体微博粉丝性别分析

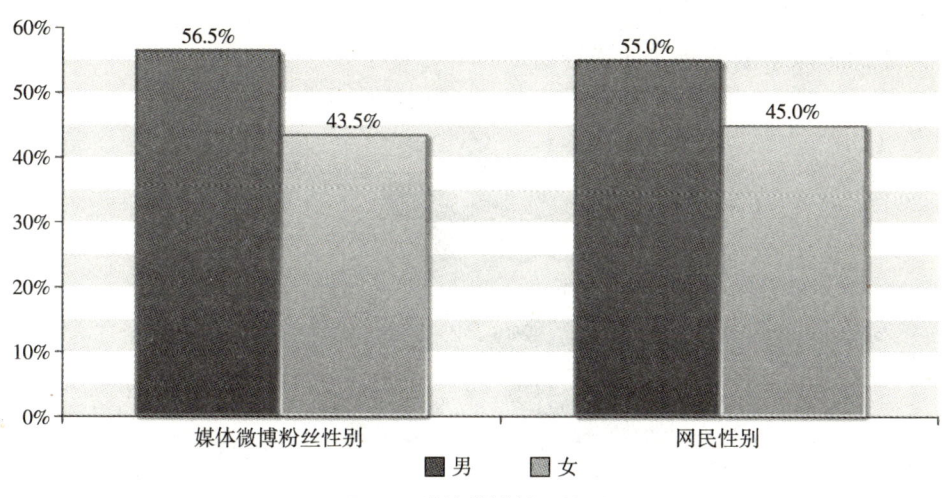

图14　媒体微博粉丝性别

数据计算：中国人民大学舆论研究所

媒体微博的粉丝以男性为主，达到56.5%，但总体来看，媒体微博粉丝的性别分布和中国网民的性别分布基本一致。

（二）媒体微博粉丝年龄

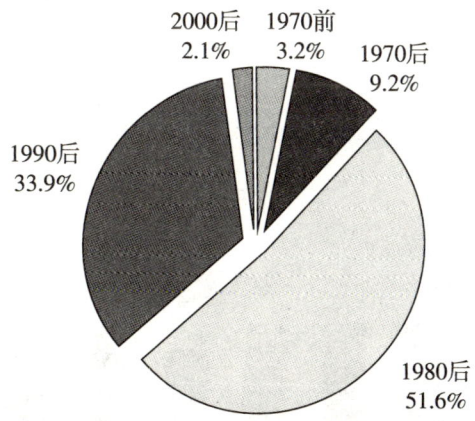

图15　媒体微博粉丝年龄分布

数据计算：中国人民大学舆论研究所

媒体微博的粉丝以80后人群为主，占到了总体的一半以上，说明微博是个年轻人的媒体,其次是90后,占到了总体的33.9%。需要说明的是,在报告的相关数据处理中,可以清楚的看出,80后主要集中于新浪微博平台,而90后则主要集中在腾讯微博平台,体现了两个平台在粉丝群体上的差异。

(三)媒体微博粉丝学历分析

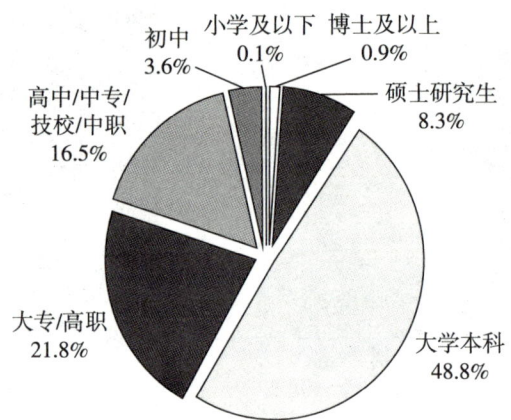

图16 媒体微博粉丝学历分布

数据计算:中国人民大学舆论研究所

媒体微博的粉丝以大学本科学历为主,占比接近总体的50%,硕士研究生占到了总体的8.3%。大学本科以上学历的粉丝一共占到了总体粉丝的约60%,说明媒体微博的粉丝属于高知型粉丝,媒体微博的影响力不同于其他组织机构。

(四)媒体微博粉丝地域分析

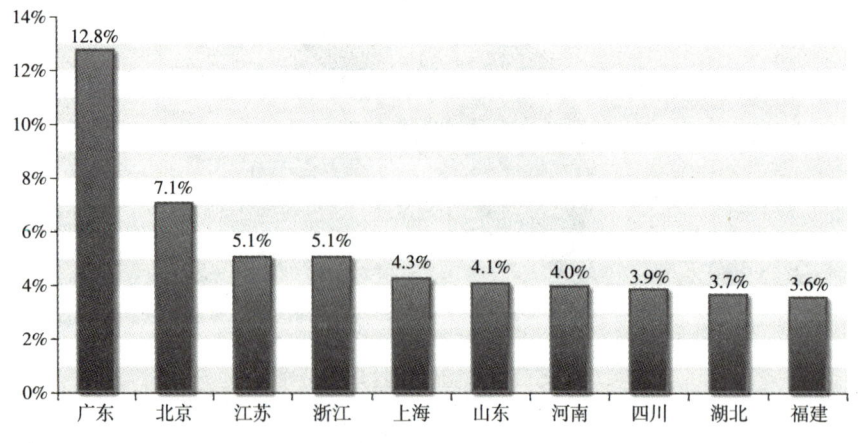

图17 媒体微博粉丝分布最多的前十个省份

数据计算:中国人民大学舆论研究所

媒体微博的粉丝分布与媒体微博的数量分布存在一定的错位现象。媒体微博粉丝数量 TOP3 的是广东、北京和江苏，合计粉丝量占到了总体的四分之一，尤其是广东地区的媒体微博粉丝数量最多，达到了 12.8%。这除了与各个省份的互联网普及率有一定关系，也与广东地区粉丝对微博营销手段运用较早有关。

三、媒体微博覆盖力总结

通过以上分析发现：

1. 媒体微博所覆盖的人群特征和整个微博用户的群体特征基本一致，媒体微博对微博用户的综合覆盖率接近一半，说明媒体微博在所有机构微博账号中占据着主导位置。

2. 不同类别媒体微博之间发展水平不平衡，电视微博的比重较高，但综合影响力不如纸质媒体，说明不同类别的传统媒体在进入微博平台时依然带着自身媒体渠道的烙印。

3. 媒体微博与粉丝之间的互动频度较高，单条微博的转发量和评论量相对其他类型媒体较高，这一方面与媒体微博本身的社会告知功能有一定关系，也与账号与粉丝间已经形成的良性互动机制有关。

4. 媒体微博对主流人群的覆盖超过其他任何机构，媒体微博账号中积聚着大量的社会主流人群，通过他们的二次传播，媒体微博的覆盖力和影响力会进一步提升。

第三节 媒体微博影响分析

一、媒体微博影响力综合排行

（一）媒体微博影响力综合指数评测体系构建

表3 媒体微博影响力综合指数测评体系

一级指标	二级指标	三级指标
媒体微博影响力指数 100	覆盖度 25	直接粉丝量
		粉丝的粉丝的平均数
		日均粉丝增长量
	互动度 25	日均微博数
		微博原创率
		单条微博转载量
		单条微博评论量
	传播力 25	微博等级
		主页推荐度
		转载量最大微博的转载量
		评论量最大微博的评论量
		微话题数量
		微博中多媒体形式使用率
		媒体矩阵使用量
	渗透力 25	粉丝中加V人群数量
		大众媒体二次传播力
		网络媒体二次传播力
		微博评论中的认可度

指标构建：中国人民大学舆论研究所

以上指标首先通过无量纲化，成为可以进行相关计算的量化指标，再利用平均赋值法[1]进行赋值。为了与社会大众的日常用法相一致，最后的结果在呈现方式上采用百分制，即所有媒体的影响力指数得分均落在 0-100 的区间范围内。

（二）媒体微博影响力指数 TOP300

详细榜单见附录一。

二、媒体微博影响力分类排行

（一）媒体官微综合影响力 TOP20

表4　媒体官微综合影响力 TOP20

序次	媒体微博	影响力指数	序号	媒体微博	影响力指数
1	@南方都市报	99.2	11	@南方周末	85.9
2	@中国新闻周刊	94.9	12	@三联生活周刊	85.3
3	@新周刊	91.1	13	@南方日报	84.4
4	@Vista看天下	90.3	14	@南方人物周刊	83.1
5	@人民日报	89.7	15	@非诚勿扰	83.1
6	@新闻晨报	89.6	16	@扬子晚报	83.0
7	@创业家杂志	87.7	17	@每日经济新闻	83.0
8	@潇湘晨报	87.6	18	@米娜	82.8
9	@广州日报	87.3	19	@新快报	82.1
10	@凤凰卫视	86.2	20	@都市快报	81.1

数据计算：中国人民大学舆论研究所

在所有类别中，报纸和杂志领衔媒体影响力指数，凸显其媒介属性本身的优势。排名最前的五家媒体微博分别是 @南方都市报、@中国新闻周刊、@新周刊、@Vista看天下、@人民日报，其中 @人民日报注册时间最短，但影响力上升却很快。

下面是不同类别媒体微博影响力指数的比较分析：

---

[1] 对各指标赋值可以采用特尔斐专家赋值法和平均赋值法，由于专家库的不固定和随意性，指标赋值的有效性值得商榷，本白皮书第一次发布，因此本白皮书采用平均赋值法。

中国社会舆情年度报告

表5 报纸、杂志、电视和电台媒体官微综合影响力TOP10

序次	媒体微博	报纸	媒体微博	杂志	媒体微博	电视	媒体微博	电台
1	@南方都市报	99.2	@中国新闻周刊	94.9	@凤凰卫视	86.2	@经济之声	74.9
2	@人民日报	89.7	@新周刊	91.1	@非诚勿扰	83.1	@中国歌曲排行榜	71.2
3	@新闻晨报	89.6	@Vista看天下	90.3	@湖南卫视	76.6	@中国之声	69.1
4	@潇湘晨报	87.6	@创业家杂志	87.7	@江苏卫视	72.6	@央广神州之声	62.4
5	@广州日报	87.3	@三联生活周刊	85.3	@浙江卫视中国蓝	71.6	@MusicRadio 音乐之声	58.0
6	@南方周末	85.9	@南方人物周刊	83.1	@中国好声音	69.8	@MnetCN	55.3
7	@南方日报	84.4	@米娜	82.8	@CCTV证券资讯中心	68.7	@青岛交通广播FM897	55.3
8	@扬子晚报	83.0	@中国国家地理	80.8	@央视新闻	68.1	@浙江交通之声	54.6
9	@每日经济新闻	83.0	@南风窗	77.8	@CCTV焦点访谈	67.8	@杭州交通918	53.8
10	@新快报	82.1	@南都周刊	76.3	@TVBS	67.7	@HITFM	52.7

数据计算：中国人民大学舆论研究所

从各类别媒体微博的TOP10综合影响力指数可以看出，报纸的影响力最大，其次是杂志，再次是电视和电台。报纸类别中以都市报的微博影响力最高，TOP5中有4家是都市报微博；杂志中以新闻类杂志的微博影响力最高；电视中卫视或者其栏目的微博影响力较高；电台中以中央广播台频道的微博影响力较高，基本上和现实生活中各媒体的影响力差距不大。

（二）媒体官微粉丝量TOP20

由于媒体在新浪和腾讯两个微博平台的注册名称和栏目均有所不同，同时避免单平台的对比，本报告在粉丝量排序上选取新浪微博一个平台数据进行排行。

表6 媒体官微粉丝量TOP20

序次	媒体微博	新浪粉丝数	序次	媒体微博	新浪粉丝数
1	@三联生活周刊	6944888	11	@中国之声	3338889

（续表）

序次	媒体微博	新浪粉丝数	序次	媒体微博	新浪粉丝数
2	@新周刊	5880886	12	@浙江卫视中国蓝	3327530
3	@快乐大本营	4605543	13	@山东卫视	3297300
4	@凤凰卫视	4581066	14	@2011快乐女声	3269206
5	@财经网	4373274	15	@新华视点	3229342
6	@非诚勿扰	3958349	16	@新闻晨报	3210828
7	@南方都市报	3872062	17	@广州日报	3093283
8	@南方周末	3754775	18	@中国新闻周刊	3072254
9	@湖南卫视	3471227	19	@人民日报	2964189
10	@江苏卫视	3420509	20	@南都周刊	2923375

数据计算：中国人民大学舆论研究所

从新浪微博单平台来看，杂志和电视台的粉丝数量最多，在TOP5粉丝量最多的媒体微博中，杂志占到了两个，电视台也占到了两个，这与其在线下所覆盖的人群宽广相一致。

表7　报纸、杂志、电视和电台媒体官微粉丝量TOP10

序次	媒体微博	报纸粉丝数	媒体微博	杂志粉丝数	媒体微博	电视粉丝数	媒体微博	电台粉丝数
1	@南方都市报	3875525	@三联生活周刊	6989955	@快乐大本营	4605967	@中国歌曲排行榜	3773704
2	@南方周末	3758609	@新周刊	5883246	@凤凰卫视	4581994	@中国之声	3339306
3	@新闻晨报	3218022	@中国新闻周刊	3074189	@非诚勿扰	3958559	@中央人民广播电台	2506064
4	@广州日报	3096938	@南都周刊	2929898	@湖南卫视	3472648	@经济之声	2364950
5	@人民日报	2971309	@米娜	2776590	@江苏卫视	3420538	@HITFM	2056729
6	@新京报	2730417	@南方人物周刊	2294616	@浙江卫视中国蓝	3328481	@环球资讯广播	2044071
7	@京华时报	2418294	@第一财经周刊	2183047	@山东卫视	3299679	@MusicRadio音乐之声	1975767
8	@楚天都市报	2250392	@创业家杂志	2029564	@2011快乐女声	3268988	@轻松调频EZFM	1911159

（续表）

序次	媒体微博	报纸粉丝数	媒体微博	杂志粉丝数	媒体微博	电视粉丝数	媒体微博	电台粉丝数
9	@扬子晚报	2219770	@中国企业家杂志	2001609	@北京卫视	2774499	@杭州交通918	1554028
10	@现代快报	2071442	@昕薇	1980780	@东方卫视番茄台	2274791	@央广神州之声	1065822

数据计算：中国人民大学舆论研究所

TOP10 的媒体类别中，报纸以都市报的粉丝最多；杂志以新闻类期刊和时尚类期刊为最；电视台以各卫视台为最；电台以央广的各频率为最。

（三）媒体官微日均发布量 TOP20

表 8　媒体官微日均发布量 TOP20

序次	媒体微博	日均发布量	序次	媒体微博	日均发布量
1	@现代快报	84.7	11	@米娜	69
2	@城市晚报	81.1	12	@羊城晚报	67
3	@每日经济新闻	80.9	13	@经济观察报	64.6
4	@扬子晚报	79.6	14	@新华视点	63.5
5	@东方卫报	77.8	15	@中国经营报	63.1
6	@中国新闻周刊	76.5	16	@新闻晨报	61
7	@信息时报	74.1	17	@新快报	59.7
8	@青年时报	72.3	18	@钱江晚报	59.5
9	@成都商报	72.1	19	@创业家杂志	57.7
10	@华西都市报	69.9	20	@广州日报	55.4

数据计算：中国人民大学舆论研究所

报纸和杂志等纸质媒体由于其适当的媒介刊载条件和对文字的娴熟程度，微博的日均更新数量也最高，其中主要以都市报为主；电视台和电台由于其对文本信息不如纸质媒体娴熟，因此更新频度相对较低。

表9 报纸、杂志、电视和电台媒体官微日均发布量TOP10

序次	媒体微博	报纸日均发布量	媒体微博	杂志日均发布量	媒体微博	电视日均发布量	媒体微博	电台日均发布量
1	@现代快报	84.7	@中国新闻周刊	76.5	@2011快乐女声	35.2	@IN兰州	47.2
2	@城市晚报	81.1	@米娜	69.0	@我爱记歌词	30.7	@经济之声天下财经	34.1
3	@每日经济新闻	80.9	@创业家杂志	57.7	@非诚勿扰	22.2	@RBC话里话外——立新	22.7
4	@扬子晚报	79.6	@中国企业家杂志	55.4	@深圳卫视饭没了秀	18.5	@新疆新闻广播	17.4
5	@东方卫报	77.8	@家人杂志	49.0	@CCTV5体育新闻	16.7	@爱车天天汇	16.7
6	@信息时报	74.1	@ELLE	44.3	@CCTV财智论语	15.0	@970女主播电台	15.3
7	@青年时报	72.3	@新周刊	37.6	@我们有一套	12.7	@中国歌曲排行榜	15.3
8	@成都商报	72.1	@Vista看天下	33.5	@我们约会吧	11.9	@河北电台文艺广播	14.4
9	@华西都市报	69.9	@环球企业家杂志	33.0	@第一时间	9.9	@广东电台财经广播	13.8
10	@羊城晚报	67.0	@南都周刊	32.5	@海飞丝中国达人秀	9.9	@江西电台新闻110	9.9

数据计算：中国人民大学舆论研究所

在不同类别的媒体微博比较中，报纸TOP10的更新率为日均76条，杂志为49条左右，电台为20条，电视台最少，仅为18条；在报纸类别中，都市报和财经报纸信息更新频度最高；在杂志期刊类，新闻类期刊、时尚类期刊和情感类期刊的更新频度相对较高；在电视类别中，知名电视栏目的更新频度最高；在电台类别中，电台频率下面具体栏目的更新频度较快。

（四）媒体官微平均单条转发量TOP20

表10 媒体官微平均单条转发量TOP20

序次	媒体微博	平均单条转发量	序次	媒体微博	平均单条转发量
1	@中国歌曲排行榜	4739.8	11	@创业家杂志	515.3

（续表）

序次	媒体微博	平均单条转发量	序次	媒体微博	平均单条转发量
2	@新周刊	2276.3	12	@南方周末	513.3
3	@人民日报	1281.6	13	@康熙来了	419.6
4	@快乐大本营	1219.1	14	@昕薇	413.1
5	@新闻晨报	1192.8	15	@时尚先生Esquire	408.1
6	@三联生活周刊	953.8	16	@米娜	385.5
7	@南方都市报	766.0	17	@南都周刊	381.5
8	@南方人物周刊	676.8	18	@都市快报	376.6
9	@Vista看天下	605.7	19	@广州日报	363.4
10	@2011快乐女声	521.3	20	@中国新闻周刊	338.4

数据计算：中国人民大学舆论研究所

媒体微博平均转发量之间存在一定的均衡性。相比较而言，个别电台、电视台的微博更容易获得更高的转发量，但在数量上，获得较高转发量的报纸和杂志又多于电视台和电台，因此总体上表现出一定的均衡态势。

表11 报纸、杂志、电视和电台媒体官微平均单条转发量TOP10

序次	媒体微博	报纸平均单条转发量	媒体微博	杂志平均单条转发量	媒体微博	电视平均单条转发量	媒体微博	电台平均单条转发量
1	@人民日报	1281.6	@新周刊	2276.3	@快乐大本营	1219.1	@中国歌曲排行榜	4739.8
2	@新闻晨报	1192.8	@三联生活周刊	953.8	@2011快乐女声	521.3	@中国新歌榜	126.7
3	@南方都市报	766.0	@南方人物周刊	676.8	@康熙来了	419.6	@中国之声新闻纵横	70.4
4	@南方周末	513.3	@Vista看天下	605.7	@蒙牛酸酸乳巨星梦想学院	391.7	@970女主播电台	28.8
5	@都市快报	376.6	@创业家杂志	515.3	@非诚勿扰	245.4	@求翻译	24.0
6	@广州日报	363.4	@昕薇	413.1	@2010快乐男声	197.5	@早安北京	21.9
7	@扬子晚报	272.0	@时尚先生Esquire	408.1	@冠军欧洲CCTV	185.4	@Auto有志	20.4

（续表）

序次	媒体微博	报纸平均单条转发量	媒体微博	杂志平均单条转发量	媒体微博	电视平均单条转发量	媒体微博	电台平均单条转发量
8	@新京报	267.5	@米娜	385.5	@职来职往	168.0	@微博大视野	13.5
9	@成都商报	189.5	@南都周刊	381.5	@海飞丝中国达人秀	103.7	@重庆音乐广播	11.4
10	@每日经济新闻	182.6	@中国新闻周刊	338.4	@非同凡响	94.6	@环球旅行家	8.2

数据计算：中国人民大学舆论研究所

具体类别来说，杂志更容易获得较高的转发量，一般杂志发表的多是名人名言、人生感悟等哲理性信息，这类信息容易超越族群和学历等因素，获得更为广泛的传播；其次是报纸，报纸主要报道一些新闻信息，很容易引起用户的关注，电台微博之间表现参差不齐，呈现出"马太效应"。

（五）媒体官微平均单条评论量TOP20

表12　媒体官微平均单条评论量TOP20

序次	媒体微博	平均评论量	序次	媒体微博	平均评论量
1	@中国歌曲排行榜	3071.1	11	@南方人物周刊	202.8
2	@快乐大本营	743.4	12	@南方周末	178.2
3	@新周刊	531.6	13	@三联生活周刊	169.0
4	@康熙来了	464.4	14	@微博大视野	139.7
5	@人民日报	408.6	15	@Vista看天下	135.9
6	@2011快乐女声	311.4	16	@猫扑	134.0
7	@新闻晨报	280.3	17	@CCTV焦点访谈	121.5
8	@时尚先生Esquire	256.0	18	@2010快乐男声	119.4
9	@南方都市报	255.5	19	@非同凡响	110.2
10	@非诚勿扰	234.4	20	@我们约会吧	104.6

数据计算：中国人民大学舆论研究所

媒体微博的评论与娱乐具有很大的关联度，在平均单条评论量TOP5中有3

中国社会舆情年度报告

个是娱乐节目,说明微博作为一种社会化媒体不仅具有社交、信息告知的功能,娱乐和精神按摩的功能也很强烈。

表13 报纸、杂志、电视和电台媒体官微平均单条评论量TOP10

序次	媒体微博	报纸平均单条评论量	媒体微博	杂志平均单条评论量	媒体微博	电视平均单条评论量	媒体微博	电台平均单条评论量
1	@人民日报	408.6	@新周刊	531.6	@快乐大本营	743.4	@中国歌曲排行榜	3071.1
2	@新闻晨报	280.3	@时尚先生Esquire	256.0	@康熙来了	464.4	@微博大视野	139.7
3	@南方都市报	255.5	@南方人物周刊	202.8	@2011快乐女声	311.4	@中国之声新闻纵横	75.2
4	@南方周末	178.2	@三联生活周刊	169.0	@非诚勿扰	234.4	@广东电台财经广播	23.0
5	@都市快报	95.8	@Vista看天下	135.9	@冠军欧洲CCTV	193.4	@北京外语广播-趣味青春英语	16.9
6	@广州日报	91.9	@南都周刊	89.1	@CCTV焦点访谈	121.5	@早安北京	14.8
7	@成都商报	79.8	@创业家杂志	85.7	@2010快乐男声	119.4	@970女主播电台	12.8
8	@扬子晚报	60.4	@昕薇	77.5	@非同凡响	110.2	@876幽默集装箱	10.5
9	@潇湘晨报	57.8	@米娜	66.6	@我们约会吧	104.6	@求翻译	7.6
10	@新京报	56.0	@环球企业家杂志	65.5	@海飞丝中国达人秀	87.1	@午后大道东	6.1

数据计算:中国人民大学舆论研究所

总体来看,在报纸微博中,相比较而言,权威度越高的报纸越容易受到评论;杂志微博中新闻类媒体的微博容易引起粉丝的评论,其次是时尚类杂志;在电视微博中,娱乐化的电视栏目引发的评论量较高。

(六)媒体官微原创率TOP20

表14 媒体官微原创率TOP20

序次	媒体微博	原创率	序次	媒体微博	原创率
1	@经济之声天下财经	99.7%	11	@新闻晨报	93.5%

(续表)

序次	媒体微博	原创率	序次	媒体微博	原创率
2	@羊城晚报	99.4%	12	@广州日报	93.3%
3	@中国歌曲排行榜	99.3%	13	@家人杂志	93.3%
4	@齐鲁晚报	98.1%	14	@每日经济新闻	93.2%
5	@活力早班车	96.2%	15	@南方人物周刊	93.1%
6	@新华视点	95.3%	16	@华西都市报	92.8%
7	@南风窗	94.7%	17	@南都娱乐周刊	92.7%
8	@环球企业家杂志	94.2%	18	@人民日报	92.6%
9	@南方周末	93.8%	19	@信息时报	92.6%
10	@21世纪经济报道	93.8%	20	@昕薇	92.5%

数据计算：中国人民大学舆论研究所

在不同媒体类别中，纸质媒体微博的原创率相对较高，其次是一些电视栏目，原创率体现了一个媒体在微博平台上的工作态度或者是对微博本身的重视度。

表15 报纸、杂志、电视和电台媒体官微原创率TOP10

序次	媒体微博	报纸原创率	媒体微博	杂志原创率	媒体微博	电视原创率	媒体微博	电台原创率
1	@羊城晚报	99.4%	@南风窗	94.7%	@CCTV315	91.3%	@经济之声天下财经	100.0%
2	@齐鲁晚报	98.1%	@环球企业家杂志	94.2%	@CCTV今日观察央视财经评论	90.9%	@中国歌曲排行榜	99.3%
3	@新华视点	95.3%	@家人杂志	93.3%	@非诚勿扰	89.4%	@活力早班车	96.2%
4	@南方周末	93.8%	@南方人物周刊	93.1%	@央视共同关注	84.8%	@河南电台新闻今日谈	92.1%
5	@21世纪经济报道	93.8%	@南都娱乐周刊	92.7%	@第一时间	84.0%	@北京外语广播-趣味青春英语	91.4%
6	@新闻晨报	93.5%	@昕薇	92.5%	@CCTV对手	82.1%	@西安交通旅游广播	90.3%
7	@广州日报	93.3%	@中国新闻周刊	90.8%	@CCTV5体育新闻	76.7%	@重庆音乐广播	85.6%
8	@每日经济新闻	93.2%	@南都周刊	90.5%	@艺术人生	74.2%	@微博大视野	83.7%

（续表）

序次	媒体微博	报纸原创率	媒体微博	杂志原创率	媒体微博	电视原创率	媒体微博	电台原创率
9	@华西都市报	92.8%	@费加罗FIGARO	85.5%	@职来职往	71.9%	@AUTO有志	82.3%
10	@人民日报	92.6%	@英才杂志	84.3%	@康熙来了	70.9%	@江苏广播	78.7%

数据计算：中国人民大学舆论研究所

从媒体微博的类别来看，报纸作为纸质媒体，其信息量大，很多都是原创信息，因此信息的原创率最高，其次是杂志，电视台原创率相对较低。报纸微博中，都市报和财经报纸的原创率相对较高；杂志微博中新闻类和情感类杂志的原创率最高；电视微博中央视新闻栏目和卫视金牌娱乐节目的原创率最高；电台微博中以新闻类节目和娱乐类节目为最。

（七）媒体官微加V用户粉丝量TOP20

表16 媒体官微加V用户粉丝量TOP20

序次	媒体微博	粉丝中加V用户数量	序次	媒体微博	粉丝中加V用户数量
1	@南方都市报	37546	11	@南方周末	32511
2	@中国新闻周刊	35918	12	@三联生活周刊	32285
3	@新周刊	34481	13	@南方日报	31944
4	@Vista看天下	34178	14	@南方人物周刊	31452
5	@人民日报	33950	15	@非诚勿扰	31452
6	@新闻晨报	33912	16	@扬子晚报	31414
7	@创业家杂志	33194	17	@每日经济新闻	31414
8	@潇湘晨报	33156	18	@米娜	31339
9	@广州日报	33042	19	@新快报	31074
10	@凤凰卫视	32625	20	@都市快报	30696

数据计算：中国人民大学舆论研究所

@南方都市报、@中国新闻周刊、@新周刊、@Vista看天下、@人民日报是目前拥有加V粉丝量最多的TOP5媒体微博，前四者主要是微博粉丝的基数较大，因此绝对数量也较高；《人民日报》作为党的中央机关报，其权威度和影响力自不待言。总体来看,加V用户更喜欢关注一些现实生活中权威度高、影响力大的纸质媒体。

表17 报纸、杂志、电视和电台媒体官微加V用户粉丝量TOP10

序号	媒体微博	加V粉丝量	媒体微博	加V粉丝量	媒体微博	加V粉丝量	媒体微博	加V粉丝量
1	@南方都市报	37546	@中国新闻周刊	35919	@凤凰卫视	32626	@经济之声	28349
2	@人民日报	33950	@新周刊	34480	@非诚勿扰	31452	@中国歌曲排行榜	26948
3	@新闻晨报	33913	@Vista看天下	34177	@湖南卫视	28992	@中国之声	26154
4	@潇湘晨报	33156	@创业家杂志	33193	@江苏卫视	27478	@央广神州之行	23618
5	@广州日报	33042	@三联生活周刊	32285	@浙江卫视中国蓝	27100	@MusicRadio音乐之声	21952
6	@南方周末	32512	@南方人物周刊	31452	@中国好声音	26418	@MnetCN	20930
7	@南方日报	31944	@米娜	31339	@CCTV证券资讯中心	26002	@青岛交通广播FM897	20930
8	@扬子晚报	31414	@中国国家地理	30582	@央视新闻	25775	@浙江交通之声	20665
9	@每日经济新闻	31414	@南风窗	29446	@CCTV焦点访谈	25661	@杭州交通918	20363
10	@新快报	31074	@南都周刊	28879	@TVBS	25624	@HITFM	19946

数据计算:中国人民大学舆论研究所

从媒体类别来看,报纸和杂志期刊微博拥有的加V粉丝相对较多,电台加V粉丝数量最少。报纸微博中党报和都市报的加V粉丝数量最多;杂志微博中新闻类期刊类加V粉丝最多;电视微博中国内领先卫视和知名电视栏目加V粉丝最多;电台微博中央广一系列频率加V粉丝最多。

(八)媒体官微粉丝活跃度TOP20

表18 媒体官微粉丝活跃度TOP20

序次	媒体微博	互动量	序次	媒体微博	互动量
1	@中国歌曲排行榜	7810.9	11	@Vista看天下	741.7
2	@新周刊	2807.9	12	@南方周末	691.5
3	@快乐大本营	1962.5	13	@时尚先生Esquire	664.0

（续表）

序次	媒体微博	互动量	序次	媒体微博	互动量
4	@人民日报	1690.2	14	@蒙牛酸酸乳巨星梦想学院	614.2
5	@新闻晨报	1473.1	15	@创业家杂志	601.0
6	@三联生活周刊	1122.8	16	@昕薇	490.7
7	@南方都市报	1021.5	17	@非诚勿扰	479.7
8	@康熙来了	884.0	18	@都市快报	472.4
9	@南方人物周刊	879.6	19	@南都周刊	470.6
10	@2011快乐女声	832.7	20	@广州日报	455.3

数据计算：中国人民大学舆论研究所

活跃度是衡量粉丝活跃的程度，本报告是以媒体微博平均每条微博带来的转发和评论量的总和作为活跃度的衡量指标。娱乐性较强的栏目和新闻类纸质媒体的互动度最高。

表19 报纸、杂志、电视和电台媒体官微粉丝活跃度TOP10

序次	媒体微博	互动频度	媒体微博	互动频度	媒体微博	互动频度	媒体微博	互动频度
1	@人民日报	1690.2	@新周刊	2807.9	@快乐大本营	1962.5	@中国歌曲排行榜	7810.9
2	@新闻晨报	1473.1	@三联生活周刊	1122.8	@康熙来了	884.0	@微博大视野	153.1
3	@南方都市报	1021.5	@南方人物周刊	879.6	@2011快乐女声	832.7	@中国之声新闻纵横	145.6
4	@南方周末	691.5	@Vista看天下	741.7	@非诚勿扰	479.7	@中国新歌榜	130.3
5	@都市快报	472.4	@时尚先生Esquire	664.0	@冠军欧洲CCTV	378.7	@970女主播电台	41.6
6	@广州日报	455.3	@创业家杂志	601.0	@2010快乐男声	316.9	@早安北京	36.7
7	@扬子晚报	332.4	@昕薇	490.7	@职来职往	236.8	@求翻译	31.6
8	@新京报	323.6	@南都周刊	470.6	@非同凡响	204.8	@广东电台财经广播	30.4
9	@成都商报	269.4	@米娜	452.1	@CCTV焦点访谈	198.3	@AUTO有志	23.0
10	@每日经济新闻	226.8	@中国新闻周刊	393.5	@海飞丝中国达人秀	190.8	@北京外语广播-趣味青春英语	21.0

数据计算：中国人民大学舆论研究所

相比较而言，期刊的单条微博的平均互动度最高，其次是电台、报纸和电视台，但需要说明的是，电台的互动表现参差不齐，仅有个别栏目的互动度较高，所以纸质媒体的互动频度一般要高于广电媒体。

（九）媒体官微二次传播力 TOP20

表20　媒体官微二次传播力 TOP20

序次	媒体微博	大众媒体曝光量	序次	媒体微博	大众媒体曝光量
1	@南方都市报	14600	11	@南方周末	12627
2	@中国新闻周刊	13950	12	@三联生活周刊	12539
3	@新周刊	13392	13	@南方日报	12407
4	@Vista看天下	13274	14	@南方人物周刊	12216
5	@人民日报	13186	15	@扬子晚报	12216
6	@新闻晨报	13171	16	@每日经济新闻	12201
7	@非诚勿扰	12892	17	@21世纪经济报道	12201
8	@潇湘晨报	12877	18	@新快报	12172
9	@广州日报	12833	19	@中国国家地理	12069
10	@凤凰卫视	12671	20	@成都商报	11804

数据计算：中国人民大学舆论研究所

新闻类纸质媒体的微博更容易在相关大众媒体报道中被引用和进行二次传播，如都市报和新闻类期刊；其次是一些娱乐节目，如非诚勿扰等。

表21　报纸、杂志、电视和电台媒体官微二次传播力 TOP10

序号	媒体微博	二次传播力	媒体微博	二次传播力	媒体微博	二次传播力	媒体微博	二次传播力
1	@南方都市报	14600	@中国新闻周刊	13967	@凤凰卫视	12687	@经济之声	11024
2	@人民日报	13202	@新周刊	13408	@非诚勿扰	12230	@中国歌曲排行榜	10479
3	@新闻晨报	13187	@Vista看天下	13290	@湖南卫视	11274	@中国之声	10170
4	@潇湘晨报	12893	@创业家杂志	12907	@江苏卫视	10685	@神州之声	9184
5	@广州日报	12849	@三联生活周刊	12554	@浙江卫视中国蓝	10538	@MusicRadio音乐之声	8536

（续表）

序号	媒体微博	二次传播力	媒体微博	二次传播力	媒体微博	二次传播力	媒体微博	二次传播力
6	@南方周末	12642	@南方人物周刊	12230	@中国好声音	10273	@MnetCN	8139
7	@南方日报	12422	@米娜	12186	@CCTV证券资讯中心	10111	@青岛交通广播FM897	8139
8	@扬子晚报	12216	@中国国家地理	11892	@央视新闻	10023	@浙江交通之声	8036
9	@每日经济新闻	12216	@南风窗	11450	@CCTV焦点访谈	9978	@杭州交通918	7918
10	@新快报	12083	@南都周刊	11230	@TVBS	9964	@HITFM	7756

数据计算：中国人民大学舆论研究所

从媒体微博的类别看，报纸的二次传播力最强，其次是杂志，电台的相对最弱。报纸中又以都市报和中央党报二次传播力最强，杂志中以新闻类杂志二次传播力最强，电视中以卫视台二次传播力最强，电台中以中央人民广播电台各频率二次传播力最强。

三、媒体微博影响力总结

从以上数据分析得出：

1. 从媒体类别来看，虽然报纸的媒体微博在数量上不如电视、广播台，但其影响力远远超过后两者。这说明微博作为一种移动互联媒体，由于信息传输技术等有限，更加适合"文字＋图片"的形式传播。

2. 媒体微博具有很强的社会动员能力。相对于其他机构，由于媒体的公信力通过认证被完整地"平移"到社交网络中，媒体拥有庞大的社会资本和话语权，信任成本相对于其他组织更低，因此能获得社会民众的认可，@人民日报微博在短时间内粉丝超过250万就是一个很好的佐证。

3. 媒体在微博这一虚拟世界中的影响力并不直接等同于线下现实社会的影响力，移动互联时代对所有的传统媒体来说机会都是均等的，只有熟悉微博的传播属性，并根据自身的媒体特点，构建一套行之有效的微博营销策略和内容发布机制，线下现实生活中默默无闻的"小媒体"也能在微博中成为"呼风唤雨撒豆成兵"的网络民意啸聚者。

第四节 微博平台特性分析

一、总体情况分析

新浪微博与腾讯微博是国内最大的两个微博平台。很多研究者都从自身的研究视角对两个平台之间的差异性进行了分析，如认为这两个平台在用户构成、话题类型、使用习惯等各个层面上都存在显著差异，腾讯微博的用户群体远比新浪年轻；腾讯微博的内容比新浪更"文艺"、更娱乐；在表达方式上，新浪微博更为平实，腾讯微博更"炫"，更喜欢发图片，甚至动漫创作型图片；腾讯微博内容也比新浪更琐碎；腾讯微博用户的追星心理更强于新浪微博用户。还有人认为新浪上面的人"纯"些，腾讯上面比较"杂"。还有总结比较认为：如果微博有性别的话，新浪是男性，腾讯是女性。如果微博有年龄的话，新浪是中老年，腾讯是青少年。如果微博有色彩的话，新浪浓重些，腾讯斑斓些。

但媒体对于这两个平台都比较重要，很多媒体在这两个平台都开了微博账号，进行双平台运行，两个平台的总体差异可以从两个平台影响力TOP20的媒体上看出一些。

表22　新浪微博与腾讯微博两个平台影响力指数TOP20

新浪序次	媒体微博	新浪影响力指数	腾讯序次	媒体微博	腾讯影响力指数
1	@南方都市报	100.0	1	@中国新闻周刊	100.0
2	@新闻晨报	93.6	2	@潇湘晨报	99.4
3	@新周刊	91.1	3	@南方都市报	98.4
4	@Vista看天下	90.3	4	@非诚勿扰	96.7
5	@中国新闻周刊	89.8	5	@读者	96.5
6	@人民日报	89.7	6	@湖南卫视	95.4
7	@创业家杂志	87.7	7	@华西都市报	93.1
8	@广州日报	87.0	8	@南方周末	93.1
9	@凤凰卫视	82.9	9	@青年时报	93.0

（续表）

新浪序次	媒体微博	新浪影响力指数	腾讯序次	媒体微博	腾讯影响力指数
10	@米娜	82.8	10	@成都商报	92.2
11	@三联生活周刊	82.3	11	@每日经济新闻	92.2
12	@南方人物周刊	79.4	12	@中国国家地理	91.2
13	@南方周末	78.8	13	@辽沈晚报	91.1
14	@南方日报	78.4	14	@齐鲁晚报	90.8
15	@21世纪经济报道	77.4	15	@法制晚报	90.7
16	@新京报	76.8	16	@南方日报	90.4
17	@扬子晚报	76.5	17	@北京晚报	90.0
18	@南都周刊	76.3	18	@南风窗	89.9
19	@潇湘晨报	75.7	19	@凤凰卫视	89.6
20	@都市快报	75.7	20	@扬子晚报	89.5

数据计算：中国人民大学舆论研究所

两个平台 TOP20 的媒体总体上差别不大，均是以都市报、新闻期刊、时尚类期刊为主，说明这三类媒体在两个平台上均占据显著的地位。但新浪平台的媒体更为多元，涉及很多媒体类别，腾讯微博相对比较单一，主要是都市报和新闻类期刊为主。

关于两个平台的总体发展情况，在第一部分已经有了基本介绍，在此不做赘述。

二、不同类别媒体微博平台特性分析

由于媒体在新浪微博和腾讯微博的注册账号的名称和组织层级不尽相同，因此在比较分类整理时应尽量一一对应进行比较，此外这一部分的相关研究均以案例对比为主，即选取不同类别媒体中 TOP5 的媒体账号进行对比。

（一）报纸比较分析

报纸类别选取《南方都市报》、《新闻晨报》、《广州日报》、《南方日报》、《21世纪经济报道》五家报纸为分析对象，这五家媒体都在新浪和腾讯开设微博。相关比较结果如下表所示：

表23 五家报纸在两个微博平台的比较分析

媒体	关注（收听）人数	粉丝数	微博数	内容重复率	内容定位差异	微博发布时间	发布工具
@南方都市报	385 (11)[1]	3877425 (3220214)	19805 (11807)	100%	完全一样	完全一样	以第三方应用为主
@新闻晨报	416 (226)	3229551 (573213)	23004 (4382)	71.2%	新浪平台侧重互动；腾讯平台侧重新闻发布	相同新闻发布时间一样	发布工具多元，移动端发布比例较高；以第三方应用为主
@广州日报	1306 (40)	3102140 (1523320)	20951 (15854)	100%	完全一样	新浪平台更注重信息更新和第一时间发布	以第三方应用为主
@南方日报	291 (34)	548804 (651379)	22142 (10327)	100%	完全一样	腾讯更新速度至少比新浪晚12小时	以第三方应用为主
@21世纪经济报道	117	1340450	9839	100%	完全一样	腾讯微博16天没有再更新	以第三方应用为主

数据计算：中国人民大学舆论研究所

在新闻内容、微博发布时间和使用发布端（小微助手、皮皮时光机等）方面，除了@新闻晨报外，@南方都市报、@广州日报、@南方日报、@21世纪经济报道4家报纸的微博两个平台发布内容完全一样。

其中@广州日报更倾向于在新浪微博上发布最新最快信息，在报告撰写期间，北碚区区委书记雷政富被免职的新闻在新浪微博上被推送，而在腾讯微博上没有进行推送，从重视程度上，@广州日报显然更重视新浪微博平台。@南方日报虽然内容相同，但两个平台更新时间不同步，腾讯平台的内容比新浪平台的内容晚了12小时以上。@21世纪经济报道在两个平台上的新闻内容完全一致，但其在腾讯微博上已经至少16天没有进行任何更新。

@新闻晨报具有同时运维两个平台的意识。在两个平台的微博运维不尽相同：在内容上相似度不高，整体相似率71.2%，其中新浪微博平台内容较为个性化，注重互动性；腾讯平台基本上以信息发布即新闻内容为主；使用新浪微博平台发

---

[1] 为进行区别，腾讯微博平台的数据均加括号进行标注。

布信息的终端较为多元,很多是移动端发布的,而腾讯微博则多以第三方插件或网页微博发布为主。

表24 五家报纸在两个微博平台的整体实力均值比较

微博平台	平均关注(收听)人群	平均粉丝数	平均微博数	平均原创率	平均转发数	原创微博平均转发数	平均评论数	原创微博平均评论数
新浪	503	2419674	19148	69.6%	766.0	993.3	255.5	315.0
腾讯	64	1249651	9529	98.2%	609.2	617.9	81.1	82.2

数据计算:中国人民大学舆论研究所

可以看出,媒体腾讯微博在整体实力上与新浪微博还有显著差距,无论在粉丝人群的数量、发布微博的数量还是单条微博引发的互动。因此媒体更加注重在新浪微博平台的建设和运维。

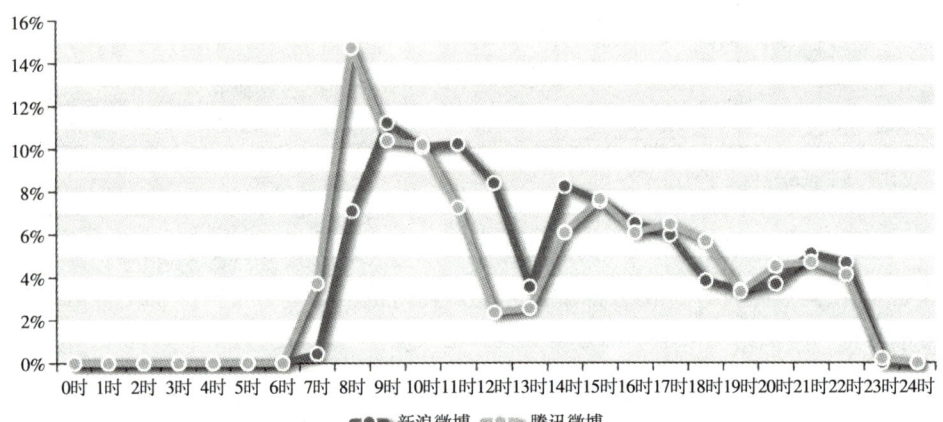

图18 五家报纸在两个微博平台发布信息时段分布

数据计算:中国人民大学舆论研究所

整体来看,两个平台微博发布的整体时间趋势基本一致,都集中在上午、下午和晚间三个时段。新浪微博更为均衡,腾讯微博整体发布速度要比新浪微博早一个小时。

(二)杂志比较分析

杂志类别中,选取《中国新闻周刊》、《三联生活周刊》、《南方人物周刊》、《中国国家地理》、《青年文摘》五家期刊为分析对象,这五家媒体都在新浪和腾讯开设微博。相关比较结果如下表所示。

表25 五家杂志在两个微博平台的比较分析

媒体	关注（收听）人群	粉丝数	微博数	内容重复率	内容定位差异	微博发布时间	发布工具
@中国新闻周刊	1926 (487)	3075699 (1901045)	28908 (27113)	100%	完全一样	腾讯一般滞后新浪一条微博	以第三方应用为主
@三联生活周刊	514 (18)	7098813 (1296530)	7443 (2347)	100%	以新浪为主，仅部分信息转到腾讯	相同新闻发布时间一样	以第三方应用为主
@南方人物周刊	574 (155)	2295785 (992124)	5546 (3441)	89%	新闻发布/个性互动 新闻发布平台	腾讯微博信息更新速度快于新浪	以第三方应用为主
@中国国家地理	70 (101)	1165137 (1439985)	4715 (1527)	100%	完全一样	腾讯更新速度晚新浪5小时以上	以第三方应用为主
@青年文摘	217	339018	2891	100%	完全一样	腾讯更新速度晚新浪5分钟左右	以第三方应用为主

数据计算：中国人民大学舆论研究所

总体来看，期刊新浪微博的粉丝量和微博数都高于腾讯，在期刊微博中，腾讯微博仅扮演从属平台的角色，很多微博信息要么和新浪微博通过第三方平台同步，要么是稍微滞后新浪微博平台。需要注意的是，@中国国家地理杂志 @青年文摘在腾讯微博平台粉丝数量要超过新浪微博，一定程度上说明腾讯平台更适合"软"的信息（如娱乐、情感类等），新浪平台具有"硬"信息平台偏好。

表26 五家杂志在两个微博平台的整体实力均值比较

微博平台	平均关注（收听）人群	平均粉丝数	平均微博数	平均原创率	平均转发数	原创微博平均转发数	平均评论数	原创微博平均评论数
新浪	3301	13974452	49503	90.8%	338	365	55	58
腾讯	850	6183382	36576	91.5%	316	333	31	32

数据计算：中国人民大学舆论研究所

在上面各个指标中，期刊类新浪微博的指标都超过了腾讯微博的指标，但与报纸比起来差距没那么明显，说明这些"软"信息——期刊上刊载的信息相对报纸的硬信息更适应腾讯的平台，虽然新浪微博的原创率低于腾讯，但也说明媒体在新浪平台上更为人性化，积极参与转发和评论，一定程度上也说明媒体对新浪平台更为重视。

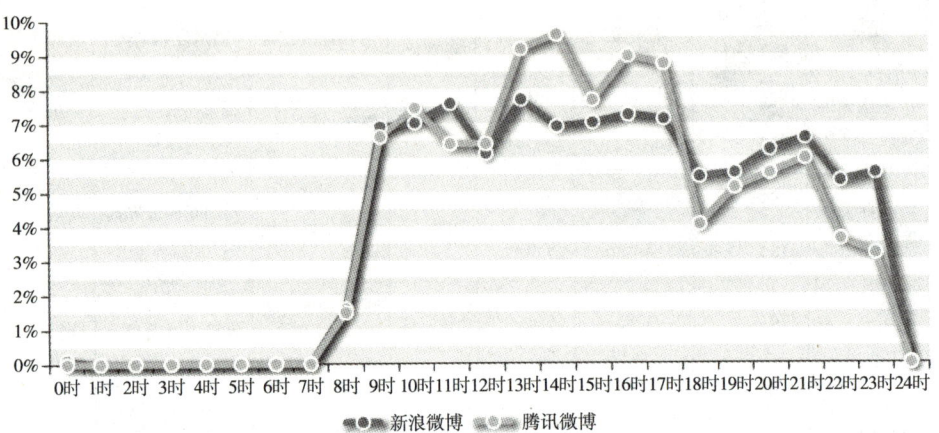

图19 五家杂志在两个微博平台发布信息时段分布

数据计算：中国人民大学舆论研究所

期刊微博的发布时间与报纸发布微博时间分布基本一致，新浪更为均衡，微博发布的节奏也和微博用户浏览微博的高峰期基本一致，集中在下午和晚上两个时段。腾讯微博相对比较集中在下午；在时间的协调性来看，两者协调度较高，新浪稍微比腾讯提前一些。

（三）电视比较分析

电视类别中，选取凤凰卫视、《非诚勿扰》、浙江卫视中国蓝、湖南卫视、江苏卫视五个电视台（或栏目）为分析对象，这五家媒体都在新浪和腾讯开设微博。相关比较结果如下表所示。

表27 五家电视台（栏目）在两个微博平台的比较分析

媒体	关注（收听）人群	粉丝数	微博数	内容重复率	内容定位差异	微博发布时间	发布工具
@凤凰卫视	212	4584325	17987	34.5%	个性化展示平台	半小时内必有更新	以专业版微博为主，辅以第三方应用
	（90）[1]	（2740972）	（6460）		新闻资讯发布平台	两个小时才更新一次	以网页微博为主

---

[1] 为进行区别，腾讯微博平台的数据均加括号进行标注。

（续表）

媒体	关注（收听）人群	粉丝数	微博数	内容重复率	内容定位差异	微博发布时间	发布工具
@非诚勿扰	94	3958867	8325	99.1%	以新浪为主，仅部分信息转到腾讯	相同新闻新浪要快30分钟	以第三方应用为主
	(40)	(4473015)	(6236)				
@浙江卫视中国蓝	832	3328972	14847	100.0%	完全一样	完全同步	以第三方应用为主
	(137)	(694235)	(15842)				
@湖南卫视	382	3476428	9179	82.6%	大部分内容一致	新浪比腾讯稍微快几分钟	以网页微博为主
	(100)	(3295311)	(4226)				
@江苏卫视	262	3420914	9633	13.8%	微活动为主	完全同步	以媒体版微博为主
	(71)	(3023707)	(4941)		节目预告与介绍		以网页微博为主

数据计算：中国人民大学舆论研究所

在这五家媒体微博中，@凤凰卫视和@江苏卫视表现比较有特色，感觉是两个团队在进行运作，虽然大体内容一致，但运作思路不同，把新浪平台作为个性化展示，积极参与互动，而把腾讯作为新闻转发平台，基本无互动，表现为卡拉OK式自娱自乐的微博发布。@非诚勿扰腾讯平台粉丝高于新浪，再次印证了腾讯微博平台更适合娱乐等软信息的传播。

表28　五家电视台（栏目）在两个微博平台的整体实力均值比较

微博平台	平均关注（收听）人群	平均粉丝数	平均微博数	平均原创率	平均转发数	原创微博平均转发数	平均评论数	原创微博平均评论数
新浪	1782	18769506	59971	89.4%	245	260	234	245
腾讯	438	14227240	37705	99.4%	264	262	75	75

数据计算：中国人民大学舆论研究所

总体上看，在电视媒体微博中，腾讯微博与新浪微博之间存在显著性差距，主要表现在粉丝数、微博数上，但是在平均转发数指标上腾讯微博要超过新浪微博，说明这种软信息更容易在腾讯平台引起转发和社会共鸣，再次凸显腾讯微博偏好娱乐化信息的平台特性。

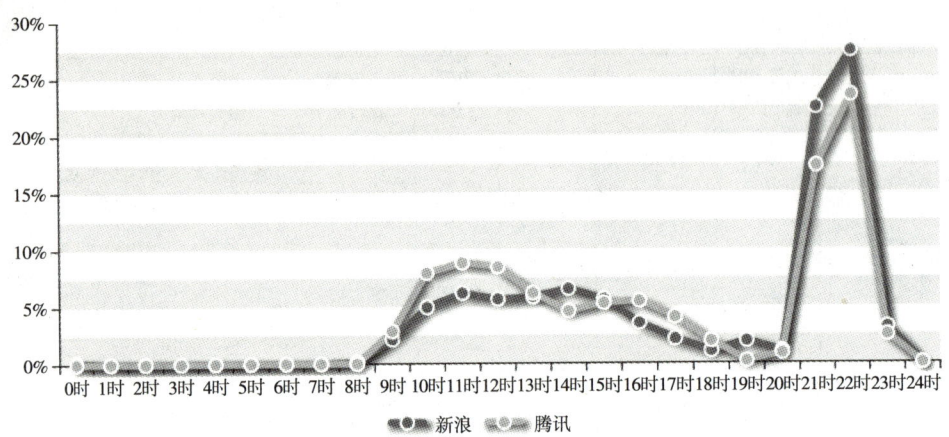

图20 五家电视台(栏目)在两个微博平台发布信息时段分布

数据计算：中国人民大学舆论研究所

电视媒体微博发布主要集中在晚上，尤其是伴随着一些电视栏目的播出，进行同步发布，吸引线上线下互动，例如@非诚勿扰信息发布主要集中在晚上21点-22点；整体来看，新浪微博的信息发布时间要稍快于腾讯。

由于电台的微博共通性很难查找，在此不做研究。

三、微博平台特性总结

通过以上分析，可以看出，媒体在面对两个微博平台时表现出来的基本定位和态度存在显著差异，一般有两种模式：一种模式是把腾讯微博完全作为附属平台，任何信息在新浪发布后均同步到腾讯微博；第二种模式是把新浪微博看成"人"，注重互动，注重个性化平台的打造，而把腾讯微博看作"物"，仅是一种新闻信息发布平台。基于这种认识和定位，具体运维中在以下方面造成一系列的差异：

在粉丝数量的差异上，除个别媒体外，一般来说新浪粉丝数量要高于腾讯，甚至是几倍的差距。

在媒体开设的类别上，在新浪平台上，电视台和电台等广电媒体更为活跃，总体开设比例比较高，但粉丝更喜欢与纸质媒体互动；而在腾讯微博上，报纸和杂志等纸质媒体相对活跃，开设微博的绝对数量要超过广电媒体，但粉丝更喜欢与广电媒体中的娱乐频道或偏重娱乐的卫视互动。

在粉丝的活跃度上，新浪的粉丝互动度和活跃度更高，尤其是在与报纸等纸质媒体之间的互动上；而腾讯的粉丝活跃度相对较低，但娱乐类媒体的互动度远远超过新浪。

在账号的活跃度上，媒体花大量的时间和精力在新浪微博上，以新浪微博为主平台，腾讯微博为副平台，因此在新浪微博上的活跃度较高，个别媒体甚至达到每十分钟左右一条微博的频度。

在发布行为上，一般使用第三方应用发布信息，即使同样的微博信息，新浪要快于腾讯；新浪微博的信息发布时段比较契合微博用户浏览微博的高峰期，腾讯微博发布更新时间稍有随意性。

在内容上，一种情况是腾讯与新浪信息完全一样，另一种情况是腾讯微博的信息仅是新浪微博信息的一部分，主要是一些新闻资讯，不注重用户互动的信息，新浪微博内容比较多元化，有些是新闻资讯，有些是互动，甚至"打情骂俏"。

第五节 媒体微博成功案例

一、官微内容运维案例

（一）节日营销

1. 借助共鸣的标题进行节日促销——《每日经济新闻》

（1）案例名称：#那些年一起围观的双十一#（http://weibo.com/1649173367/z3aJbwzWq）

图21 @每日经济新闻#那些年一起围观的双十一#案例截图

（2）案例亮点：利用易引起共鸣的标题进行节日促销。

（3）传播策略：活动内容上利用"光棍节"噱头并结合天猫双十一打折活动，发起有奖转发活动，以"那些年一起围观的双十一"为标题引发粉丝共鸣，加上高额奖金（天猫红包）吸引粉丝参与传播；传播上利用微博首发，杂志官网专题跟进报道，做到微博和官网信息相互导流。

（4）传播效果：

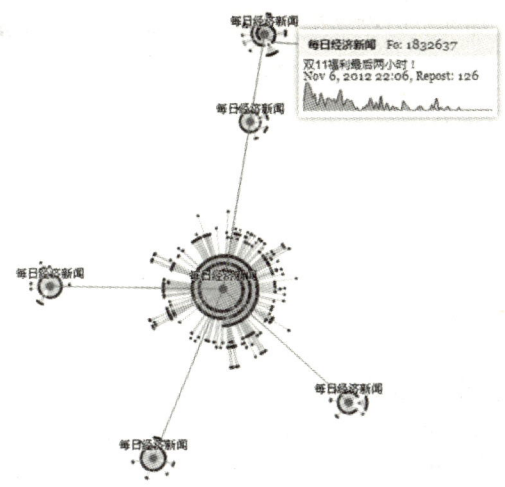

图22 @每日经济新闻#那些年一起围观的双十一#微博传播效果图

媒体传播力:微博转发量达到6114次,评论量达到4784次。受众&媒体影响力:2012年11月份百度指数显示,天猫的用户关注度较上月提升了185%,媒体关注度较上月提升252%;11月11日当天,百度"天猫"搜索量达到历史高峰。

(5)案例启示:节日营销可以有效地增加粉丝黏性,并扩大自身微博影响力。在日常微博运维过程中,各媒体微博应积极利用"节日"进行自我品牌的营销;此外在节日营销中,要创造易于粉丝互动的话题,并且媒体要多次转发调动粉丝的参与性和互动性。

(二)事件营销

1. 双十一、iPhone双热点策划—《中国新闻周刊》

(1)案例名称:#午休时刻,神回复#(http://weibo.com/1642512402/z4Gdf6yQ4)

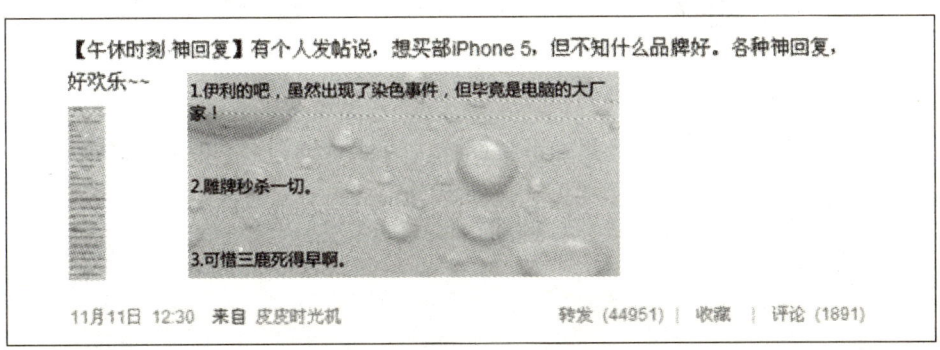

图23 @中国新闻周刊#午休时刻,神回复#案例截图

（2）案例亮点：如何吸引粉丝互动，善于发现和挖掘轻松幽默的话语。

（3）传播策略：内容上利用搞笑的段子数说各大品牌事件，引起粉丝的吐槽共鸣，有利于形成语言体进行传播，传播上以微博自主扩散为主，媒体微博进行首发，吸引其他大号和粉丝转发。

（4）传播效果：

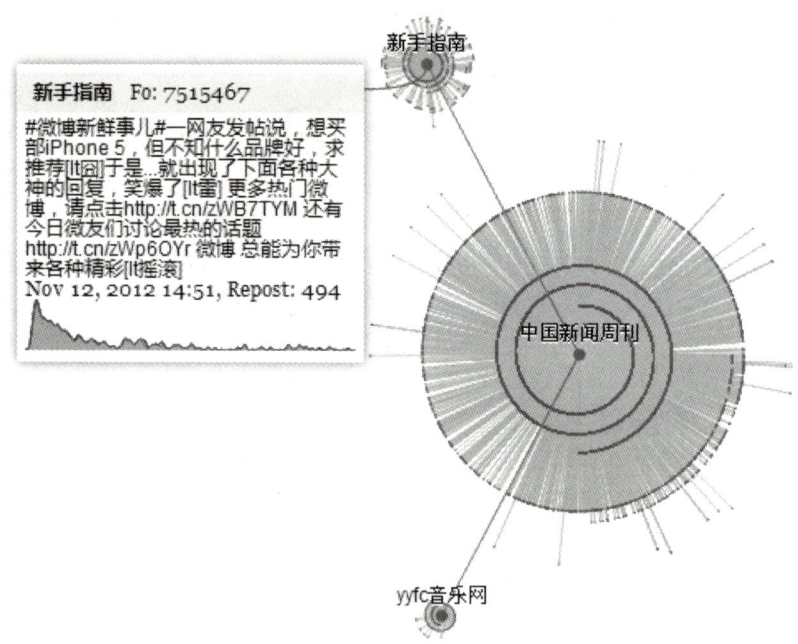

图24 @中国新闻周刊#午休时刻,神回复#微博传播效果图

媒体传播力：微博转发量达到44951次，评论量达到1891次。

（5）案例启示：幽默轻松的话题易于粉丝互动，运维中媒体可以结合特点时间或日期，以幽默话题的博文来增加粉丝的互动，此外正能量的轻松话题还可以适当加入企业产品进行营销。

2. 名人事件营销，提升节目收视——《快乐大本营》

（1）案例名称：#坡谜娜姐婚讯#（http://weibo.com/1431308884/xl6UriABi）

图25 @快乐大本营#坡谜娜姐婚讯#微博案例截图

（2）案例亮点：利用明星事件，带来节目导流。

（3）传播策略：内容上利用明星事件进行炒作；传播上借助微博进行预热爆炒，名人大号跟进带动传播的爆点，增加更多粉丝的参与和关注，最后在电视节目上落地，形成微博和电视节目的互动导流。

（4）传播效果：

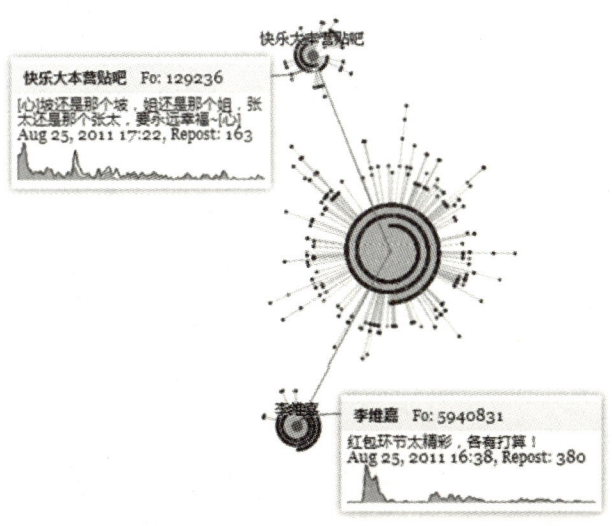

图26 @快乐大本营#坡谜娜姐婚讯#微博传播效果图

媒体传播力：《快乐大本营》新浪微博转发量达到6955次，评论量3422次；视频总点击量50000频次。

（5）案例启示：传统媒体如何运用新媒体进行受众回流，是新媒体运维人值得学习的地方。

（三）热点跟进

热点事件，正向引导，名人大号跟进传播——《电脑报》

（1）案例名称：# 抵制日货，你敢从自己开始么 #（http://weibo.com/1649597805/yBQIaAm5z）

图27 @ 电脑报 # 抵制日货，你敢从自己开始么 # 微博案例截图

（2）案例亮点：借助钓鱼岛的热点事件，倡导理性爱国的思想，获得了众多名人大号的转发评论。

（3）传播策略：结合热点事件在内容上总结相关传播素材，告知某些IT领域已经被日本企业垄断，再通过微博呼吁粉丝要"理性爱国"，吸引了众多名人、大号（如蛮子文摘、芮成钢、顾长卫等）进行转发评论，形成多轮传播辐射，最后形成一个热点再造话题的讨论和思考。

（4）传播效果：

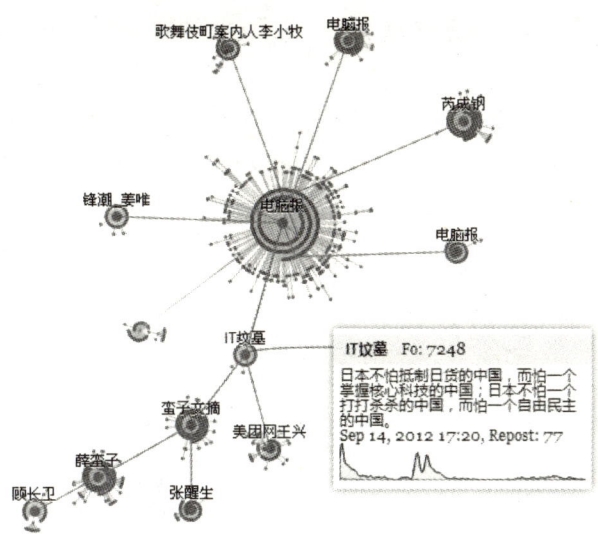

图28 @电脑报#抵制日货,你敢从自己开始么#微博传播效果图

媒体传播力:微博转发量达到8171条,评论量达到1390条。

(5)案例启示:在社会热点事件中,媒体如何通过反向思维进行文案创意,输出正能量引起名人大号的转发和讨论是微博运维人值得学习的地方。

(四)微博体营销

结合热点微博体,利用自身资源进行再创意落版—《南都全娱乐》

(1)案例名称:#假如古人们都开了微博#(http://weibo.com/2011874330/yrUYNyUpa)

图29 @南都全娱乐#假如古人们都开了微博#微博案例截图

（2）案例亮点：紧抓微博热点事件，进行创意博文创作，形成微博矩阵的联动传播。

（3）传播策略：借助新媒体上的热点微博体，在传统媒体上落版；新媒体和传统媒体相结合。既能把新媒体平台上的粉丝引到线下看报纸，又能把传统粉丝引导到新媒体；最重要的是利用都市媒体的子账号首发，主账号转发配合，充分调动旗下各矩阵账号的互动和分工。

（4）传播效果：

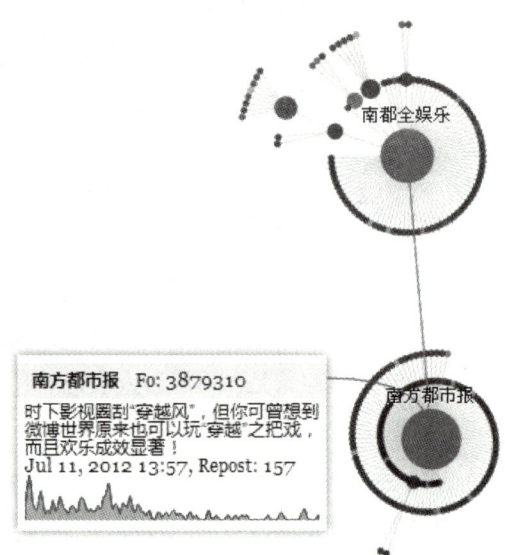

图30 @南都全娱乐#假如古人们都开了微博#微博传播效果图

媒体传播力：微博转发量达263次、评论量为55次。

（5）案例启示：新媒体在进行客户营销的时候，受制于传统媒体微博调性的约束，不便直发的时候，可以利用媒体子账号进行直发，传统媒体微博跟进转发的营销模式。

二、官微日常运维案例

（一）粉丝量增加

利用珍藏版纪念刊礼品有效增粉——《时尚芭莎》

（1）案例名称：#《时尚芭莎》全球限量纪念刊收藏季#（http://weibo.com/1708288824/yCBoRwiYK）

图31 @时尚芭莎 #《时尚芭莎》全球限量纪念刊收藏季# 微博案例截图

（2）案例亮点：利用媒体"纪念刊"发起关注有奖活动，扩大媒体的影响力和文化底蕴。

（3）传播策略：借助纪念刊活动、联合20位国际时装大师打造个性绝版封面，引发时尚拥趸者关注和收藏，平面宣传结合线下系列活动造势，联合微博共同宣传，提升媒体自身的形象和影响力；此外在微博上动用了大量的红人大号进行二次传播，增强官微影响力和活跃度；最后平面媒体跟进发起线下活动宣传。

（4）传播效果：

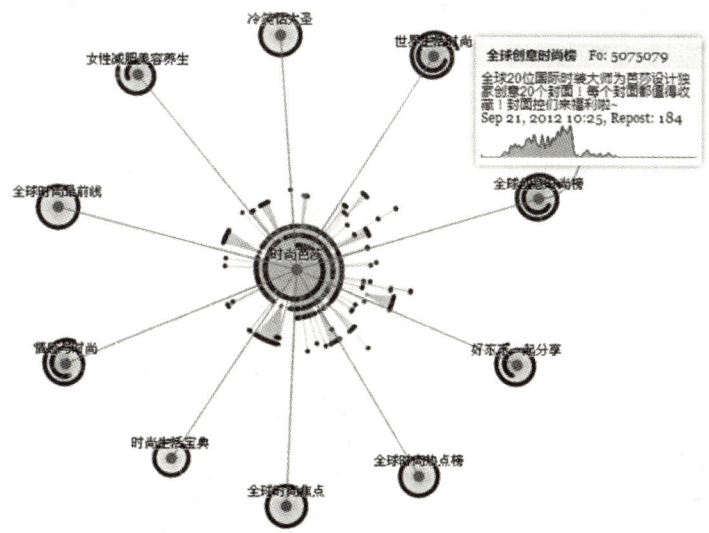

图32 @时尚芭莎 #《时尚芭莎》全球限量纪念刊收藏季# 微博传播效果图

媒体传播力：微博转发量达到4797条，评论量达到1278条。

（5）案例启示：如何增加有效粉丝，除了动用价值较大的 ipad、手机等电子产品外，有创意、有收藏价值的礼品也是增粉的有效利器，当然红人大号、媒体微博等传播资源的配备也必不可少。

（二）活跃度提升

创意文案提升用户互动——《新周刊》

（1）案例名称：#天凉了，请加衣#（http://weibo.com/1653689003/z0HDIfzP6）

图33 @新周刊#天凉了,请加衣#微博案例截图

（2）案例亮点：发现生活中的点滴，利用创意文案和配图，吸引粉丝的互动粘性。

（3）传播策略：由于天气变冷，在微博上发表更具人性化、温暖的博文，配图上也有意用更亲切的卡通图片，有利于拉近与粉丝的距离，让粉丝从心理上得到关怀，从而更加信赖媒体，拥护媒体。

（4）传播效果：

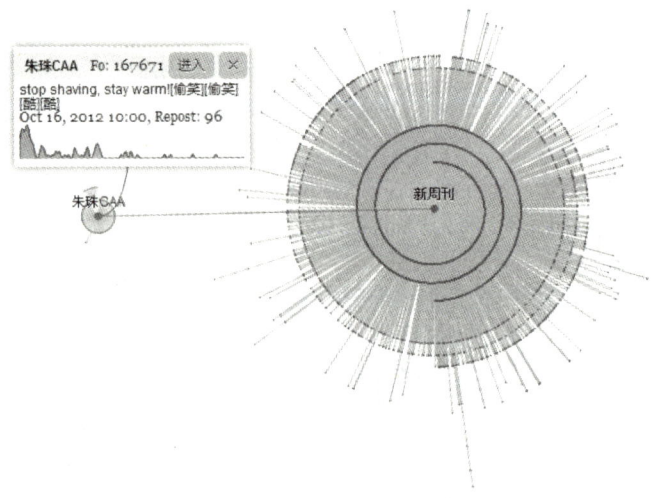

图34 @新周刊#天凉了,请加衣#微博案例传播效果图

媒体传播力：微博转发数达到 33363 条，评论数达到 5116 条。

（5）案例启示：媒体在微博运营中，如何从粉丝的衣食住行和精神层面进行点滴关怀，并结合创意文案进行呈现是媒体微博运维人需要突破的地方。

（三）影响力扩大

明星助阵微公益——《南都周刊》

（1）案例名称：# 公民的力量 - 我们的教室暖洋洋 #（http://weibo.com/1641532820/xChFSbW5j）

图35　@ 南都周刊 # 公民的力量 - 我们的教室暖洋洋 # 微博案例截图

（2）案例亮点：借助明星，拍摄公益微视频，传播正能量。

（3）传播策略：内容上借助第二届明星公民评选活动，传播上在"新浪娱乐频道"做明星公民评选活动专题页，制作明星公益微视频，在微博和视频网站上进行病毒传播；不间断输出明显公益活动的平面和网络稿件的全媒体覆盖，推动线下活动的引爆。

（4）传播效果：

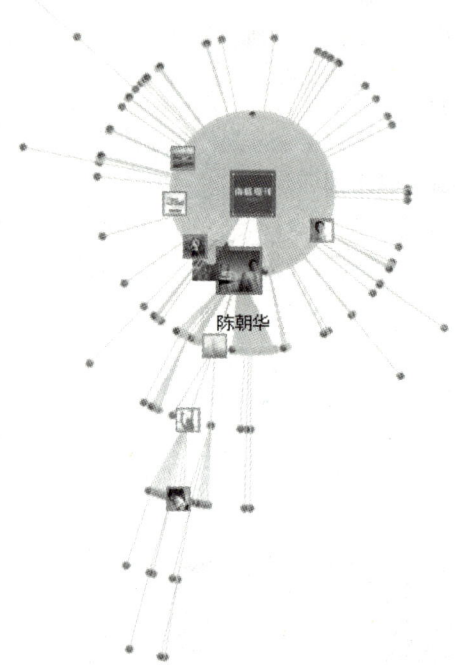

图36 @南都周刊#公民的力量-我们的教室暖洋洋#微博传播效果图

媒体传播力：微博转发量达到25万多次，评论量接近4万频次；新浪平台视频点击量达到15000多频次。营收价值：迅速扩散《南都周刊》微公益的影响力，打造媒体公益品牌，彰显媒体社会责任。

（5）案例启示：借助传统媒体强势资源，迅速打造新媒体的社会影响力。

三、微博商业化案例

（一）企业形象提升

利用节日，微电影捆绑企业，感情营销——《郑州晚报》

（1）案例名称：#父亲节看《父爱》赢取奖品#（http://weibo.com/2034347300/yuWPbrKDl）

图37 @郑州晚报 #父亲节看《父爱》赢取奖品# 微博案例截图

（2）案例亮点：巧妙利用父亲节进行情感营销，企业品牌结合活动进行话题传播和视频赞助。

（3）传播策略：内容上利用父亲节大打亲情牌，企业进行赞助和专题页面推广；传播上采用了纸媒和网媒结合的方式进行传播。首先在郑州晚报报纸上和郑州晚报官方微博上同时发布了海选演员的消息，此后在微博和纸媒上不间断地进行了海选情况、剧本征集、拍摄花絮、微电影几大看点等环节的炒作。并于6月17日当天在新浪、土豆、腾讯、凤凰、搜狐等各大网站上线，并在河南郑州当地影院组织了首映式。

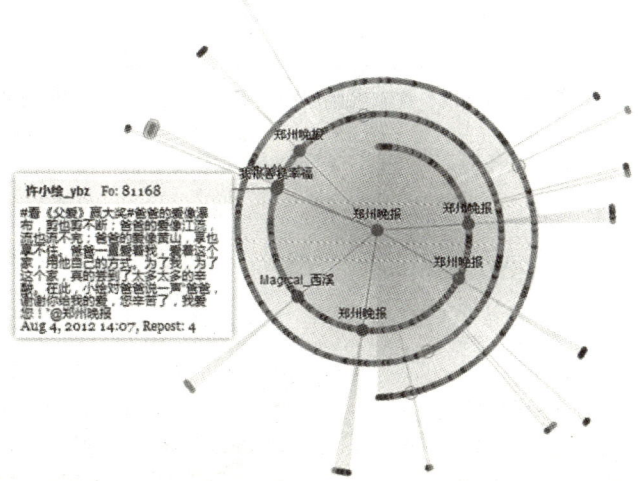

图38 @郑州晚报 #父亲节看《父爱》赢取奖品# 微博传播效果图

（4）媒体传播力：微博转发量达到1919次，评论量2175次，各大视频微电影点播量达到了130多万次。营收价值：本次极大地推广了杜康酒品牌，树立了杜康控股的企业形象，并且共计取得了26万元的其他相关营业收入。

（5）案例启示：利用节日和感人的视频形成传播话题，在专题页面结合话题植入产品，使得原本生硬的广告自然而亲切。

（二）新品上市推介

新店开业有礼相送——《米娜》

（1）案例名称：#Forever21首家内地旗舰店开幕送代金券#（http://weibo.com/1658704130/yv75RCO5x）

图39 @米娜#Forever21首家内地旗舰店开幕送代金券#微博案例截图

（2）案例亮点：新店开业微博送代金券预热，中奖率较高。

（3）传播策略：用发送代金券的形式，引发粉丝对新店开幕的关注及对品牌官微的关注，进而提升品牌在微博上的影响力，传播形式上媒体官微和企业官微分别进行直发和多轮转发传播。

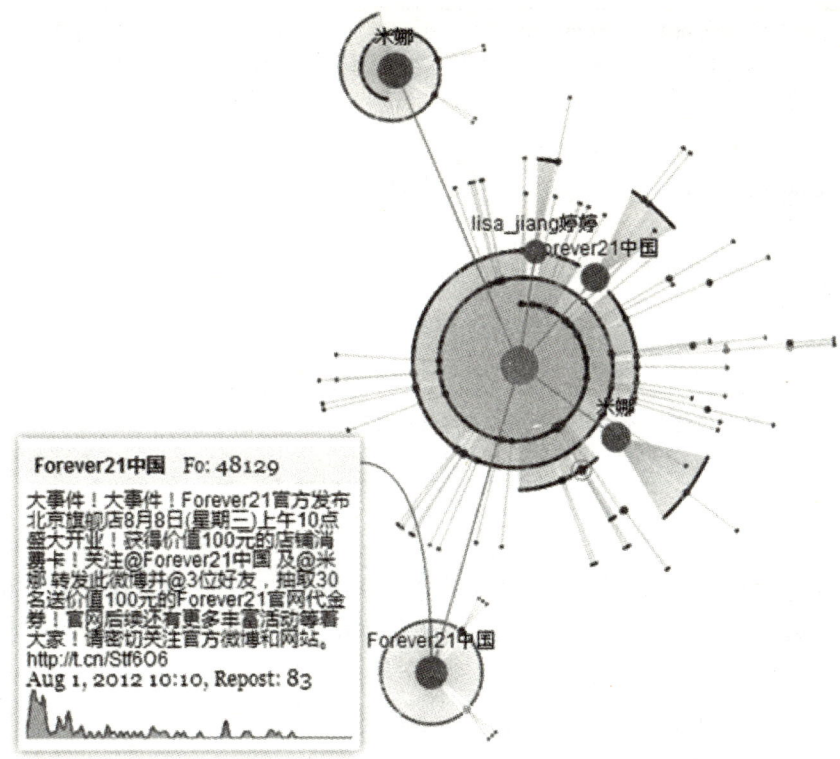

图40 @米娜 #Forever21首家内地旗舰店开幕送代金券#微博传播效果图

（4）媒体传播力：微博转发量达到1992条，评论量达到720条；营收价值：为品牌积累原始粉丝，增加品牌的曝光量。

（5）案例启示：新品上市及新店开幕的活动，媒体官微可以结合各种优惠及增值服务来提升传播效果，当然在传播中应尽量增加中奖机会，并且一定要有传播资源（媒体、红人大号等）的配合，并配合线下活动吸引粉丝积极参与互动。

（三）成熟产品重塑

微博+视频+平媒组合拳—《北京青年周刊》

（1）案例名称：#北京青年周刊封面明星张雨绮拍摄花絮#（http://weibo.com/1292808363/yBvfMiQGX）

图 41 @北京青年周刊#北京青年周刊封面明星张雨绮拍摄花絮#微博案例截图

（2）案例亮点：结合纸媒自身资源，利用明星效应，进行产品植入。

（3）传播策略：利用明星视频拍摄，剪辑拍摄花絮，植入豪雅手表，通过豪雅手表单独镜头和明星佩戴进行产品内容植入。@北京青年周刊官微主发引爆，土豆视频形成网络推广，最后在《北京青年周刊》纸媒落地形成"微博+视频+平媒"组合拳的传播方式。

（4）传播效果：

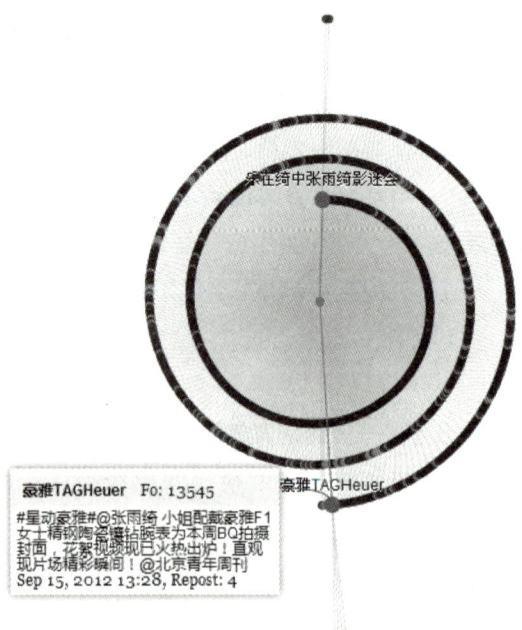

图 42 @北京青年周刊#北京青年周刊封面明星张雨绮拍摄花絮#微博传播效果图

媒体传播力：微博转发量达到 1888 条，评论量达到 684 条；土豆视频点击量达到 20836 次。营收价值：通过微博视频花絮获得客户首肯，带来其他经济收入 10 万余元。

（5）案例启示：在企业日益收紧传统媒体广告的时候，挖掘媒体自身资源，结合微博等新媒体资源给客户带来超值服务，将是传统媒体未来营销的主要方式之一。

（四）销售业绩促进

促销也能成为热点—《创业家》

（1）案例名称：#创业家庆祝创刊 4 周年 5 折团购#（http://weibo.com/1642482194/yxozRFbV0）

图 43 @创业家杂志#创业家庆祝创刊 4 周年 5 折团购#微博案例截图

（2）案例亮点：内容上设计创意图片，渠道上利用名人微博进行转发营销。

（3）传播策略：内容上结合热点搞笑好玩的创意图片进行微博营销；传播上利用@牛文文等名人大号和@创业家杂志打通微博的整体传播通路，进行多轮传播轰炸，使得整个促销事件形成热门话题。

（4）传播效果：

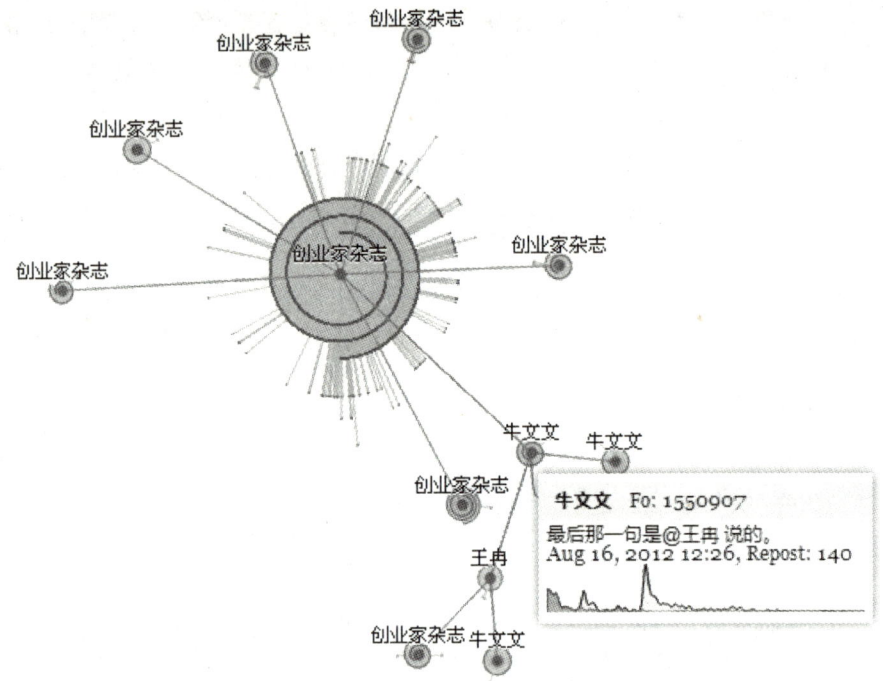

图44 @创业家#创业家庆祝创刊4周年5折团购#微博传播效果图

用户关注度：百度指数显示，2012年8月，《创业家》杂志用户关注度同比提升了66%；媒体传播力：微博转发量达到61636次，评论量49288次，团购总套数11000多套；营收价值：不但使《创业家》的知名度进一步扩散，团购的行为堪称传统媒体发行创新之举。

（5）案例启示：借助新媒体带动传统媒体的发行和巧妙利用名人大号进行话题传播是各媒体值得学习和借鉴的地方。

（五）受众消费引导

产品借助主题活动形成传播话题——《时尚COSMO》

（1）案例名称：#单身也水young千人派对宣传视频#（http：//weibo.com/1518966617/yEAqK47sB）

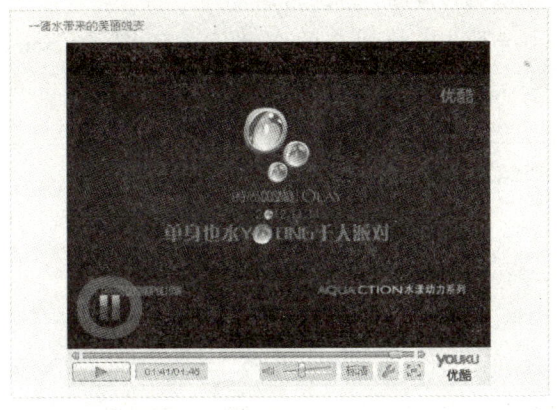

图 45 @时尚 COSMO# 单身也水 young 千人派对宣传视频 # 微博案例截图

（2）案例亮点：结合活动主题，巧妙植入产品传播话题，名人带动视频传播。

（3）传播策略：内容上紧扣活动主题，传播话题紧扣产品特色；传播上利用明星视频通过 @时尚 COSMO 官微直发，明星转发带动二次传播，优酷视频网站进行视频宣传，最后实现线下活动落地。

（4）传播效果：

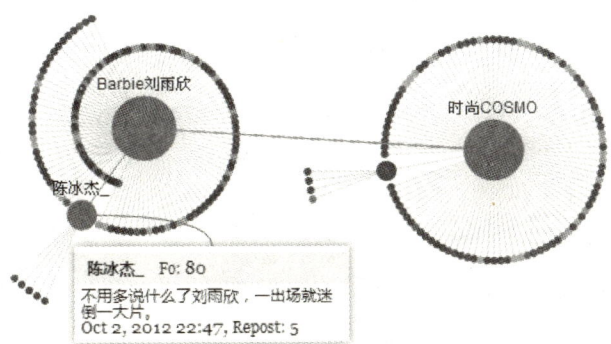

图 46 @时尚 COSMO# 单身也水 young 千人派对宣传视频 # 微博传播效果图

媒体传播力：微博转发量达到 867 条，视频点击量为 1027 频次；营收价值：宣传了产品卖点和扩大了产品的影响力。

（5）案例启示：企业结合新媒体活动或话题进行产品软性植入，既宣传了产品，也让粉丝或受众易于接受。

（六）危机事件化解

真诚的致歉，化危机为传播—《支付宝》

（1）案例名称：#致236位用户的道歉信#（http://weibo.com/1627897870/yuQLqhDGK）

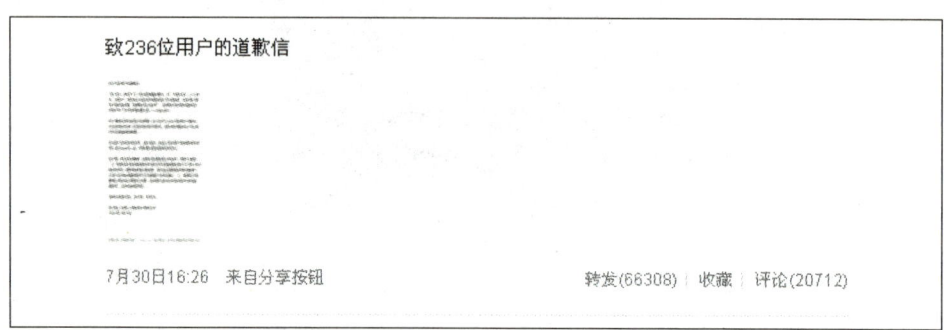

图47 @支付宝#致236位用户的道歉信#微博案例截图

（2）案例亮点：化危为机，及时找到危机的关键点，并用诚挚的态度和解决方式来感动用户。

（3）传播策略：内容上对于自己的失误呈现诚恳的致歉态度，在微博和论坛上第一时间发布致歉信息，并且当天在6:00-14:00间分4个时段用4个名人大号进行迅速传播，传统媒体再跟进扩散。

（4）传播效果：

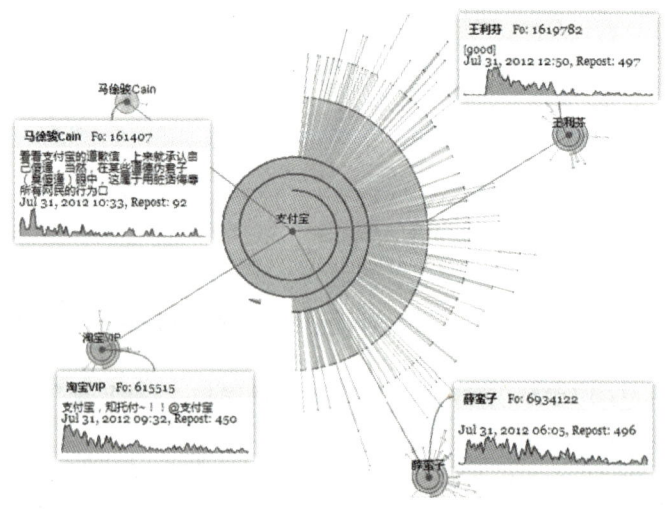

图48 @支付宝#致236位用户的道歉信#微博案例传播效果图

媒体传播力：微博转发达到了 66308 频次，评论量为 20712 频次。

（5）案例启示：企业利用新媒体做危机公关的处理，媒体同样也可以利用。任何一个小的危机事件，只要找到危机的关键点，并针对其做出积极的应对措施。不仅能得到事件中用户的体谅，也将有利于自身品牌的提升。

第六节 媒体微博营销现状与趋势

一、媒体微博营销现状分析

(一) 发展阶段

微博作为一种新型社会化媒体从 2010 年开始真正进入公众的视野,从目前的发展来看,大致经历了以下三个阶段。

第一个阶段是对微博的观望阶段。传统大众媒体在前互联网时代呼风唤雨,主导着整个社会话语场域的话语权,随着互联网的勃兴,尤其是微博的方兴未艾,传统媒体多少存在一定的失落感,面临着受众和广告的双重流失,对微博这一新媒体形式持一种审慎甚至排斥的态度,将之视为竞争对手,因此对微博的发展并不看好。

第二个阶段是单纯的信息发布平台阶段。2010 年,随着微博的风生水起,微博的影响力和覆盖面在不断提升,传统媒体也纷纷开始在微博上安营扎寨,但基本上把微博作为一种线上信息出口,很多是将刊载在传统媒体的信息直接发布在微博上,并不重视粉丝的反馈,也不与粉丝进行互动,依然按照做传统媒体的思路运行微博平台,运维人员基本上是兼职的,依然进行单向度的传播模式。

第三个阶段是微博营销和互动平台阶段。传统媒体对微博这一媒体的属性日益熟悉和了解,开始尝试将微博作为一种新的营销手段和平台,在运维上也开始搭建专业运维团队,并且积极尝试各种微博运营手段,很多微博凸显出极强的个性化,积极与粉丝互动,进行微活动营销,运营模式开始成熟,也不乏一些成功的案例出现。但整体来说微博营销还处在初级阶段。

(二) 运营模式

总体来看,目前微博的运营模式总体来说有以下几种模式。

第一种模式是传统媒体人员兼职运营模式。一般是由传统媒体的一些人员兼职做微博发布,由记者编辑兼职甚至实习生,人员也不固定,主要采取轮流发布形式,没有明确的规章制度,一般要求每个人必须发布足够的条数,把微博发布作为一个硬性任务，因此发布的信息参差不齐，缺乏互动，发布的时机也不符合用户浏览微博的时段，属于最为初级的运行阶段。

第二种模式从传统媒体人员中独立出来部分人员运营微博模式。一般从传统媒体的编辑记者中抽调一部分作为微博运营的专门团队，虽然在组织建设上更为专业，但由于是从传统媒体剥离出来的人员，在运营时还存在做传统大众媒体的路径依赖。

第三种模式完全重组新的团队运营微博。直接面向社会招聘年轻从业者，组成完全独立于传统媒体之外的新团队，人员更为年轻化，对新媒体的了解和使用都比前两种模式更为专业，这部分人思路更为活跃，运营手段多样，积极与粉丝展开互动，运行的效果也最为明显，如@人民日报微博团队就是专门的组织和团队在运行，这些人员都没有剥离于传统媒体。

第四种模式是外包模式。将微博的运营直接委托给第三方组织运营，这一模式又分为两类：一类是委托给第三方的商业公关公司，由公关公司协助运营，双方之间存在商业利益和合同；另一类是微博运营平台商为吸引媒体的入驻，协助媒体进行微博运营。

（三）存在误区及问题

1. 认识定位：仅把微博看作营销工具或"副产品"

没有明确的定位是做不好官方微博的。很多媒体目前还仅把微博平台作为传统媒体在微博上的营销工具或"副产品"，运营模式依然采用传统媒体的卡拉OK式的自娱自乐的传播模式，将已有的新闻压缩到微博可以发布的字数范围内发布，这是一种认识上的误区，基于这种误区很容易导致接下来的一系列问题。

从树立品牌上看，有必要将媒体官方微博作为一个独立的新型媒体来运营，而不仅仅是传统媒体的营销工具、副产品。"@新周刊"受欢迎，很大程度上是它的微博具有关联品牌、独立运营的特点，除了早晚帖，大多数内容是独立成篇，能给受众一个完整的信息。内容结构、发帖频率上也显示出精心策划的特点。比如，每天信息类、评论类、娱乐类、图片视频类的内容都有涉猎。@新周刊总编刘鹏认为这样一个相对完整、固定的信息结构，容易培养起受众的阅读黏性。

2. 在组织人事关系上，微博维护人员地位和授权都不够

一些媒体官方微博维护人员得到的授权不够，很多问题不敢擅自回答，都需要请示领导,而领导时常很忙。一个不及时的官方微博,绝对不是一个好的官方微博。微博时代是一个快速的时代,传统媒体内容运营中的总编辑总负责制无疑是与官方微博运营最大的区别。现有传统媒体的信息发布流程不能满足微博的需求,传统媒体需要建立全新的流程体系。

3. 在运维模式上,微博运营不适合八小时工作制约束

微博运营与以往的传统媒体的任何工作大不相同,微博是一个全新的平台,有自己的规律。用户可以随时、随地浏览微博,决不能要求用户也必须在八小时工作时间内浏览微博,微博作为一种休闲型媒体,反而大多数用户的浏览时间在八小时之外,比如每天21点-24点也是一个微博活跃的时期,对很多用户来说,只有这个时间段才能够方便地参与各种互动。因此,运营专员的8小时工作时间是不够的。很多媒体为了解决这个问题,运用第三方插件,如皮皮时光机等,进行定时发送,先不论时机是否真的合适,不论发送的内容多么精彩,很多用户能看到发送端,也会有种不真诚的感觉。

4. 在内容上,话题制造能力差,比不上名人微博,有声音没观点,缺乏个性,千博一面,对热门话题的介入相对缺乏及时性

传统媒体官方微博在内容发布上由于人员和组织关系等一系列问题的羁绊,不同于在现实社会中可以对话题进行梳理并编辑,并适时制造社会的热点问题,这些传统媒体在微博中的话题设置能力较差。如有研究针对@新周刊、@创业家、@凤凰卫视、@i美股、@财经网、@南方周末等6家官方微博和姚晨、李开复、王菲、徐小平、薛蛮子、作业本等六位名人官方微博进行深度剖析比对后发现,相对于传媒,名人微博粉丝数量相对较高。从粉丝活跃度情况来看,名人平均每条微博的转评数很高,传统媒体(除了@新周刊外)每条微博的转评次数相对较低,传统媒体面临的挑战不小。

另外,微博是一种"观点为王"的媒体,在海量的信息中,微博只有拥有独特的个性和旗帜鲜明的观点才能获得用户的青睐,而现实中,很多媒体将新闻信息及时有效地转发到微博中,而缺乏自身观点的阐明和梳理,因此出现了类似线下现实社会中"千报一面"的奇怪现象,加了一个传统媒体用户就无需加其他媒体用户,信息高度雷同。

5. 在与用户互动上,保持单向发行的态度,原创多,基本上不喜欢转评,粉丝互动少

微博之所以作为一种全新的媒体形式,鲜明的特点是其具有实时互动的功能,

兼具内容发布与互动功能，既是媒体，又是网络社区。因此，从一些做得比较好的媒体微博来看，不仅仅是把传统媒体的内容搬到线上，还应有一些根据微博而特别定制的内容，这样才能体现微博的亮点和特点。

传统媒体和官方微博的服务对象不同，这就决定内容选取上的不同。官方微博应该是传统媒体的"青年时期"，内容的发布应该满足青年人的好奇心理，用他们听得懂的语言去发布一些内容。

6．在微博布局上，单打独斗，缺乏微博矩阵和跨媒体矩阵意识

一些媒体旗下有很多子媒体，每个媒体各自为政，缺乏合作意识。即使有个别媒体建构了媒体矩阵，但多是流于形式，很少进行互动和共同推广活动。这点上，@经济观察报的做法值得推荐，它和新浪合作，开发了一个经观微博，里面集纳了商界、金融界的知名人士，还包括《经济观察报》的记者和编辑，致力于打造一个财经精英圈。

在社会化媒体时代，媒体应该形成包括传统媒体本身、媒体官方网站、媒体官方微博及媒体人员个人微博四个不同维度的影响力矩阵。

7．从微博的身份上，官微应该代表的是一个群体而不是个人

微博是一种个性化媒体，但这种个性化不是随意化，个别官微肆意参与一些博文的评论，其表达方式十分随意且缺乏严谨，传统媒体没有真正重视和研究如何运营官方微博，官方微博的态度被微博编辑个人所代表。这样会伤害粉丝情感，粉丝对其在微博上的公信力和权威度都会大打折扣的。传统媒体官方微博代表的不是个人，而是一个群体，无论发布什么都要认真思考其代表的这个媒体组织而不是发布微博的个人。官方微博一定要做到"一个面孔、一个表情、一种声音"，从随时在说话的报纸转变为随时在思考的媒体。

8．片面追求粉丝量，对媒体价值认识存在偏差

有些媒体认为粉丝量就等于发行量，转评量就等于影响力，发行量加上影响力就等于价值，动用各种手段提升其自身的粉丝量，甚至不惜花钱买僵尸粉，对运维人员的考核目标也是粉丝量为主要指标，这样会造成暂时的繁荣而使大量优质粉丝或潜在粉丝流失，是得不偿失的短视行为。

因此，在这个人人都能发声、人人都能成为记者的社会化媒体时代，媒体面临的竞争环境更为复杂，在微博中优胜劣汰的趋势日益凸显。能够比别人及早发现问题，解决问题，才能在微博上重夺话语权。

二、微博在媒体营销中的价值

（一）发现信息源，及时跟进热点新闻报道

微博将整个社会话语场域演变成一个人人发声的大众麦克风时代，各种爆料、黑幕不断涌现，改变着传统舆论话语场域的权力格局，微博日益扮演着社会话语场域的第一信息源的角色，很多记者在选择新闻线索时都不约而同地转向了微博，如在前面举例中提到的"擦鞋门"事件，刚刚爆发的雷政富"艳照门"事件，很多新闻热点信息都是从微博中爆料，被新闻记者发现并转载到社会话语场域中。

（二）提升媒体在微博中的品牌知名度

微博是个名利场，一部分传统的媒体竞争已经迁移到微博场域中来，各媒体在微博上安营扎寨，虽然个别大媒体可以将线下的社会资本和社会名望带入到微博中来，如@人民日报可以在短时间内吸聚庞大的粉丝群，但长远来看，线下市场不等于线上市场，"小媒体"也可以成为微博时代的"名媒体"。目前媒体的微博已经出现了优胜劣汰的竞争趋势，媒体之间在微博场域的真正洗牌才刚刚开始。

（三）低成本营销工具

对媒体来说，在一个全新的话语场域一样面临着营销的问题，而微博一方面为媒体提供了一个全新的展现自我的空间，另外也提供了一个全新的营销工具，媒体微博应该利用自身的优势，积极开展微博互动营销活动，向粉丝输出自身的媒体文化和媒体理念，全面提升自身的营销价值和实力。

（四）与用户积极互动，维护和管理用户关系

媒体与受众之间的互动在很长一段时间是一种单向度、零散的互动，主要通过读者来信选登的形式与个别受众进行互动。微博为媒体与受众之间提供了实时互动工具，通过与用户之间积极互动，可以了解受众对媒体的基本印象，满足受众的信息需求，维护和管理好与用户之间的关系，谱写社会化媒体时代媒体与受众之间良好互动关系的新篇章。

（五）跟踪和推动媒体品牌传播，实时监测品牌传播效果

在没有社会化媒体时代，媒体对自身品牌和读者群的认识是通过大规模的读

者（观众）调查来实现的，这种方法不仅费时费力，而且反馈的数据本身也值得推敲，微博为媒体跟踪自身品牌形象传播提供了实时的监测工具。

（六）监测舆情，及时危机公关

在进行品牌监测过程中可以发现自己品牌的弱点，实时捕捉负面舆情，切实有效地为自身品牌形象服务，并能做到第一时间发现，及时有效地进行危机公关，甚至可以做到未雨绸缪，将危机事件消弭于预警之中。

（七）创新营利模式，增加新盈利点

很多媒体认为，目前微博平台本身尚在探索之中，微博的盈利模式对媒体微博来说还是一件遥远的事情。但现实是很多微博账号利用搞笑、情感慰藉等手段获得大量的粉丝关注，以此为资本，积极介入到企业营销中来，进而从中获利。媒体微博要未雨绸缪，积极开展多种形式的盈利创新，改变目前将微博作为一种经济负担和人员负担的被动局面。

三、媒体微博未来发展趋势

（一）微博将成为传统媒体资源的信息源

长远来看，微博和媒体这两个不同时代诞生的媒体将在社会化媒体时代实现交融相生，微博向传统媒体提供新闻源和信息源，即原材料，为话题引爆做广泛的社会动员，媒体将之进行信息源核定，深度加工，并赋予价值判断和仪式化，传播到更广泛的社会大众去，实现整个话题传播链条的最后几百米冲刺。

（二）媒体微博将成为传统媒体转型的重要环节、媒体平台一体化运行的主要支点

传统媒体在面对社会化媒体所展示的颓势在不断强化，传统媒体面临着深刻的转型期，这个转型期不是外科手术式的枝枝节节的修补那么简单，而是彻底要适应新媒体形势的"大动干戈"，由原来单支点的传统媒体，转化为在现实社会、网络虚拟世界双平台"作战"的媒介平台，进行一体化双平台运行，而在这个过程中，微博扮演着重要的角色，是一个主要的支点。

（三）媒体微博会进一步下沉，进一步凸显本地化服务，区域性特征明显

由于新闻信息的接近性属性，传统媒体尤其是报纸服务的本地化趋势日益明显，社区报纸、城镇报纸迅猛发展。媒体微博虽然在理论上面对的是所有微博用户，但其生产的信息本身属性决定其必须走本地化路线，积极服务本地，与本地受众形成良好的互动关系，提升用户的黏性，实现自身的品牌形象建构。

（四）媒体微博成为未来信息乱象中的权威发布者和意见提供者

微博作为一种新型媒体，其特性并非全是革命性的优点，由于人人都可以发声，造成了信息的鱼龙混杂，如何在海量的信息中找到具有社会发展显示度和关涉用户信息安全的信息成为媒体微博天然的职责，媒体微博具有其他任何组织和个人所没有的社会公信力和权威度，长远来看，微博一定能成为信息权威发布者和社会意见的提供者。

（五）媒体微博会更加系统地集纳整合到新闻生产中，成为整个新闻生产的重要环节

在上面的背景论述中，已经对微博成为新闻生产中的重要环节，并开始内嵌到整个新闻生产中去，成为新闻生产的重要参与者，整个新闻生产也因微博的介入而从以前封闭的专业化组织生产演变成人人都可能参与的社会化大生产。未来，这种内嵌和整合将会更加强化，这种社会化大生产的模式会更加成熟和完善。

（六）媒体微博成为媒体品牌推广与营销创新的聚合价值平台

媒体微博的营销和企业营销基本一致，随着新闻宣传体制改革的进一步深化，媒体的企业属性会进一步增强，媒体微博作为一种全新的营销手段，必将成为媒体进行品牌推广和增强其盈利点的重要聚合价值平台。

（七）媒体微博会成为未来关系社会中的核心信息节点和关系整合平台

传统社会在微博等新媒体技术的冲击下不断解构，正如詹姆斯·卡伦在《新媒体和权力》中指出"每一个时代新型传播方式的出现都会带来权力的转移"，社会化媒体使得社会资本被重新分配，传统的社会话语权力格局发生了颠覆性的

变化，这种颠覆性解构使得很多组织和个人面对目前这种社会境况显得无所适从。解铃还须系铃人，微博虽然冲击了这种传统的社会结构，但其也在不断积极构建新型社会关系，从长远来看，未来的社会将是彻底的关系社会和信息社会，每个人都扮演着社会信息节点，而微博将是所有信息节点中的核心点，发挥着信息输出和信息处理等多方面作用，基于这种信息整合能力，在此基础上会形成一个强大的关系整合平台。

四、媒体微博商业化趋势

（一）媒体微博商业化趋势分析

1. 媒体微博商业化将呈现出本地化、实用化的趋势

某些基于本地化的服务企业已经成为第一批微博商业化营销的受益者。这些企业包括餐饮、家政服务、房产中介、美容护理、同城速递、汽车租赁等的本地化服务企业。

未来媒体微博可以与媒体自身的广告部门积极合作，探索有效的服务模式，帮助用户真正解决身边事，积极从线上走到线下，开展适合自身特性和优势的本地化、实用化服务。

2. 媒体微博将大规模利用微博开展商业化试水，但短期内仍将难有突破

随着媒体改革进一步深入，加上其线下盈利点的收缩和匮乏，对媒体来说，试水微博商业化营销，应该是个可供选择项。微博商业化试水，相比传统的广告收入来说，虽然杯水车薪，但因其营销低成本、易操作、传播性好等特性，如果试水成功，将是一片广阔的天空。

但不得不承认，微博商业化试水在短期内仍将难有突破，主要是因为目前很多媒体对传统运作模式还很依赖，认知上还存在很多误区，进驻微博容易，放下身段难，通过平等沟通融入消费者群体更难，另外媒体微博营销，还可能涉及媒体内部的多个相关部门，如广告部门，采编部门等等，这将涉及媒体组织内部机构重组、流程再造等多种多样的问题。

3. 从长远来看，将有独立于传统媒体母体，完全基于微博生存的媒体账号出现

目前来看，很多媒体微博还依附于传统媒体，无论是内容信息还是人员薪酬等都完全依靠传统媒体养着，从长远来看，这种境况必将会有所调整，媒体微博积极探索适合自己的商业化模式,增强自身的造血功能,到了一定时期会自动独立于母体,甚至有可能反哺母体。

4. 媒体微博营销中的互动模式将呈多样化趋势

关于微博商业化运作已经出现很多种有趣的互动形式,如最受媒体青睐的抽奖模式,这些都属于微博营销初级阶段的产物。随着媒体对微博了解的加深,将有更加丰富多彩的互动形式出现。实际上,很多媒体组织已经意识到互动才是微博营销的灵魂。只有设计出巧妙的用户参与和互动,微博营销才能发挥最大的效力。从实质上讲,互动就是调动起用户参与的欲求和舒心的感受。

5. 微博可能取代传统门户商业网站成为一些用户的个人信息门户

随着媒体微博功能的逐步完善,也随着越来越多的媒体进入微博,对信息消费个体来说,微博有可能进一步成为他们的个人信息门户。如果用户可以在微博上找到诸如必需的新闻信息、有趣的消遣类信息等所有信息,其在得到信息满足后不会再去到海量的传统门户商业网站上大海捞针。因此,媒体微博必须在微博上打造出信息盛宴,满足目标受众的所有信息需求和偏好,才能获得更大的用户黏性。

(二)媒体微博商业化价值分析

1. 促使传统媒体受众回流

随着媒体微博粉丝量的增加,可以扩展更多的受众覆盖面,进而引起受众规模的增加,部分受众在线下对媒体的品牌忠诚度也会有所提升,进而增加线下的受众群规模,促使传统媒体的受众回流。

2. 促进媒体传统业务经营能力提升和业务渠道的多元化

对媒体来说,其主要收入来源于广告收入,很多媒体的广告部门还依然采用渠道霸权时代的基本运作手段和模式,很容易在网络时代显得无所适从。通过媒体微博渠道的构建,传统媒体可以提升在微博时代与受众打交道的技能,接受更新的广告运营模式的洗礼,提升其自身的业务经营能力,甚至可以拓展其传统的业务渠道,形成多元化的业务渠道格局。

3. 型塑全新的媒体品牌形象,促进媒体品牌形象整体提升

媒体在线下形成了固有的严谨印象,可以利用微博这一全新媒介平台,进行二次型塑新形象,可以促进媒体品牌形象的整体提升,如@人民日报在微博上通过语态创新,不断"卖萌"等新变化,改变了社会公众对其的党报印象,形成了全新的媒体品牌形象。

4. 形成新的盈利增长点，优化传统媒体营利模式和营利格局

对媒体来说，微博是一个无限可能的新平台和新场地，如果运营得当，模式选择合理，可能会产生新的营利点，形成媒体收入的新渠道，进而优化传统媒体的营利模式和营利格局。

（三）媒体微博商业化模式

从目前媒体微博运营的现状和未来的趋势来看，媒体微博商业化的模式可以概括为以下几种基本模式。

模式一：品牌及产品曝光

这一模式主要是在媒体微博首页呈现出其他产品的品牌或者 logo，达到经济收益。

模式二：互动营销活动

通过微活动如抽奖、有奖问答、评选等活动，吸聚人气，实现互动，达到一定的营利目的。

模式三：在线客户服务

通过向企业或产品等提供在线调查、企业活动直播等服务来获得经济收益。

模式四：硬广告形式

通过发布企业博文、首页图片/视频、博文置顶或频道文字链等推广企业品牌或产品服务来获取经济收益。

模式五：媒体微博内部搜索引擎优化

通过在用户对媒体微博内容搜索的优化来获取经济收益，如优先搜索呈现等。

模式六：植入式营销

通过微博博文中的植入式营销，来获取经济利益。

模式七：舆情监测

通过自身优势和运营微博的便利优势，为企业或产品提供一定的舆情监测服务和品牌维护，获取经济收益。

模式八：危机公关

在提供舆情监测基础上，可以结合自身的线上线下两个平台运作双重优势为企业或产品提供危机公关服务，提升品牌整体形象，修复在民众之间的不良形象，进而获取一定的经济回报。

第七节 媒体微博运营指导

一、媒体微博运营指导：从接触点到界面整合理论

接触点理论是品牌传播和品牌营销的新理论，所谓接触点（Contact Point）是品牌或产品与消费者产生任何信息接触的地方都可以称之为接触点，只要能成为传播品牌信息的载体，就可以视为接触点，哪个接触点所传输的媒体品牌信息不佳都可能成为媒体品牌的短板。微博对于传统媒体的受众来说，相当于增加了一个全新的接触点。而不同接触点交错相结合，形成所谓的媒体品牌"认知界面"，从接触点到认知界面进而构成了媒体在民众大脑中的真实品牌形象。对媒体微博来说，界面整合理论是形成媒体良好印象的重要理论。

二、媒体微博运维建议及策略

总体来看，媒体微博的建立需要有清晰的定位，精心的维护，合理的人事组织，长远的规划。其中媒体微博运维的核心是粉丝，必须通过增强粉丝的用户体验，形成有效的用户忠诚度和品牌黏性。

灵思营销通过长期媒体微博的跟踪研究，总结出媒体官微运维模型，分为"官微定位"、"搭建规划"和"运维执行"的三大板块，下设十七个分析维度。

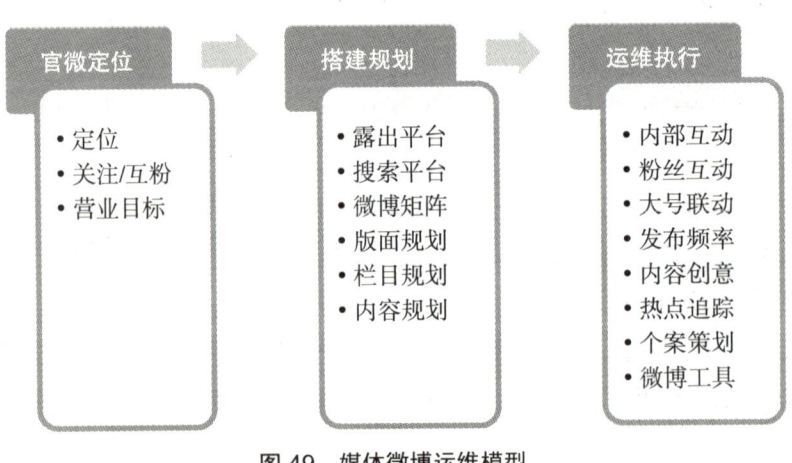

图 49 媒体微博运维模型

引用自《灵思营销》媒体微博培训手册

（一）定位策略

首先要明确的第一点就是开设微博的目的。界定微博的定位是做单纯的信息发布平台，还是品牌宣传，还是为了扩大影响力，然后才能在此基础上发布相关内容，吸引目标粉丝群，才能针对其销售产品，做到利益最大化。对不同媒体其定位也不尽相同，但可以确定的是合适的定位是所有微博运营的关键和基础。

（二）组织策略

1. 组织人员管理

保证运维人员的基本配置，明确其职能职责，赋予其足够的自主权，加强人员的定期培训，明确相关运维人员的考核目标，通过有效举措对运维人员进行激励。

2. 搭建微博运营知识库

构建业内意见领袖知识库和行业知识动态数据库，为媒体日常运维提供必要的智力库支撑。

（三）互动策略

1. 评论策略

如对常规评论可简单回复或者不回复；而对观点类评论，作为主信息内容的补充及意见很有意义，应及时转发或重点推荐，鼓励粉丝发言；对负面性评论，即反对性观点等要积极回应，认真对待。

2. 转发策略

进行必要的常规转发，积极转发观点类博文，适度转发负面新闻信息。

3. 私信策略

要做到以下原则：及时（第一时间回复，快速反应是王道）、分类原则（对目标微博进行分类整理）、对等原则（私信对方地位对等）、互动原则（建立多层次的沟通互动机制，包括@、私信、转发、评论以及QQ、短信、电话综合应用）、闭环原则（每个客户的情况都要闭环）、持续原则。

4. 监控策略

对媒体相关关键词进行定点搜索监控。

5. 意见领袖维护策略

与业界意见领袖及时有效互动，增加其推荐的可能性，进而形成意见领袖影响力矩阵格局。

（四）内容策略

1. 栏目设置

秉承相关性、互动性、趣味性等原则。

2. 打造合理的内容发布流程

定时栏目—内容收集—统一整理并审核—审核通过定时发布；

非定时栏目—即时取材编辑—即时审核—审核通过即时发布。

3. 内容发布策略

（1）有趣原则：草根热门微博排行榜中前三位一般都是搞笑的内容，说明用户喜欢看有趣好玩的内容，媒体在运营微博做内容的时候一定要把握有趣的原则，当然有趣的含义对于媒体来说并非发布一些冷笑话这类的内容，而是需要创造一些用户喜闻乐见的有创意的内容，一旦媒体的微博内容有趣好玩，就有了被分享的基因。

（2）实用：用户也喜欢有"料"的内容，或者最近比较流行的"干货"，从草根微博榜单中可以看出来像@精彩语录、@生活小智慧都是这方面的典型代表，用户之所以关注它们，是因为它们为用户提供了一些实用的知识，比如在@生活小智慧中随处可见如夏日美白的10个技巧，饭后六个不好的习惯等于慢性自杀等内容。

（3）相关性：现在是信息爆炸的时代，用户每天都在信息的大海中游泳，面对着信息泛滥，他们更加需要"相关"，媒体发布的内容不仅要相关，还要努力打造在"相关领域"的权威。

（4）多元化：有的用户喜欢看视频、有的喜欢看长篇的文字，而有的则喜欢图片，所以，媒体在做微内容时要有这方面的意识，尽可能多地为用户提供多样化信息，能做成图片的做成图片，能拍成视频的拍成视频，能写成比较长的文字则做成长微博，让不同的用户各取所需，纵观整个微博，凡是热门话题都基本上是图文并茂甚至是有视频的。

（5）有序性：可以利用标签和话题让零碎变有序；利用小结专题让内容变有序；另外，发布时间和频率要有序。

总之，内容发布一定要掌握好节奏，太频繁不行，太稀疏不行，要适当。

4. 建立媒体微博信息数据库

每个媒体官方微博都应建立自己媒体微博的资料库，资料库的作用主要是存储、备录及共享。不仅能够方便内容的摘用,还能建立自己媒体的文档库,为媒体打造属于自己的观点集及知识库。将这些资料共享,不仅能促进微博工作进展及媒体的内部学习,也是媒体微博成长及运营成果的一种见证。

(五)外观策略

1. 微博模板:微博模板的设置一定要遵循两个原则:美观性原则和一致性原则。

2. 微博头像:要注意美观和一致性,切忌频繁变动。

3. 个性域名:域名要有个性并且简便,与媒体名称保持一致性。

4. 标签:标签具有展示和搜索作用,一般要少于10个,尽量简短。

5. 子媒体:媒体可在微博界面上设置子媒体账号,形成媒体矩阵效应,对媒体子账号或关联微博进行推广。

6. 名编辑记者展示:在媒体微博的主页上呈现出属于本媒体的所有记者微博,形成统一性的媒体品牌形象。

附录一：媒体官微综合影响力 TOP300

序号	媒体微博	影响力指数	序号	媒体微博	影响力指数
1	@南方都市报	99.2	151	@看历史	50.8
2	@中国新闻周刊	94.9	152	@温州晚报	50.7
3	@新周刊	91.1	153	@商业价值杂志	50.6
4	@Vista看天下	90.3	154	@新安晚报	50.4
5	@人民日报	89.7	155	@武汉晚报	50.3
6	@新闻晨报	89.6	156	@嘉人	50.3
7	@创业家杂志	87.7	157	@中山日报	50.2
8	@潇湘晨报	87.6	158	@今晚报	50.2
9	@广州日报	87.3	159	@羊城地铁报	50.2
10	@凤凰卫视	86.2	160	@温州都市报	50.1
11	@南方周末	85.9	161	@湖北卫视-我爱我的祖国	50.1
12	@三联生活周刊	85.3	162	@安徽卫视	50.1
13	@南方日报	84.4	163	@北京卫视	50.1
14	@南方人物周刊	83.1	164	@意林杂志	50.0
15	@非诚勿扰	83.1	165	@CCTV我要上春晚	49.9
16	@扬子晚报	83.0	166	@商业周刊中文版	49.8
17	@每日经济新闻	83.0	167	@芒果娱乐无极限	49.8
18	@米娜	82.8	168	@Easy_Magazine	49.7
19	@新快报	82.1	169	@参考消息	49.6
20	@都市快报	81.1	170	@中国日报	49.6
21	@21世纪经济报道	80.9	171	@我是大美人	49.6
22	@中国国家地理	80.8	172	@南京周末	49.6
23	@成都商报	80.3	173	@深圳卫视	49.4

(续表)

序号	媒体微博	影响力指数	序号	媒体微博	影响力指数
24	@第一财经日报	79.3	174	@重庆时报	49.3
25	@楚天都市报	78.0	175	@金陵晚报	49.1
26	@南风窗	77.8	176	@外滩画报	49.1
27	@青年时报	77.7	177	@深圳晚报	48.9
28	@华西都市报	77.1	178	@东南商报	48.9
29	@新京报	76.8	179	@天津美食探店	48.8
30	@信息时报	76.8	180	@LENS杂志	48.8
31	@湖南卫视	76.6	181	@蒙牛酸酸乳音乐风云榜	48.8
32	@南都周刊	76.3	182	@汕头电台快乐123	48.8
33	@钱江晚报	76.1	183	@今日近日墨尔本	48.8
34	@读者	75.2	184	@CCTV看见	48.8
35	@辽沈晚报	75.0	185	@非你莫属	48.6
36	@经济之声	74.9	186	@电脑爱好者	48.3
37	@京华时报	74.8	187	@环球资讯广播	48.2
38	@齐鲁晚报	74.4	188	@炎黄春秋编辑部	48.1
39	@青年文摘	74.0	189	@男人装	48.1
40	@经济观察报	73.8	190	@晶报	48.1
41	@法制晚报	73.7	191	@辽视第一时间	47.9
42	@F1速报	73.0	192	@春城晚报	47.8
43	@江苏卫视	72.6	193	@937江苏新闻广播	47.8
44	@华商报	72.5	194	@城市至尊音乐榜	47.7
45	@昕薇	72.2	195	@新北方官方微博	47.7
46	@浙江卫视中国蓝	71.6	196	@Vogue服饰与美容	47.5
47	@北京晚报	71.5	197	@新地产	47.5
48	@中国歌曲排行榜	71.2	198	@第一财经	47.3
49	@北京青年报	70.8	199	@都市时报	47.3
50	@贝太厨房	70.7	200	@壹读	47.3

（续表）

序号	媒体微博	影响力指数	序号	媒体微博	影响力指数
51	@东方早报	70.6	201	@IT经理世界杂志	47.3
52	@环球时报	69.9	202	@辽宁卫视	47.3
53	@中国好声音	69.8	203	@广州台最街拍档	47.3
54	@摄影之友	69.7	204	@中央人民广播电台	47.2
55	@天府早报	69.6	205	@新视线	47.1
56	@成都晚报	69.3	206	@青春剧透社	47.0
57	@中国之声	69.1	207	@河北音乐广播	47.0
58	@CCTV证券资讯中心	68.7	208	@红秀GRAZIA	46.9
59	@央视新闻	68.1	209	@天下女人	46.8
60	@CCTV焦点访谈	67.8	210	@河北青年报	46.5
61	@TVBS	67.7	211	@解放日报	46.3
62	@中国企业家杂志	67.4	212	@STV新闻夜线	46.2
63	@美国国家地理	66.9	213	@直播生活官方微博	46.1
64	@经理人杂志	66.9	214	@1024星光慢摇吧	46.1
65	@长江商报	66.8	215	@天下网商	45.8
66	@现代快报	66.0	216	@YOHO潮流志	45.7
67	@博客天下	65.7	217	@第一时间	45.7
68	@海峡都市报	65.5	218	@科幻世界	45.6
69	@电脑报	65.2	219	@MiLK雜誌	45.6
70	@瞭望东方周刊	65.2	220	@打鱼晒网	45.6
71	@深圳卫视-年代秀	64.4	221	@文史参考	45.4
72	@中国周刊	64.3	222	@五星体育	45.4
73	@凤凰周刊	64.3	223	@河南新闻广播	45.4
74	@三湘都市报	63.7	224	@行报	45.3
75	@南都广州	63.3	225	@重庆晚报	45.3
76	@央视财经	63.3	226	@华夏地理	45.3
77	@新闻日日睇	63.2	227	@1048苏州交通广播	45.3

(续表)

序号	媒体微博	影响力指数	序号	媒体微博	影响力指数
78	@证券市场周刊	62.8	228	@瑞丽服饰美容	45.3
79	@英才杂志	62.4	229	@经视直播官方微博	45.3
80	@央广神州之声	62.4	230	@南都评论	45.2
81	@中国经营报	62.3	231	@伊周Femina	45.2
82	@快乐大本营	62.1	232	@生命季刊	45.2
83	@CCTV音乐	61.7	233	@深圳特区报	45.1
84	@时代报	61.4	234	@看电影杂志	44.9
85	@中国网络电视台	61.3	235	@山西晚报	44.9
86	@羊城晚报	61.1	236	@南国早报微博	44.9
87	@创业邦杂志	61.0	237	@证券市场红周刊	44.8
88	@重庆晨报	60.5	238	@山东卫视天下父母	44.8
89	@南都深度	60.4	239	@天天向上官方微博	44.7
90	@时尚芭莎	60.1	240	@江西卫视	44.7
91	@南京零距离	60.0	241	@湖南交通频道官方微博	44.7
92	@第一财经周刊	59.3	242	@珠江时报	44.6
93	@环球企业家杂志	58.6	243	@网球大师俱乐部杂志	44.5
94	@下厨房菜谱	58.1	244	@新娱乐	44.4
95	@ELLE	58.1	245	@父母世界Parents杂志	44.3
96	@MusicRadio音乐之声	58.0	246	@每日新闻报	44.3
97	@旅游卫视官方微博	57.8	247	@MTV中文频道	44.3
98	@家人杂志	57.2	248	@都市频道	44.3
99	@CCTV天下足球	57.0	249	@988超级麦克风	44.3
100	@南都娱乐周刊	57.0	250	@都市报道扩大版	44.2
101	@环球杂志	56.9	251	@申江服务导报	44.0
102	@新民晚报新民网	56.6	252	@汕头电台大笑江湖	44.0
103	@佛山日报	56.1	253	@卖家刊	43.9
104	@山东卫视	55.9	254	@汽车912	43.9

(续表)

序号	媒体微博	影响力指数	序号	媒体微博	影响力指数
105	@精品购物指南	55.8	255	@吉和网	43.8
106	@大河报	55.8	256	@Hello悦己	43.8
107	@新财富杂志	55.7	257	@FM1045女主播电台	43.8
108	@21世纪英文报	55.5	258	@广东卫视	43.8
109	@河南商报	55.5	259	@生活报	43.7
110	@MnetCN	55.3	260	@NBTV看看看	43.7
111	@青岛交通广播FM897	55.3	261	@中山商报	43.5
112	@杨澜访谈录	55.2	262	@世界建筑	43.4
113	@财经杂志	55.1	263	@杭州日报	43.4
114	@香港新浪娱樂	55.1	264	@心理月刊	43.4
115	@时尚先生Esquire	54.7	265	@北京卫视-养生堂	43.3
116	@CCTV5体育新闻	54.7	266	@卡娜	43.2
117	@新民周刊	54.6	267	@歌声传奇	43.2
118	@浙江交通之声	54.6	268	@麻省理工科技创业	43.1
119	@东方卫视番茄台	54.4	269	@全民好声音V	43.0
120	@重庆商报	54.3	270	@苏州日报	42.8
121	@大连晚报	54.3	271	@旺报	42.8
122	@影视赞着看	53.9	272	@佛山电视台-小强热线	42.7
123	@南都深圳读本	53.9	273	@江南都市报	42.6
124	@北京青年周刊	53.9	274	@男士健康	42.6
125	@直播南京官方版	53.8	275	@SOLE官方微博	42.6
126	@杭州交通918	53.8	276	@中国医学论坛报	42.5
127	@美味人生	53.5	277	@爱笑会议室官方微博	42.5
128	@郑州晚报	53.4	278	@今日最新闻官方微博	42.3
129	@汽车族杂志	53.4	279	@东方卫报	42.2
130	@宁波晚报	53.3	280	@财富中文网	42.2
131	@商界杂志	53.2	281	@计算机世界	42.2

（续表）

序号	媒体微博	影响力指数	序号	媒体微博	影响力指数
132	@城市画报	53.0	282	@第一财经宁夏卫视-财富梦想	42.2
133	@健康时报	52.9	283	@贵州卫视非常完美	42.2
134	@沈阳晚报	52.9	284	@中外管理杂志	42.1
135	@CCTV5	52.9	285	@大嘴帮您选饭店	42.1
136	@1818黄金眼	52.7	286	@青年报	42.0
137	@HITFM	52.7	287	@山西卫视	42.0
138	@Discovery探索频道	52.4	288	@云南信息报	41.9
139	@有报天天读	52.2	289	@TimeOut北京	41.9
140	@半岛晨报	52.1	290	@成功营销	41.9
141	@中华美食频道	51.9	291	@精彩OK	41.9
142	@东莞时报	51.6	292	@程序员杂志	41.8
143	@新娱乐妈妈咪呀	51.6	293	@户外探险	41.8
144	@宁波日报	51.3	294	@新闻早早报	41.8
145	@时尚COSMO	51.3	295	@中央电视台电视剧频道	41.7
146	@海飞丝中国达人秀	51.3	296	@环球人物杂志	41.4
147	@完美孕妇杂志	51.2	297	@美丽俏佳人	41.4
148	@娱乐现场	50.9	298	@东广新闻台	41.4
149	@东南卫视-娱乐乐翻天	50.8	299	@SIZE潮流生活	41.3
150	@东南快报	50.8	300	@北京新闻广播	41.3

第五部分 网络标杆媒体影响力评估（2012）

前言 标杆网媒影响力评估报告研究技术说明

一、数据来源及甄选

本报告的数据来源抓取主要本着以下几个原则：
- 时效性：最新的数据，截止到报告发布时的数据
- 权威性：数据来源权威，有较高的可信度
- 原创性：数据尽量使用第一手的数据
- 客观性：数据来源和搜集以客观、可信为基础，数据抓取和搜集后要经过多人多次认真核对分析，准确无误后方进行下一步的分析处理

具体数据抓取来源包括以下几个方面：

1. 人大-方正舆情监测平台数据

该平台监测目标在横向上主要包括以下几个类别：微博、新闻、论坛、博客、贴吧及社交网络等；在纵向上主要从三个级别：中央级、大区域和省级、地市级；重点监测的领域：时政、财经、房产、汽车、社会、娱乐、体育等。该平台24小时实时抓取其数据来源进行分析，并按照设定的算法进行重新组合、消重、重建索引概述，并根据需要形成聚类分析；并有任务追踪功能，可以根据需要修改和增加与监测对象相关的聚类关键词，另外该系统借助元搜索（搜索引擎的搜索）对全网进行次级监测，即设定一定的关键词，其自动向百度、谷歌、雅虎、必应等搜索引擎提出搜索请求，并根据设定的规则将搜索来的信息自动消重处理按照时间或者相关性等顺序呈现出来，实现全网搜索功能。

本次研究该平台主要抓取的是微博（新浪微博、腾讯微博、搜狐微博和网易微博等）、新闻网站、论坛（天涯等综合论坛和地方区域论坛）、博客等有关腾讯、新浪、搜狐、网易和凤凰的数据信息。

2. 第三方研究机构的数据

这类数据主要包括以下几个来源：

（1）Alexa 数据

Alexa 是互联网首屈一指的免费提供网站流量信息的公司，创建于 1996 年，一直致力于开发网页抓取和网站流量计算的工具。Alexa 排名是目前贯常用来评价某一网站访问量的重要指标，每天在网上搜集超过 1000GB 的信息，然后进行整合发布，现在它所搜集的 URL 数量已经超过了 Google。是当前拥有 URL 数量最庞大，排名信息发布最详尽的网站。

（2）Altavista 数据

Altavista 是全球最知名的网上搜寻引擎公司之一，同时提供搜寻引擎后台技术支持等相关产品。AltaVista 是一个以网页全文检索为主、同时提供分类目录的搜索引擎。内容极其丰富，真正可以称海量信息检索。主要可以提供某一特定网站的网页总数、链接总数、外部链接数、网络影响因子、链接效率等数值。

（3）公开发表的权威报告数据

本研究报告个别数据需引用相关公开发表的研究报告数据，如中国互联网络信息中心 CNNIC《第 30 次中国互联网络发展状况统计报告》、《2012 年中国手机浏览器用户行为研究报告》、《2012 年中国网民搜索行为研究报告》、《2011 年中国网民网络视频应用研究报告》、《中国移动互联网发展状况调查报告》等报告。

需要特别说明的是，所有数据采集的截止日期为 2012 年 11 月 15 日，数据采集的时间段为 2011 年 11 月 16 日-2012 年 11 月 15 日。

二、研究对象

本报告主要的研究对象为新浪、腾讯、搜狐、网易和凤凰网等五大门户网站，因为目前新闻门户网站的市场格局是典型的极高寡占产业，据 Alexa 相关数据流量统计显示，目前中国新闻门户网站流量前四家（新浪、腾讯、搜狐、网易等）的所有流量占所有新闻网站流量的 85.2%，即 CR4 值为 85.2%，说明我国综合门户网站产业前四位企业的市场占有率达到了 85.2%，市场集中度很高，如果加上凤凰网的流量，前五家的市场占有率为 92.3% 左右。因此，研究这五家综合门户网站具有重要的标杆价值和产业借鉴意义。

三、指标体系构建及解读

1. 指标体系指导理论——从接触点理论到认知界面理论

接触点理论是品牌传播和品牌营销的新理论,所谓接触点(Contact Point)是品牌或产品与消费者产生信息接触的地方,运送营销信息的载体。它不局限于广播、电视、报纸、杂志、户外、因特网等媒体,还包括产品本身、产品网站、交流产品使用体验的亲友等,只要能成为传播营销信息的载体,就可以视为接触点。不同接触点交错相结合,会形成所谓的"认知界面",从接触点到认知界面进而构成了品牌在民众大脑中的真实品牌形象。本报告使用该理论作为指标体系的指导理论。

2. 指标体系的构建

一级指标	二级指标	三级指标	四级指标
网媒影响力指数 100	网媒硬实力 50	网媒影响力 25	空间覆盖影响力 6.3
			新闻领域覆盖影响力 6.3
			主流人群渗透力 6.3
			用户黏性 6.3
		新媒体产品影响力 25	微博影响力 6.3
			新闻APP应用影响力 6.3
			网络视频影响力 6.3
			新闻内容影响力 6.3
	品牌形象力 50	大众媒体形象 16.7	大众媒体曝光率 8.3
			大众媒体美誉度 8.3
		草根网民形象 16.7	论坛提及度 4.2
			论坛美誉度 4.2
			微博不加V用户提及度 4.2
			微博不加V用户美誉度 4.2
		意见领袖形象 16.7	微博加V用户提及度 4.2
			微博加V用户美誉度 4.2
			学界提及度 4.2
			学界美誉度 4.2

本指标体系主要从硬实力和软实力两个方面来衡量五个标杆网媒平台的综合实力和影响力，硬实力方面又主要从两个方面展开：一是从网站整体实力；二是根据接触点理论，从网站和受众之间接触点即产品的影响力入手，测量不同产品的综合影响力指数；软实力测量民众心目中五个网媒的品牌形象，根据接触点理论，品牌形象主要从三类基本话语群体进行品牌形象建构，一类是大众媒体报道中的品牌形象；一类是网络意见领袖和学界心目中的品牌形象；一类是一般网民即草根心目中的品牌形象。

对该指标体系各指标权重的赋值，本书采用平均赋值法[1]，即软硬实力各占50%，软硬实力下面的三级指标也平均赋值，依此类推。

---

[1] 指标赋值可以采用特尔斐专家赋值法和平均赋值法，由于专家库的不固定和随意性，指标赋值的有效性值得商榷，由于本白皮书第一次发布，因此采用平均赋值法。

第一节　标杆网媒影响力评估报告的研究背景

一、信息生产方式变化：由传统的组织化生产到社会化大生产

通过分析近年来的热点舆情事件的传播规律，我们不难发现，其传播的基本路径：综合或专业论坛爆料——微博扩大传播面——传统大众媒体"主流化"、"仪式化"——新浪等门户网站转载进一步扩大到整个社会层面。基本情况如下图所示。

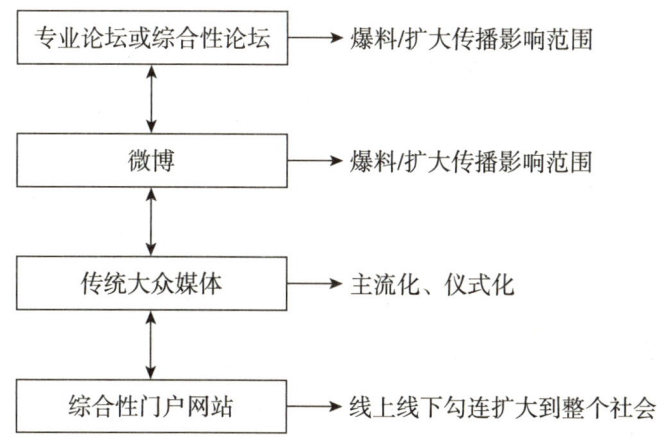

从上面可以看出目前的新闻信息生产方式由传统的专业组织生产转变化为社会化大生产形式，社会性媒体让"人人是记者"变成可能，促使组织化的新闻生产逐渐"去中心化"。社会性媒体能让公众快速获取信息、积极表达意见乃至促使社会行动，如"围观改变中国"所言，其民意聚集、舆论生成的功能将对传统媒体的新闻生产发挥积极作用。尤其当一些关乎社会问题、官民冲突、权力腐败的公共事件发生时，由于传统媒体的传播速度较慢、报道空间受限，当事人、目击者以及新闻从业者更有意识地利用微博的裂变式传播效应，以发文、转帖、关注的围观力量进行传播和动员。

二、信息传播方式变化：单通道传播到多元融合

随着传媒产业的发展，特别是微信、微博等代表的传播技术革命性进步，传

播市场上的渠道资源以一种不可遏止的方式释放出来,信息传播渠道的数量规模及其品种质量都有了爆发式的增长,一切我们过去熟悉的传播影响力的产生方式以及市场赢利模式都遭遇了空前的挑战。在传播通道规模扩张和大量堆积的大背景下,传统的传播管制的力度和效能将会有一个平均化的递减;而过去我们引以为最有价值的版面和时段等等也都会因为其大量"过剩"而变得价值打折。从传播效果来说,无论是政治宣传的那种"媒体连动",还是广告投放的那种"集中轰炸",其传播效果都在明显衰减……"渠道霸权"时代终结了,一个新的传播时代开始了。

自媒体、社会性媒体、社交网络……新概念层出不穷,彻底改变了媒体和信息传播的方式,任何一个人,都可以利用社会化媒体来实时传播身边的第一手信息,这直接颠覆了过去由主流媒体一统天下的格局。传统的传播者—接受者泾渭分明的界限被彻底打破,"话语平权"成为一种可能性,传统大众媒体在传统社会中所拥有的风光在社会化网络时代已经不复存在。

三、信息消费方式变化:由深阅读转向快餐化的3A信息消费模式

微博等社会性媒体释放出巨大的传播能量的同时也改变了社会大众的信息消费方式和行为,具体表现在以下环节。

1. 信息获取环节:从"固定套餐"转为"信息超市"

传统信息获取只能依靠于传统的媒介组织的固化提供,除此之外的信息只能依靠社会大众个体的社会网络的覆盖范围,信息获取的宽度和深度都不够。微博使得人人成为记者,信息源的广度和深度是任何传播时代所无法比拟的,这些信息就像超市的物品一样有序地陈列在微博平台上,社会大众可以根据自己的偏好和口味自由地选取,获取的成本和信息的壁垒基本可以忽略不计。

2. 信息消费环节:从深阅读到3A信息消费模式

渠道的霸权使得信息的容量和呈现方式都相对匮乏,信息在渠道霸权时代是一种稀缺性资源,无论是何种类别的信息,微博时代使得信息的通路具有无限性,信息的增长呈爆炸发展,信息消费模式发生了彻底变化,任何人任何时候在任何地点都可以自由地消费着自己喜爱(乃至不喜爱)的信息。

第二节 标杆网媒原创栏目及覆盖人群分析

中国互联网信息中心第 30 次互联网调查显示,我国网民总数已经达到 5.38 亿人,是世界上网民最多的国家,其中网民网络新闻的使用率为 72.9%,用户规模超过 3.92 亿,网络新闻对社会有重大的影响。与国外以具有传统媒体背景的新闻网站在互联网新闻传播中占主导地位不同的是,在我国,没有传统媒体背景的商业门户网站在网络新闻传播中占有优势地位。根据 Alexa 相关数据,商业门户的排名远远高于新闻网站。其中,腾讯三个月平均独立访问者人数是在新闻网站中综合排名第一的新华网独立访问者人数的 12 倍,可见两者差距之大。因此,研究国内商业门户网站的运营情况对整个行业具有重要的标杆价值和借鉴意义。

一、腾讯、新浪、网易、搜狐、凤凰等原创栏目分析

金牌原创栏目比较

从架构和栏目设置上看,五大门户网站均形成了自己较为稳定的风格,较为相似的是新闻页面要闻之上通常是分栏的主题,例如新闻、娱乐、汽车、女性、财经等等,之下则为动态的广告。在新闻板块上,还有更加细致的栏目,比如首页、国内、国际、社会等等。最为重要的要闻通常在最中间,两边设立话题、评论、图片新闻、视频新闻等栏。

新浪网新闻页面采用三栏式结构,左边为图片新闻、新浪视频、图片新闻,右边为专题和今日视点(包括新浪网专题评论以及转载自纸媒的评论),中间一栏为要闻,以 2012 年 11 月 14 日为例,要闻部分分为十八大特别报道、国内国际时事新闻以及地方新闻,包括图片、视频、专题、滚动链接。板块清晰,结构清楚,视频和图片、文字相结合,图片(视频)集中在左半部分,板块主要颜色为红色和蓝色,以暖色调为主。从要闻版的板块和栏目面积来看,图片占到一半的面积,并且有不同大小的图片规格,作为文字配图的图片通常较小。若以新闻中心的菜单栏为起始,以类似于报纸的"市场线"以上来看,要闻、专题、视频、图片和评论都得到了体现。尤其视频主要为新闻、娱乐和体育,图片也偏向于社会化的题材,在栏目上体现了较为生活化、趣味化的特征。

腾讯新闻首页从栏目版式和设计来看，也主要分为三栏，左边依次为今日话题、评论、新闻百科、历史，中间以文字链接标题为主，其中今日话题是腾讯网的金牌栏目，在业界和学界评价也较高，其主要是评议时事资讯热点，发挥重要的媒体监督职能，每天都在向数百万高端读者输送思想精华，影响力波及上亿网友。右边则依次为滚动要闻图片、视频、图片专题。页面底色为白色，较为简洁，标题和文字颜色也以红色和蓝色为主，图片较少，主要作为配文字出现，滚动图片和图片规格也相对较小，图片（视频）面积约占1/3。新闻的口号：事实的力量也表明腾讯网较为重视新闻，而评论主要来自于其他媒体。

搜狐的新闻页面也是通行的三栏式，左边依次为重要图片、精品栏目（专题策划）的链接，右边为搜狐视频（包括新闻、影视剧等等）、广告、专题和活动，中间为要闻。没有专门的评论和图片板块，较为强调视频和专题。并且，要闻标题在处理上也并不会表明是否视频或者图片集。在色调上，底色为红色，文字以蓝色和红色为主。图片以配图和小图的形式出现，基本上左右两边栏目中都有小图，在面积上超过一半。头版的栏目设计也体现了搜狐的推广偏好，较为重视视频和搜狐自有的专题策划，图片和评论则相对没那么突出。

网易新闻的口号是"有态度的新闻门户"，体现了网站的宗旨。从栏目设计上看，与其他几个门户网站稍有不同，三栏式并非是传统的三等分，而是左右两边较宽，中间较窄，视觉图片主要集中在右边，滚动图片以跨栏（中间和右边）的形式打破了三等分的局面，形成了视觉强势。栏目左边为要闻，中间为专栏文章（专业控，作者为搜狐专栏作者）、数读（网易较为特色的专题，主要以图片和数字来解读一些现象），右边为滚动图片（跨栏）、新闻专题、高层动态、视频等等。中间栏目的名字较为有特色，另外高层动态栏目也体现了网易新闻对政治高层的关注。页面底色为白色，标题和文字以红色和黑色为主，较为庄重。图片主要在于滚动图片和文字配图，结构较为轻松，不会过于紧凑。图片集中在右边，约占版面的1/3。

凤凰的页面板块较为清楚，也是采用三栏式，左边一栏较窄，约采用2:4:3的比例分布。菜单栏下面有一行滚动文字新闻，较快速地展示最新消息更新。左边较窄的一栏主要是凤凰较为突出的栏目，依次为凤凰网独家评论员专栏、自由谈（专题评论）、新闻点评、新闻专题，中间最宽的一栏主要是要闻，时政要闻注明发表时间与参与评论人数，右边一栏依次为热点图片、热点视频、广告等等。图片主要分布在两侧，除热点图片外，其他主要为文字配图，面积较小，图片占版面面积低于 1/3。页面底色为白色，文字以蓝色和黑色为主，较为冷静严肃，栏目的设置也体现了凤凰网突出观点和立场的特征。另外，除"市场线"第一屏以外，其他的栏目设置更为偏向于对两岸三地以及财经内容的关注。例如其中一个栏目标题为"大陆·国际·台湾·社会"、两岸三地等等。

为了更好地比较五家门户网站的原创性栏目，加上随着社会资讯的海量爆发，传统的门户网站不仅在给网民提供"信息超市"，而且需要做网民的"意见领袖"和"信息管家"，未来门户网站的新闻竞争也会和目前报纸之间的竞争类似，由原来的新闻超市演变成为"观点超市"，目前五家门户网站都进行了相关探索，都有各自的原创观点栏目，本报告选取了五家网站的核心原创观点栏目进行了比较分析，相关结果如下图所示。

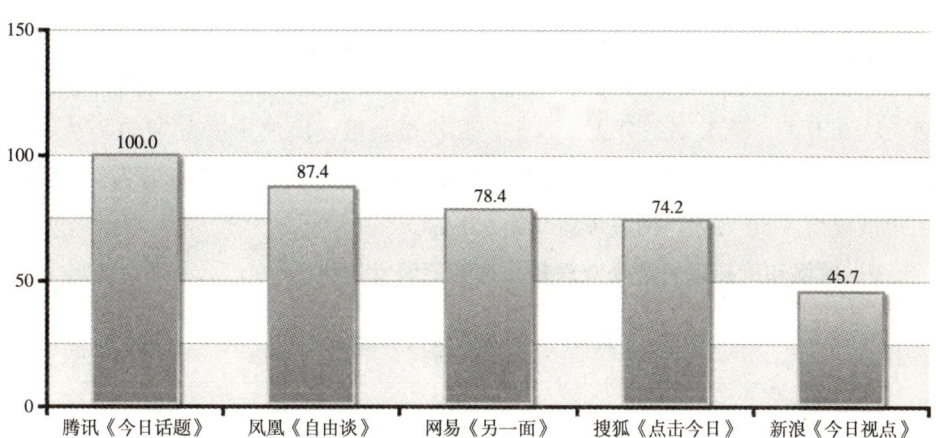

五家门户网站原创评论栏目关注度

腾讯的《今日话题》的网民关注度最高，这一栏目紧跟社会热点焦点问题，经常发表一些振聋发聩的观点，覆盖度和网民关注度都较高；其次是凤凰的《自由谈》；再次是网易的《另一面》；新浪的《今日视点》虽然位置比较突出，但整体来看观点不温不火，波澜不惊，关注度相对不高。

二、各综合门户网站网媒覆盖人群分析

通过对相关接触受众的人群特征分析，可以对其覆盖人群的以下特征进行总结分析如下图所示。

1. 网民覆盖率和用户数量：腾讯覆盖率和用户数量最多，凤凰较低

根据相关网站财报和 Alexa 数据统计，五家门户网站的网民覆盖率和用户总

数如下图所示。

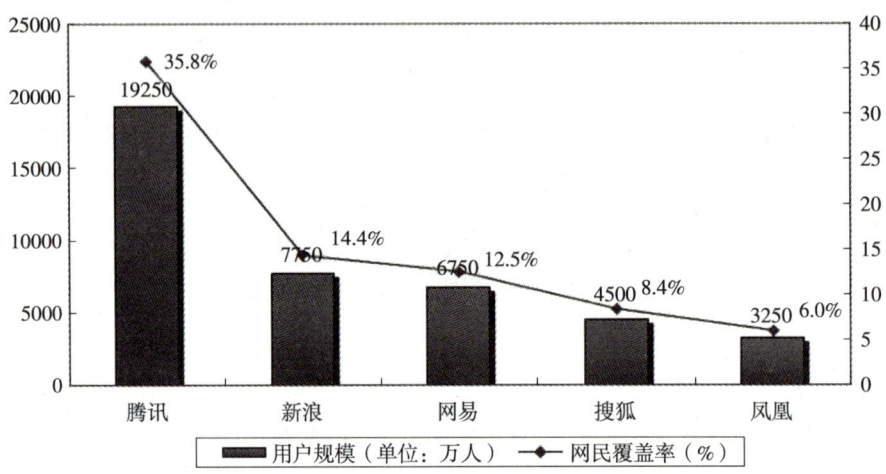

从上图可以看出，腾讯拥有最多的用户群体和中国网民最高覆盖率，用户总数19250万人，覆盖率三分之一以上，其次是新浪，用户规模为7760万人，网民覆盖率14.4%，再次是网易，覆盖率为12.5%，用户规模为6750万人，凤凰网用户规模为3250万人，网民覆盖率为6.0%。

2. 凤凰和网易以男性受众居多，搜狐更偏女性化

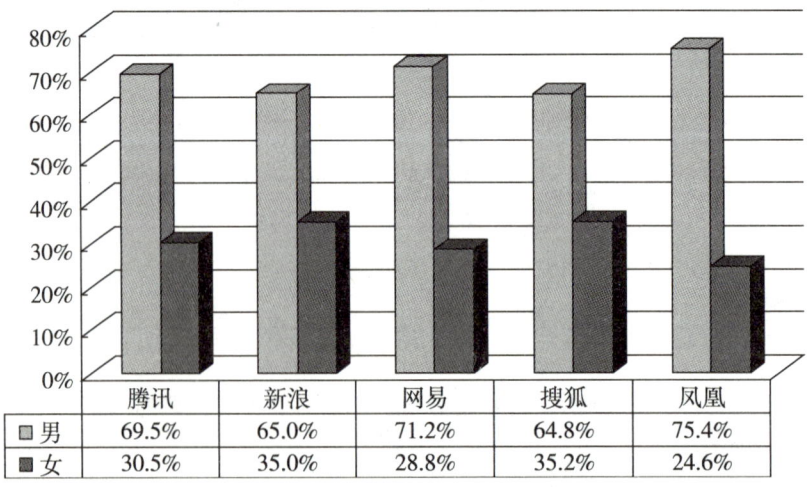

从上图可以看出，凤凰和网易更倾向于男性化媒体，凤凰的深度新闻和网易

的游戏用户多是男性的偏好，因此吸引了男性的关注；搜狐女性频道和娱乐化一直是其主打产品，因此相对获得女性的亲睐，更多偏女性化的媒体，腾讯和新浪相对比较"中庸化"，但和 CINNIC 第 30 次中国互联网情况调查，腾讯的依然是一个偏男性化的互联网站，需要加强对女性朋友的吸引力度。

3. 20-29 岁是各综合门户网站的主力受众人群

下表是各年龄段人群对五家综合门户网站的年龄段分布情况。

门户网站 \ 年龄段所占比例	10-19	20-29	30-39	40-49	50-59	60 以上
腾讯	23.47%	**43.88%**	23.06%	6.73%	2.24%	0.61%
新浪	20.96%	**41.92%**	24.81%	8.46%	2.31%	1.54%
网易	17.77%	**42.77%**	27.15%	8.79%	2.54%	0.98%
搜狐	18.60%	**39.00%**	29.52%	9.30%	2.68%	0.89%
凤凰	10.19%	35.85%	**38.31%**	11.25%	2.81%	1.58%

从上表可以看出，新浪、腾讯、网易和搜狐的受众年龄段主要集中在 20-29 岁，其中腾讯在这一年龄段的比例最高，为 43.9%，这部分人群的消费能力最强，消费观念也最为超前，并且随着这部分人群年龄的增长，十年后会成为社会的主流核心人群，因此腾讯的受众目前的消费能力和未来的主流人群化潜力最高，凤凰的主要年龄段集中在 30-39 岁。下图是计算出的各门户网站的受众平均年龄。

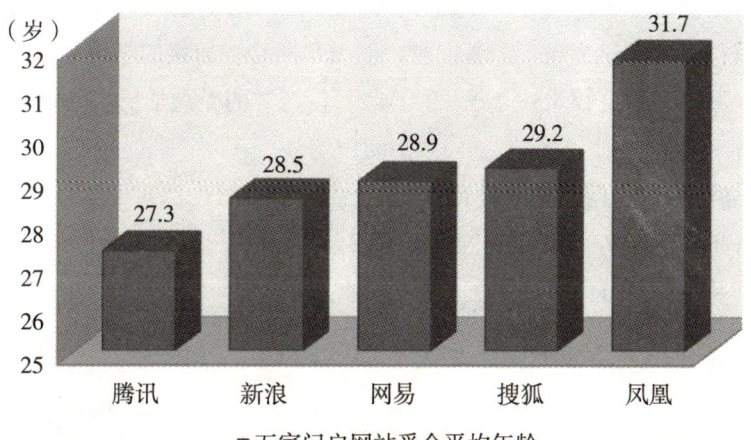

从上图可以看出，凤凰受众的平均年龄最大，为 31.7 岁，其次是搜狐的受众，平均年龄为 29.2 岁，再次是网易 28.9 岁和新浪的 28.5 岁，腾讯受众年龄为 27.3 岁，腾讯受众相对年轻化，随着这部分人群年龄的增长，加上其本身基数最大，其未来成长空间也高于其他几家门户网站。

4. 凤凰和新浪的受众学历水平相对较高，受众为本科及以上学历居多

下图为五家综合门户网站受众的学历情况分布。

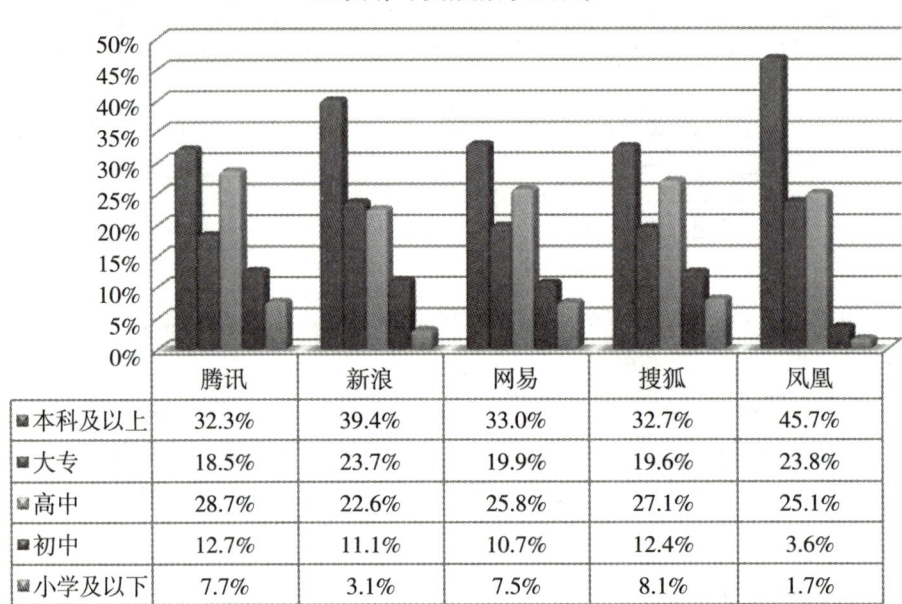

五家门户网站受众学历分布

	腾讯	新浪	网易	搜狐	凤凰
■本科及以上	32.3%	39.4%	33.0%	32.7%	45.7%
■大专	18.5%	23.7%	19.9%	19.6%	23.8%
■高中	28.7%	22.6%	25.8%	27.1%	25.1%
■初中	12.7%	11.1%	10.7%	12.4%	3.6%
■小学及以下	7.7%	3.1%	7.5%	8.1%	1.7%

从上图可以看出，凤凰和新浪的本科及以上学历受众比例为最，小学及以下的受众以搜狐和腾讯为最，综合比较，腾讯和网易、搜狐的学历系数值为 3.7 左右，而凤凰的学历系数 4.5，新浪的为 4.2，后两者的受众学历水平要高于前三家网站。

5. 各综合门户网站均以教育/学生为主要受众群，凤凰的受众人群以政府/公共服务和金融/房产等主流职业人群居多

下图是各综合门户网站受众人群的职业分布。

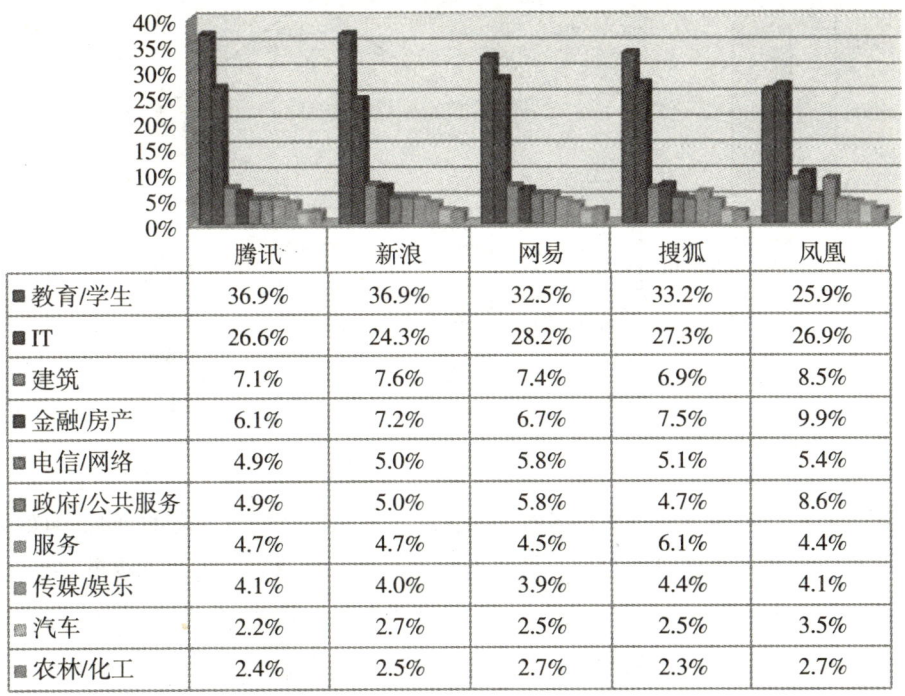

五家门户网站受众职业分布

	腾讯	新浪	网易	搜狐	凤凰
■ 教育/学生	36.9%	36.9%	32.5%	33.2%	25.9%
■ IT	26.6%	24.3%	28.2%	27.3%	26.9%
■ 建筑	7.1%	7.6%	7.4%	6.9%	8.5%
■ 金融/房产	6.1%	7.2%	6.7%	7.5%	9.9%
■ 电信/网络	4.9%	5.0%	5.8%	5.1%	5.4%
■ 政府/公共服务	4.9%	5.0%	5.8%	4.7%	8.6%
■ 服务	4.7%	4.7%	4.5%	6.1%	4.4%
■ 传媒/娱乐	4.1%	4.0%	3.9%	4.4%	4.1%
■ 汽车	2.2%	2.7%	2.5%	2.5%	3.5%
■ 农林/化工	2.4%	2.5%	2.7%	2.3%	2.7%

从上图可以看出，教育行业（含学生）是各门户网站的主要受众群体，金融/房产行业以凤凰和搜狐等为最，主要与凤凰财经、搜狐房产本身做得不错有一定正相关关系；政府/公共服务等社会管理者群体中以凤凰卫视、网易和新浪等相对较多，主要与凤凰与新浪等的深度做得不错有一定关系。这一定程度上也与尼尔森 Nielsen Online 的相关调查数据相印证，在与综合类门户的评比中凤凰网的周覆盖用户规模排名已经进入前五，访问用户的文化程度、收入水平、管理层和专业人员的比例高于其他各大门户网站。

6. 腾讯覆盖主流人群的数量最多

主流人群的多寡是衡量一个新闻网站影响力的一个主要指标，本报告对主流人群的定义主要从职业选择上进行界定，国家公务人员、社会公共服务提供者、金融、大学教师、企业高管等群体称之为主流人群。相关网站的覆盖情况和比例如下图所示。

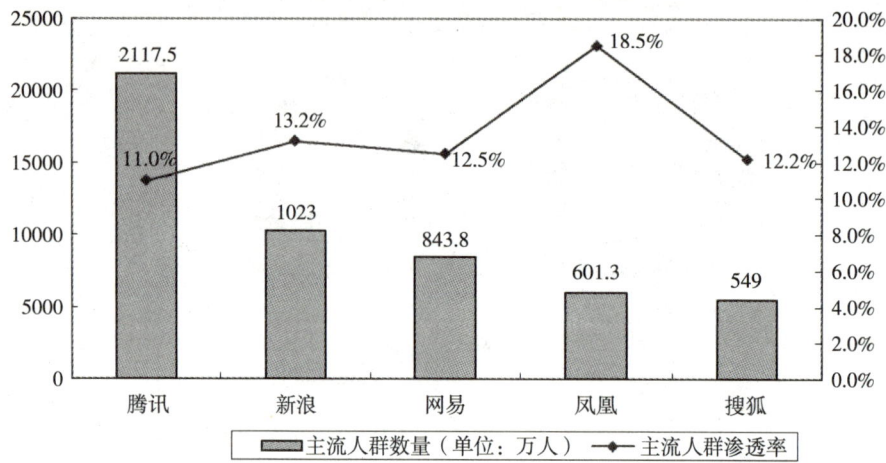

从上图可以看出，在对主流人群的渗透方面，凤凰的相对较高，为18.5%，其次是新浪，为13.2，再次是网易和搜狐，腾讯的相对较低，为11.0%，但如果将各自不同的用户群规模和用户数量考虑进去后，腾讯由于用户群规模基数大，因此其覆盖主流人群的规模也最大，约为2117万人，其次是新浪，新浪主流人群规模约为1023万人，相对而言，搜狐的主流人群规模最少，约为529万人。

需要说明的是，腾讯网的用户中大量的是学生群体，随着这些网民的日益成长和未来就业，有很多会成为主流人群，腾讯的主流人群覆盖率会进一步提升。

第三节 标杆网媒影响力分析

一、新闻内容影响力排行分析

1. 新闻内容影响力评价体系构建

选取每个门户网站的要闻部分新闻,在全年(2011年11月16日-2012年11月15日)构造两个完整构造周,选取五个门户网站新闻中心要闻类头条新闻,总计14天,70条,对以上70条新闻进行相关统计,按照以下指标体系进行分析。

门户新闻内容影响力评价体系		
一级指标	二级指标	三级指标
门户新闻内容影响力指数100	新闻扩散度33.3	用户覆盖数11.1
		新闻二次转载量11.1
		该新闻被微博提及度11.1
	新闻相应度33.3	参与新闻互动人数11.1
		该条新闻评论中契合新闻内容的比率11.1
		手机端评论比例11.1
	新闻扩散度33.3	大众媒体引用度11.1
		加V微博用户提及度11.1
		加V微博用户认可度11.1

2. 腾讯新闻内容影响力最高

根据以上指标体系,各综合门户网站的新闻内容影响力指数如下图所示。

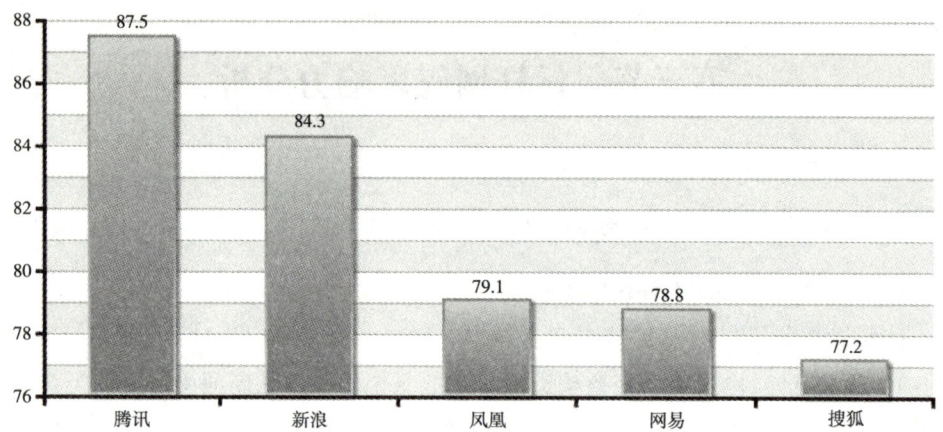

五家门户网站新闻内容影响力

从上图来看，腾讯的新闻内容影响力最高，为87.5，主要是由于其新闻扩散度和新闻的响应度都较高，尤其是其网民覆盖范围最为宽广；其实新浪，作为老牌的新闻门户网站，内容门类齐全，内容丰富，因此新闻内容影响力相对较高；再次是凤凰，凤凰的新闻渗透度最高，主要以其历来以客观、深度和权威著称，但用户互动相对较低，影响了其综合实力；再次是网易，网易目前的用户总量应该在3亿多，独立活跃用户大约4000多万。特别是在网易改版之后，流量有很明显的提升，提升了用户体验新鲜度，加之网易一向以新闻尺度大，视角独特而受到不少网民的欢迎。

二、视频影响力排行分析

1. 视频影响力评价体系构建

对视频影响力的判断主要从以下三个方面来进行判断，一是人气的多寡；二是用户体验的高低；三是视频内容本身的影响力。

门户网站视频影响力指数		
一级指标	二级指标	三级指标
门户网站视频频道影响力指数100	人气指数33.3	视频流量11.1
		周覆盖人数11.1
		曝光度11.1
	内容影响力指数33.3	内容覆盖面8.3
		内容原创率8.3

（续表）

门户网站视频影响力指数		
一级指标	二级指标	三级指标
		内容策划率 8.3
		内容独占率 8.3
	用户体验指数 33.3	喜好度 6.7
		互动率 6.7
		用户黏性 6.7
		流畅度 6.7
		精准性 6.7

2．腾讯视频影响力指数最高，其次是搜狐视频

根据相关数据采集，各门户视频频道的具体影响力指标如下表所示。

网　站	人气指数	用户体验指数	内容影响力指数
腾讯视频	33.3	27.0	33.3
搜狐视频	24.8	33.3	25.8
新浪视频	16.9	26.1	17.3
凤凰视频	15.5	25.2	15.9
网易视频	12.7	18.4	10.6

综合以上各指标，门户网站视频频道综合影响力指数如下图所示。

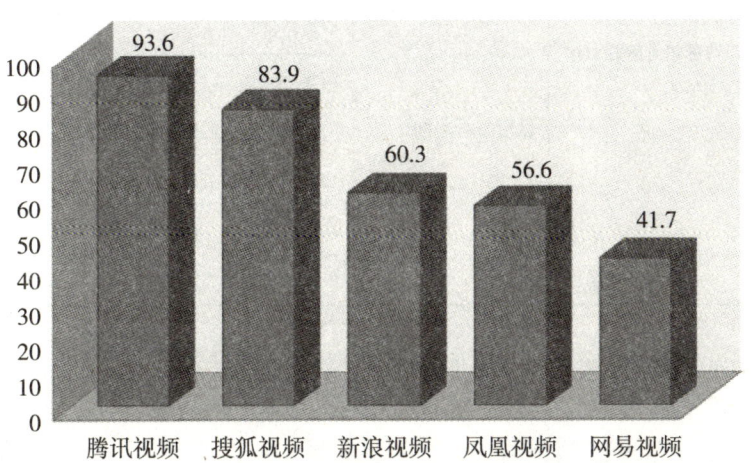

从上图可以看出，腾讯视频人气指数和内容影响力都最高，根据艾瑞相关报告，腾讯视频分别以 1.229 亿和 1.200 亿的周覆盖用户数，甚至连续两周超过优酷，另外腾讯近一年来加大原创节目的策划，另外加大热播剧的独家购买，不惜花 4320 万购买某热播剧，增强影视内容的独播权，因此在很短时间内达到较高的影响力，但给用户带来的体验相对低一些，有待进一步提升。

三、微博影响力排行分析

1. 微博影响力指标体系构建

对微博影响力的评价，本报告主要从以下两个方面来进行判断，一是人气指数，主要从网页流量、用户数量和日活跃度等三个维度来衡量；二是微博本身的影响力，包括用户黏性，如页面 PV 值和页面停留时长，对主流人群的覆盖面，包括名人微博、政务微博和媒体微博的数量等。相关具体评价指标如下表所示。

门户网站微博影响力指数		
一级指标	二级指标	三级指标
门户网站微博影响力指数 100	微博人气指数 50	网页流量 16.7
		用户数量 16.7
		日活跃度 16.7
	微博影响力 50	页面 PV 值 7.14
		网页停留时间 7.14
		前 50 位粉丝最多的用户的总粉丝数 7.14
		同一时间内热点事件数量 7.14
		名人微博数量 7.14
		政务微博数量 7.14
		媒体微博数量 7.14

根据以上指标，可以对各具体指标统计如下表所示。

表6 各综合门户网站微博影响力指数具体指标列表

网站	人气指数	影响力指数
腾讯	48.1	40.5
新浪	50.0	50.0
搜狐	26.7	22.6
网易	18.4	17.9
凤凰	8.4	20.7

根据以上指标，综合影响力指数如下图所示。

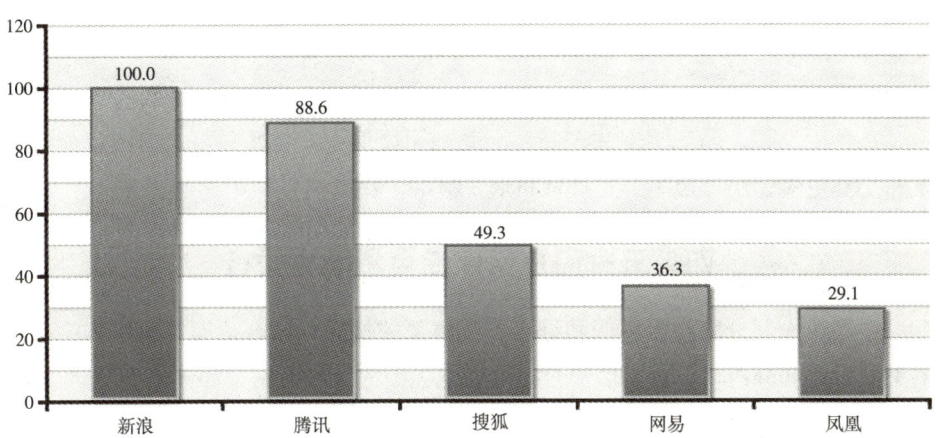

五家门户网站微博影响力指数

在五家门户网站中，新浪微博的影响力指数一枝独秀，无论是人气指数还是影响力指数都高居榜首，其次是腾讯，据腾讯2012年第二季度财报披露，腾讯微博于第二季末注册账户4.69亿，8200万日活跃账户。新浪2012年第二季度财报显示，截至2012年6月30日，新浪微博注册用户3.68亿，平均每日活跃用户3650万，腾讯在用户数量和用户活跃度上已经超过新浪，但其在网站流量等上还有待进一步提升；在影响力方面，新浪在页面PV值和用户停留时间上都超过其余四家，腾讯近一年来在政务微博方面做得有声有色，超过其余四家，因此影响力还有待进一步提升。

综合来看，五家微博的策略如下所示：

- 新浪微博：名人＋粉丝

- 腾讯微博：微博+QQ
- 网易微博：草根
- 搜狐微博：跟随策略
- 凤凰网：高端+线下，凤凰网的特色功能是"小组"和"同城"

综合各种评价性的文本，内容分析的结论是，五家门户网站微博的整体特点如下：

一是门户网站做微博具有明显的优势：如更多的资金投入、更好的政府关系、更强大的监管队伍，但目前来看，门户网站微博同质化严重。

在策略上，新浪微博、搜狐微博更为相似，二者都是求大而全，试图做一个全面的平台，而腾讯与网易相似，二者更注重产品本身，注重用户体验。

三是各门户微博相对封闭，封闭的结果是谁用户最多谁占优。尽管腾讯最晚推出微博服务，其用户量却不容小觑。因此对于所有微博来说开放或许才是唯一出路。

从体验来说，腾讯更专注产品，因此腾讯微博用户体验最好。新浪目前站外发布工具更多、用户最多、支持发布形式最多，在微博发展中遥遥领先。

四、五家门户网媒综合影响力排行

根据第一部分的技术说明和综合评价体系的构建，结合上面对新媒体产品影响力的构建和分析，综合舆情平台抓取的相关数据，相关结果如下表所示。

网站	网媒影响力	新产品媒体影响力	大众媒体形象	草根网民形象	意见领袖形象
腾讯	25	25	13.6	10.9	11.8
新浪	22.6	19.1	16.7	12.5	14.7
网易	20.2	20.2	12.4	16.7	13.6
搜狐	14.8	22.6	12.1	12.4	12.3
凤凰	19.1	6.8	15.4	14.1	16.7

根据以上指标进行加权到相关综合影响力指数如下图所示。

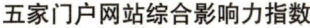

五家门户网站综合影响力指数

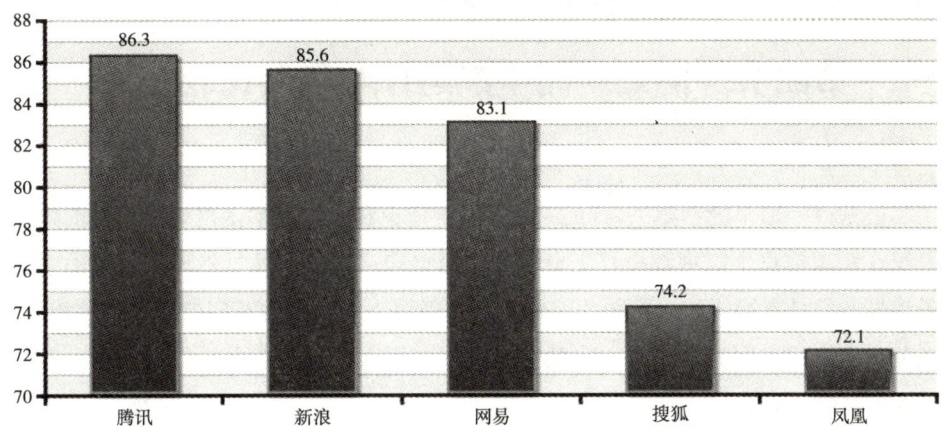

从上图可以看出,腾讯的综合影响力最高,为 86.3,尤其是其在整个覆盖人群和网站流量等指标上远远超过其他门户网站;新浪与腾讯差距不大,其综合影响力指数为 85.6,主要是其网媒影响力和大众媒体形象、草根网民形象相对较高。这里需要说明的是,腾讯的草根网民和意见领袖的社会形象还有待改进,其由于受 3Q 大战、山寨、用户低端刻板印象等影响,这两类人群对腾讯的整体刻板印象有待进一步提升。

第四节　网媒新闻生产运作与机制比较分析

根据卢因提出的"把关"（gatekeeping）理论和布里德的潜网理论不同的媒介组织在新闻信息生产中都会打上自己的渠道烙印，门户网站虽然没有新闻的直接采访权，但具有编辑权，不同的编辑理念呈现出来的同样的新闻信息也不尽相同，因此对不同门户网站所呈现出来的信息文本分析可以呈现出各个媒介组织内部的新闻生产运作与新闻生产机制。

一、新闻信息更新速度

本报告根据网络爬虫每五分钟对五家网站的新闻中心主页的新闻抓取速率，持续跟踪相关五家网站的更新情况发现，五家新闻中心五分钟中新闻更新的频度如下表所示。

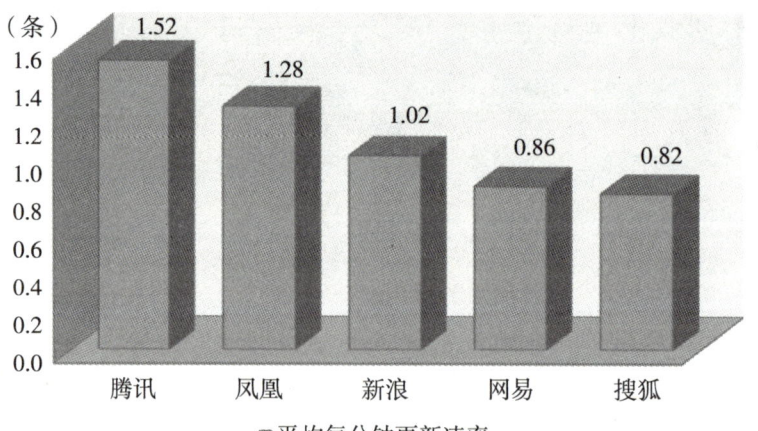

从上表可以看出，在五家主要门户网站中，腾讯的新闻更新速度最快，达每五分钟更新 7.6 条新闻，即平均每分钟 1.52 条，其次是凤凰，每分钟 1.28 条，再次是新浪、网易和搜狐。从某种意义上说，腾讯新闻的速度做得很快，其实一些重大事件上，腾讯对事件的报道跟进比新浪和凤凰还要快，但总觉得影响力稍微有些欠缺，一定程度上和所影响的受众不同，对热点事件关注的人群往往拥有一

定的社会话语权，这说明腾讯新闻在继续做足内功的前提下要加强高端人群和核心人群的覆盖力度。

二、综合媒体形式运用

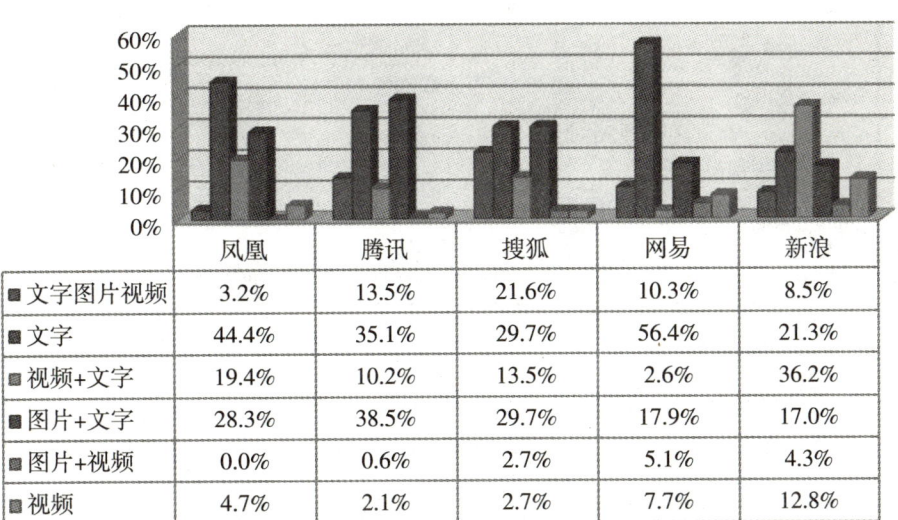

多媒体综合运用比较

	凤凰	腾讯	搜狐	网易	新浪
文字图片视频	3.2%	13.5%	21.6%	10.3%	8.5%
文字	44.4%	35.1%	29.7%	56.4%	21.3%
视频+文字	19.4%	10.2%	13.5%	2.6%	36.2%
图片+文字	28.3%	38.5%	29.7%	17.9%	17.0%
图片+视频	0.0%	0.6%	2.7%	5.1%	4.3%
视频	4.7%	2.1%	2.7%	7.7%	12.8%

从上图可以看出，在对多媒体形式的运用上，新浪更加均衡，尤其是对视频+文字的使用最高，超过其他媒体，使用了目前移动互联终端的需求，网易和凤凰的传统单纯文字报道依然占据着主导位置，腾讯对图片+文字的报道方式比较偏好，但对视频嵌入新闻报道中的多媒体的运用还有待提升，与新浪还存在一定的差距。

三、新闻渠道偏好和新闻原创分析

本报告为了考察新闻渠道和新闻原创，针对不同新闻领域选取了2012年不同新闻专题进行各门户网站之间的比较，选取的新闻专题：时政类新闻报道以2012年全国两会为例、娱乐新闻报道以郭晶晶霍启刚大婚为例、社会新闻报道以老酸奶疑添加工业明胶事件为例、体育新闻报道以伦敦奥运会为例、国内新闻报道以陕西延安客车与罐车追尾事故为例、国际新闻报道以2012美国总统大选为例、科技新闻报道以iPhone5发布为例、财经新闻以2012财富500强发布为例。通过对各专题新闻信息的来源进行统计，来源各新闻网站的自己频道则即为原创新闻，对来源媒体的级别进行统计。相关结果如下图所示。

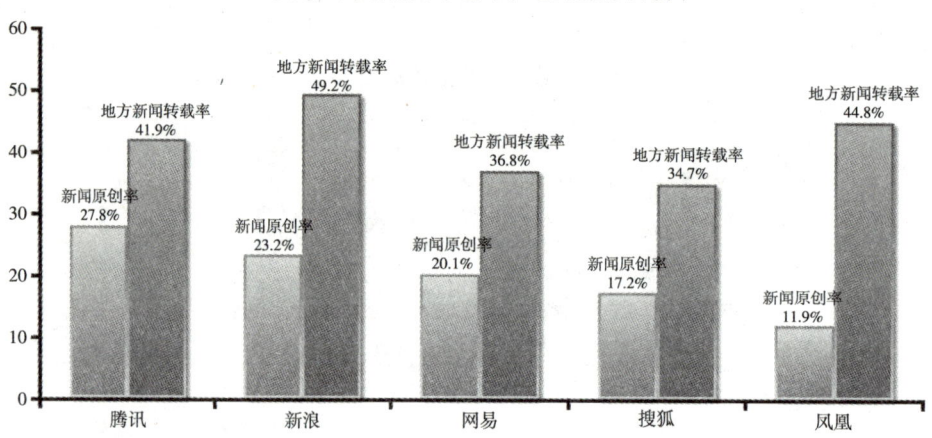

五家门户网站新闻原创率和地方媒体转载率

通过对新闻专题的新闻比较分析，在新闻原创和新闻策划报道方面，腾讯拥有最雄厚的实力，其专题新闻的集纳度较高，在其专题的新闻报道中，原创新闻的比重占到了总体的四分之一以上，体现了其雄厚的新闻策划和新闻编采实力，其次是新浪，新浪的新闻专题中新闻的原创率为23.2%，尤其是其科技和财经新闻的原创率较高；再次是网易。

地方新闻媒体由于受相关管理部门的管控相对较松，因此新闻报道格调和内容更为亲民化，因此对其新闻转载的高低体现了基本新闻编辑方针，转载地方媒体的新闻比例高一方面说明重视本地化和亲民化；二是地方新闻一般标题吸引人、行文有趣味，因此也体现了新闻编辑的接近性。新浪对地方媒体转载比例最高，其次是凤凰，再次是腾讯，均在40%以上的比重。

四、新闻互动及自我审查比较分析

本书对所有网站十八大报告的时政新闻信息进行了分析，将所有参与互动的网民数量和真正呈现出来的新闻评论数量进行了统计分析，相关结果下图所示。

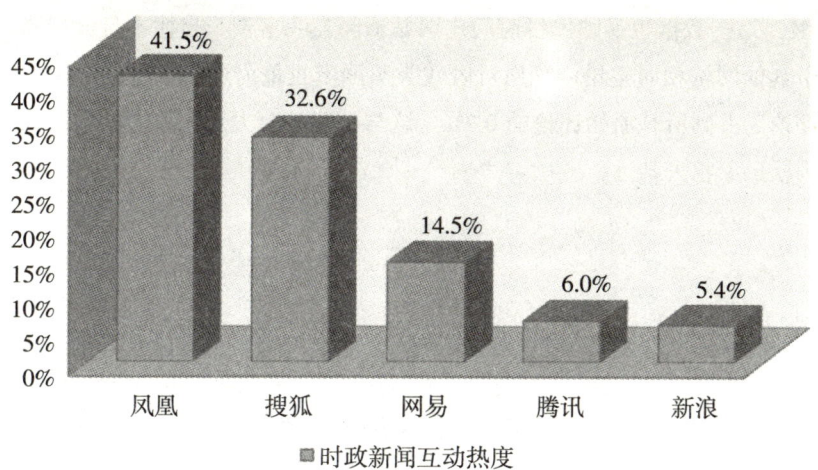
时政新闻互动热度

从上图可以看出，凤凰的受众对时政类新闻参与的热度最高，在所有参与了十八大评论的人群中，凤凰的受众就占到了总体的41.5%，其次是搜狐，最低的是新浪，本报告受时间等限制，只能对时政新闻进行分析，网易和腾讯的网友对其他新闻类别的新闻参与度可能会高于凤凰等。

在新闻报道后面会有相关新闻评论，这些相关新闻评论都是经过相关新闻内容审查后发出，因此参与人群的新闻评论被最终发布在新闻页面中体现了一个网站的新闻自我审查的力度，时政类新闻的自我审查数据如下图所示。

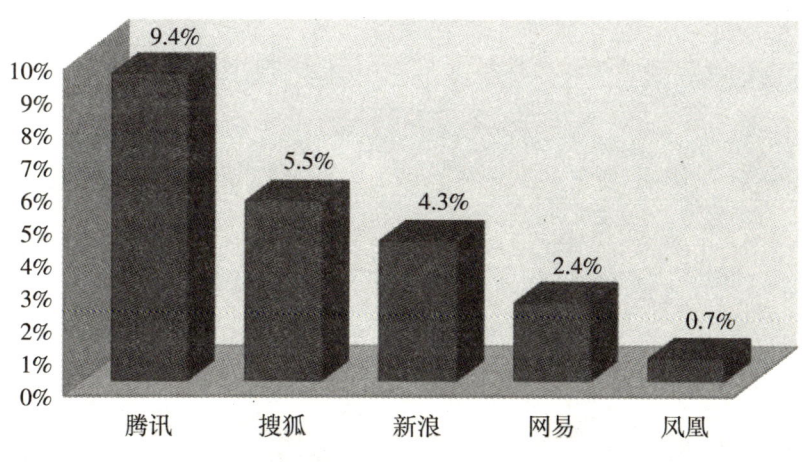
呈现评论数占参与人数比率

从上图可以看出，参与腾讯新闻评论呈现出来的网友评论最高，约占到总体的9.4%，这一数据也反映出目前门户网站新闻自我审查、自律本身就很高，腾讯相较于其他网站相对宽松，凤凰对时政类新闻审查最为严格，最终呈现于页面的新闻评论仅占到所有原始评论的0.7%，这与一般社会大众印象中的凤凰权威、客观等刻板形象相去甚远。

相关结论及分析

一、门户网站未来趋势

通过以上的数据分析，可以看出，五家主要门户网站发展和定位呈现出"八仙过海各显神通"的格局，既有同质化竞争又有差序化生存。

但从未来发展的趋势来看，门户网站的生存模式具有其天然的缺陷。在内容方面，传统的门户以大信息量著称，需要用户自己去找寻信息，读者属于被动的接受者，这种特性有悖于信息社交化、碎片化的发展趋势，不能适应移动互联时代。

运营模式方面，过于僵硬粗放，早在两年前，就有相关分析师认为门户网站过于肤浅，娱乐化等内容带来垃圾流量，广告模式也过于粗放，也使得广告主个性化需求很难找到匹配的平台。

在未来还是面临着营利手段和服务单一的问题。

各大门户未来的发展初见端倪，虽然目前都死守内容阵地，但难免有一天不会像 TOM 在线那样不得不丢掉新闻门户的包袱另觅其他的发展道路。

二、移动互联时代的门户网站发展路径选择

在移动互联时代，将会出现更多新的需求，互联网业瞬息万变，互联网业新的洗牌也许会再次发生。对老牌门户网站来说，可以进行以下路径推进和战略性选择。

一是巩固阵地，加强权威高端形象的打造。门户若想生存需加强自身在资讯方面的优势，从大容量转向深内容，树立权威媒体形象，加强用户黏度和关注度。如凤凰网近几年凭借专业权威的媒体形象实现了高速增长，并在短时间内成为了中国第五大门户，另外相关调查也显示，新闻类网站虽在流量上不及四大门户，但在用户黏度上则占据优势。

二是积极拥抱移动互联网，加强"接触点"产品的开发和更新，移动互联时代也存在流量入口的概念，只有不断加强对移动互联产品的专注和热情，不断提

升用户体验和满足其需求的 APP 产品才能获得更多用户的青睐。

三是加强一体化平台协同机制建设，移动互联时代不是一个产品就可以吃遍天下的一招鲜产品时代，而是多产品在一个平台下协同作战的时代，加强平台内部的产品整合，构建移动互联时代新的产品矩阵，或是未来门户网站的一个必然选择。

四是用户体验永远是未来发展的唯一路径，好的产品是可以自己说话的，因此必须注重用户体验，因为用户体验直接决定着网站流量，而流量是所有互联网产品发展的关键。

PC 门户时代或将过去，移动互联的大门即将打开。总之，五家互联网公司的多元化发展趋势将更加显著，全功能、差异化、全终端、便捷化的网络整合平台建设将成为竞争主旋律。